献给上海,
　　一座海纳百川、
　　　　永远进取的城市。

上海市"十二五"地方本科院校内涵建设项目资助

上海旅游资源图志

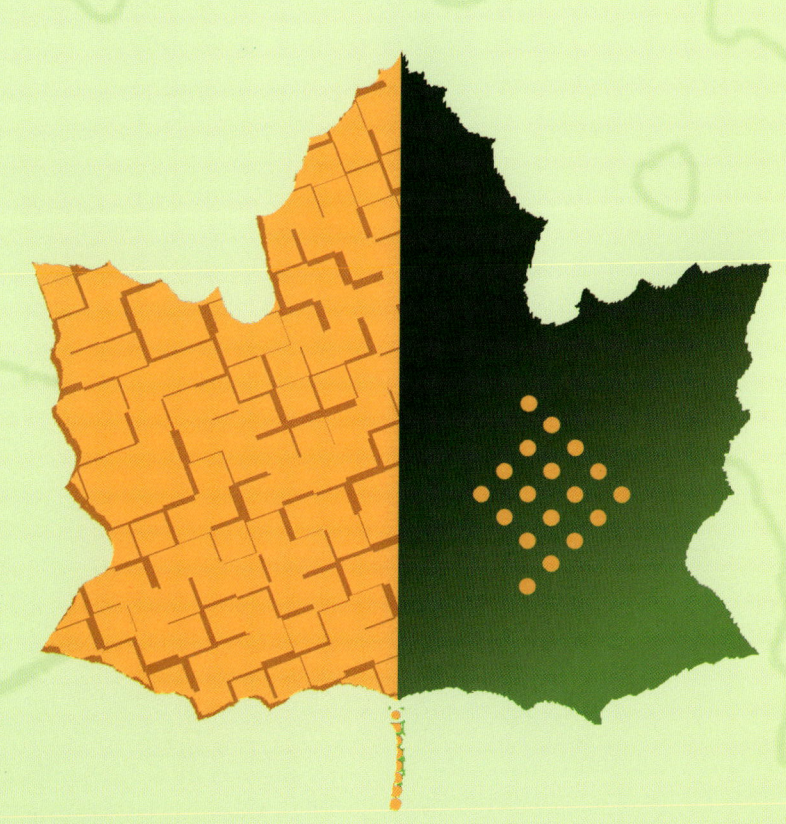

《上海旅游资源图志》编写组 编著

上海科学普及出版社

青浦区

上 海 旅 游 资 源 图 志

概况

青浦区位于上海市西部，太湖下游，黄浦江上游。东与闵行区毗邻，南与松江区、金山区及浙江省嘉善县接壤，西连江苏省苏州市，北与嘉定区相接。区域面积668.28平方千米。境内有上海市最大的淡水湖泊——淀山湖。2012年度，青浦区户籍人口46.5万人，辖8个镇（赵巷镇、徐泾镇、华新镇、重固镇、白鹤镇、朱家角镇、练塘镇、金泽镇）和3个街道（夏阳街道、盈浦街道、香花桥街道）。2012年度，全区实现地区生产总值718.1亿元。其中，第一产业实现增加值10.3亿元，第二产业实现增加值413亿元，第三产业实现增加值294.8亿元，第一、第二、第三产业的结构比例为1.4∶57.5∶41.1。2012年度，全区实现旅游收入40.1亿元，接待游客623万人次。

唐天宝五年（746年）在青浦区区境内设青龙镇，唐天宝十年（751年）设嘉兴东境、海盐北境、昆山南境为华亭县，属苏州，苏州隶属江南东道，区境在华亭县西北境。后隶属屡变，元至元十四年（1277年），升嘉兴为路，置华亭府，翌年改为松江府，属江浙行省。元至元二十九年（1292年），从华亭县分出东北五乡置上海县，境域半为上海县，半为华亭县。明嘉靖二十一年（1542年），华亭县西北修竹、华亭两乡和上海县西新江、北亭、海隅三乡合并为青浦县，县治青龙镇（今旧青浦镇）。清宣统二年（1910年），章练塘镇（今练塘镇）归并青浦县。1949年后，属苏南行政公署松江专员公署管辖。1952年底江苏省人民政府成立，青浦县属江苏省。1958年，松江专署撤销，划归苏州专署管辖。同年，青浦县划归上海市管辖。1999年，撤销青浦县建制，建立青浦区，以原青浦县的行政区域为青浦区的行政区域。

青浦区赵巷镇发现的崧泽古文化遗址表明，青浦地区是上海地区迄今为止发现的人类最早的聚居地，它与随后发现的福泉山古文化遗址一起证明了青浦是上海古代文明的发源地。千年古镇朱家角，1991年被上海市人民政府列为首批四大文化名镇之一。东方绿舟是上海新崛起的生态休闲旅游度假景点、国家AAAA级旅游景区。陈云故居暨青浦革命历史纪念馆是全国爱国主义教育示范基地。上海大观园、太阳岛被评为国家AAAA级旅游景区。

青浦区境内G318国道和G50沪渝高速自东向西穿境而过，是上海通往外省市的重要交通干道。G50沪渝高速连接延安高架路，成为横贯上海东西的重要交通轴线。

青浦区旅游资源地图

北

青浦区四五级旅游资源单体

代号	旅游资源名称
QP01	陈云故居暨青浦革命历史纪念馆
QP02	朱家角古镇历史文化风貌区
QP03	练塘古镇历史文化风貌区
QP04	金泽古镇历史文化风貌区
QP05	淀山湖
QP06	上海大观园
QP07	东方绿舟
QP08	福泉山古文化遗址
QP09	崧泽古文化遗址
QP10	普济桥
QP11	泖塔

- 五级资源点
- 四级资源点
- 三级资源点
- 二级资源点
- 一级资源点

产品标识：ZG-QT-LY-QY-D16(C)-11.11.28

旅游资源列表

编号	名称	行政位置	资源类型	单体资源等级	地理位置
QP01	陈云故居暨青浦革命历史纪念馆	练塘镇朱枫公路3516号	FDD	5	31°00′35.49″N 121°02′25.49″E
QP02	朱家角古镇历史文化风貌区	朱家角镇	FDC	5	31°06′21.60″N 121°03′00.00″E
QP03	放生桥	朱家角镇	FFA	5	31°06′48.95″N 121°03′05.35″E
QP04	崧泽古文化遗址	赵巷镇崧泽村	EAB	5	31°08′29.46″N 121°09′49.32″E
QP05	金泽古镇历史文化风貌区	金泽镇	FDC	4	31°02′15.56″N 120°55′14.72″E
QP06	淀山湖	青浦区	BBA	4	31°06′21.00″N 120°57′25.80″E
QP07	上海大观园	金泽镇金商公路701号	FAD	4	31°04′30.90″N 120°54′24.90″E
QP08	东方绿舟	朱家角镇沪青平公路6888号	FAB	4	31°06′01.80″N 121°00′29.40″E
QP09	福泉山古文化遗址	香花桥街道福泉山路658号	EAB	4	31°12′03.84″N 121°10′01.14″E
QP10	普济桥	金泽镇	FFA	4	31°02′10.50″N 120°54′58.90″E
QP11	泖塔	朱家角镇沈太路2588号	FCA	4	31°06′30.19″N 121°02′48.23″E
QP12	课植园	朱家角镇西井街109号	FAD	3	31°06′11.59″N 121°02′56.58″E
QP13	珠溪园	朱家角镇祥凝浜路332号	FAD	3	31°06′26.40″N 121°03′13.20″E

续表

编号	名称	行政位置	资源类型	单体资源等级	地理位置
QP14	朱家角城隍庙	朱家角镇漕河街69号	FAC	3	31°06′38.16″N 121°02′57.90″E
QP15	报国寺	朱家角镇淀峰村	FAC	3	31°05′28.74″N 120°58′38.82″E
QP16	太阳岛	青浦区	FAB	3	31°03′33.84″N 121°04′22.62″E
QP17	万寿塔	夏阳街道塔湾村	FCB	3	31°08′33.90″N 121°06′34.82″E
QP18	淀山湖梅园	金泽镇金商路701号	FAD	3	31°03′56.37″N 120°55′07.08″E
QP19	青浦古镇历史文化风貌区	盈浦街道	FDC	3	31°09′00.78″N 121°06′37.68″E
QP20	曲水园	盈浦街道公园路612号	FAD	3	31°09′02.22″N 121°06′32.28″E
QP21	青龙寺	白鹤镇青龙村	FCA	3	31°14′28.26″N 121°10′11.40″E
QP22	万安桥	金泽镇	FFA	3	31°02′30.30″N 120°54′54.80″E
QP23	练塘古镇历史文化风貌区	练塘镇	FDC	3	31°00′33.78″N 121°02′17.22″E
QP24	朱家角镇北大街	朱家角镇	FDB	3	31°06′21.60″N 121°03′00.00″E
QP25	青浦博物馆	夏阳街道华青南路1000号	FAE	3	31°09′14.40″N 121°07′45.12″E
QP26	迎祥桥	金泽镇	FFA	3	31°02′00.90″N 120°54′57.20″E

续表

编号	名称	行政位置	资源类型	单体资源等级	地理位置
QP27	颐浩禅寺	金泽镇	FAC	3	31°02′15.50″N 120°54′58.90″E
QP28	大千生态庄园	朱家角镇西洋淀村1号	FAB	2	31°07′39.56″N 121°02′23.79″E
QP29	凯博休闲农庄	夏阳街道外青松公路7188号	FAB	2	31°07′32.64″N 121°07′31.32″E
QP30	金泽放生桥	金泽镇	FFA	2	30°02′07.50″N 120°55′01.30″E
QP31	重固古镇历史文化风貌区	重固镇	FDC	2	31°12′07.32″N 121°10′33.72″E
QP32	青浦人文纪念公园	夏阳街道外青松公路7270号	FEA	2	31°06′56.10″N 121°07′49.56″E
QP33	如意桥	金泽镇	FFA	2	31°02′05.40″N 120°55′00.60″E
QP34	联怡枇杷乐园	夏阳街道外青松公路7166号	FAB	2	31°07′41.46″N 121°07′04.98″E
QP35	徐泾蟠龙古镇历史文化风貌区	徐泾镇	FDC	2	31°11′21.06″N 121°16′18.96″E
QP36	白鹤古镇历史文化风貌区	白鹤镇	FDC	2	31°15′30.90″N 121°08′15.12″E
QP37	圆津禅院	朱家角镇漕河街193号	FAC	2	31°06′43.80″N 121°03′06.16″E
QP38	福星桥	朱家角镇	FFA	2	31°06′25.29″N 121°02′45.94″E
QP39	金家生态村	夏阳街道青昆路688号	FAB	1	31°07′17.70″N 121°06′28.86″E
QP40	青浦城隍庙	盈浦街道公园路650号	FAC	1	31°08′53.73″N 121°06′48.21″E
QP41	朱家角耶稣升天堂	朱家角镇漕河街317弄27号	FAC	1	31°06′32.13″N 121°03′16.14″E
QP42	上海四季百果园	朱家角镇盛家埭叶荡村369号	FAB	1	31°08′12.36″N 121°03′00.42″E
QP43	人然合一现代农业生态园	赵巷镇沪青平公路3098号	FAB	1	31°09′15.60″N 121°12′48.30″E
QP44	大清朱家角邮局旧址	朱家角镇西湖街35号	FAE	1	31°05′30.49″N 121°05′03.11″E

旅游资源单体

名称：陈云故居暨青浦革命历史纪念馆
编号：QP01
资源类型：FDD
单体资源等级：5
行政位置：练塘镇朱枫公路3516号
地理位置：31°00′35.49″N
　　　　　　121°02′25.49″E

性质与特征：

陈云故居暨青浦革命历史纪念馆占地面积3.46万平方米，建筑面积5 500平方米，陈列展示面积4 500平方米，2000年陈云诞辰95周年之际建成开馆。陈云故居暨青浦革命历史纪念馆主馆楼高三层，建筑高度14米，有5个展厅，包括陈云生平业绩展厅4个、青浦革命历史陈列厅1个；另有举行集体活动的序厅1个、播放专题片的影视厅1个。主馆北侧为"陈云故居"，是一座砖木结构的江南传统民居，建筑面积95.88平方米，内部陈设保持当年原貌。

陈云（1905～1995年）原名廖陈云，1925年加入中国共产党，1934年参加长征。中华人民共和国成立后，陈云历任中共中央书记处书记、国务院副总理兼任商业部部长、国家基本建设委员会主任、中共中央政治局常委、中共中央副主席、全国人大常委会副委员长、中共中央纪律检查委员会第一书记、中共中央顾问委员会主任等职。陈云的主要著作被收录《陈云文选》中。

旅游区域及进出条件：

陈云故居暨青浦革命历史纪念馆位于练塘镇，邻近老朱枫公路练新路口。公交练塘1路、练塘4路等多条线路可到达。

保护与开发现状：

对外开放。陈云故居暨青浦革命历史纪念馆2001年被中共中央宣传部命名为全国爱国主义教育示范基地；2002年被全国旅游景区质量等级评定委员会评为国家AAAA级旅游景区；2005年被上海市红色旅游工作协调小组命名为上海红色旅游基地；现为上海市爱国主义教育基地。陈云故居2002年被上海市人民政府列为上海市文物保护单位。

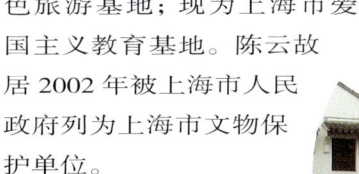

陈云故居暨青浦革命历史纪念馆

朱家角古镇历史文化风貌区之一

名称：朱家角古镇历史文化风貌区

编号：QP02

资源类型：FDC

单体资源等级：5

行政位置：朱家角镇

地理位置：31°06′21.60″N
　　　　　121°03′00.00″E

性质与特征：

　　朱家角古镇历史文化风貌区位于青浦区朱家角镇，是我国江南地区具有代表性的水乡古镇之一。

　　朱家角地区大约成陆于距今7 000年前。在淀山湖底发现有新石器时代至春秋战国时代的遗物。宋、元时期，朱家角地区渐成小集镇，名朱家村。至明万历四十年（1612年）遂成大镇，改名珠街阁，又名珠溪，俗称角里。清康熙五十二年（1713年）称珠里，下辖五十保一区之二十五图、三区之十一图，图正为地方行政长官。清宣统二年（1910年）实行地方自治，改称珠葑自治区，区董掌管地方事宜，为青浦县下辖的16个自治区之一。1912年建立珠葑市公所，设市董。1927年改为珠葑市行政局。1929年撤销行政局，仍称珠葑区。1931年改设第二区公所，为青浦县8个区公所之一。抗战时期属伪青浦县第六区，下辖三镇六乡。1945年恢复第二区公所。翌年改设第二区区署。1948年属青西特区。1949年5月后设朱家角市，为县辖市，下辖一镇四乡，原属昆山县的部分地区划归朱家角镇。1951年4月建立朱家角区，下辖五乡一镇。1954年设朱家角镇，为县直属镇。1958年与叶龙乡合并，建立红旗人民公社。1959年更名为朱家角公社。1962年2月镇、社分设，朱家角镇恢复为县直属镇。1984年5月分设朱家角镇、朱家角乡。1991年1月撤销镇、乡建制，建立朱家角镇，面积为47.44平方千米。2000年下辖6个居民委员会、24个村民委员会。

朱家角古镇经济繁荣，早在宋、元时期，朱家角地区已形成集市，后因水运方便，商业日盛，逐渐形成集镇。清代以后，朱家角古镇成为青浦县西部的贸易中心。清末民初，其商业之盛已列青浦县之首，为周围四乡百里农副产品的集散地。至抗日战争前，镇上商贾云集、人烟繁盛，以北大街、大新街、漕河街为商业中心，从一里桥元号油厂至东市街梢，街长三里多，店铺千余家，有"三泾（朱泾、枫泾、泗泾）不如一角"之誉。民国时期，朱家角古镇米市极盛。其时，漕港两岸的米厂、米行、米店就有百多家。每届新谷登场，河港皆为米船所壅塞，其盛况可见。古镇上商业齐全，网点遍布，货源充沛，营业兴盛。

朱家角古镇的手工业历史悠久。明代中期，就因盛产棉布而名闻四乡，纺纱织

朱家角古镇历史文化风貌区之二

布成为家庭主要手工业，农家"工纺织者十之九"。至1949年，古镇上还有铁铺等手工作坊133家，涉及26个行业。朱家角古镇工业起始于清末，机器碾米厂、油坊纷纷建立，粮油加工业迅速发展。特别是1958年以后，兴建了各种工厂企业。

朱家角古镇地处苏、浙、沪交界处，为青浦、昆山、松江、吴江、嘉善五区（市）毗邻之中心，历来为苏、浙、沪两省一市的重要集镇之一。民国时期，三县联防指挥部等许多重要机构都设在这里。境内公路密布，G50沪渝高速及沪青平公路有匝道出入朱家角。其水路横有淀浦河，纵有朱泖河直通黄浦江，并与太湖水系相通。水运航道宽阔，四通八达。

朱家角古镇教育事业比较发达，早在明代就办有书院、义塾等。清代以后，兴建众多学堂，因此文儒荟萃、人才辈出。明、清两代共出进士16人、举人40多人，其中有清代学者王昶、御医陈莲舫、小说家陆士谔、报业巨子席裕福、画僧语石等，留下了丰富的文化遗产。

朱家角古镇历史悠久，旅游资源丰富，素有"江南明珠"之称，镇区36座古桥古朴典雅，9条长街临水而建，民居宅第依水而建，一式明清建筑，古风犹存。横跨于漕港上的明代建筑五孔石拱放生桥造型优美，是上海地区古老的石拱桥。镇西北有风格各异的亭台楼阁，且布局稀疏得体，有望月楼、五角亭、逍遥楼、宴会厅、打唱台、书城、书画廊等。古镇内还有朱家角城隍庙、珠溪园、圆津禅院、朱家

角耶稣升天堂、大清朱家角邮局旧址等。

旅游区域及进出条件：

朱家角古镇历史文化风貌区位于青浦区西部，紧靠淀山湖风景区，北至淀山湖南岸，南至朱家角支路，东至南港大桥，西至珠溪路。公交朱家角1路、朱徐线、松朱专线等多条线路可到达。

保护与开发现状：

对外开放。1991年被上海市人民政府列为上海市历史文化名镇。2005年被全国旅游景区质量等级评定委员会评为国家AAAA级旅游景区。同年，被上海市城市规划管理局（现上海市规划和国土资源管理局）划定为上海市郊区及浦东新区历史文化风貌区。2007年被国家建设部、国家文物局共同命名为中国历史文化名镇。

名称： 放生桥

编号： QP03

资源类型： FFA

单体资源等级： 5

行政位置： 朱家角镇

地理位置： 31°06′48.95″N
121°03′05.35″E

性质与特征：

放生桥是上海地区非常著名的五孔石拱桥，被称为"沪上第一桥"。由慈门寺僧人于明隆庆五年（1571年）募建。清乾隆末（约1790年）倾圮。圆津禅院僧人觉铭募款于清嘉庆十七年（1812年）重建。

放生桥全长72米，高7.4米，宽5.8米；中孔径距13米，二孔径距8.8米，三孔径距6.2米。桥上龙门石镌8条盘龙环绕明珠，

桥顶4角有迎客石狮4只。桥东建有碑亭，供行人憩息；桥下东畔为慈门寺僧放生之地，立桩为界，禁止网罟。每逢农历初一，为放生之期。石桥造型精巧、气势宏伟，坚固省料、易于泄洪。桥长如带、形如虹，故有朱家角十景之一的"井带长虹"之称。文人雅士赋诗："长桥驾彩虹，往来便是井。日中交易过，斜阳乱人影。"放生桥以其深厚的历史和精美的造型成为古镇一道美丽的风景。

旅游区域及进出条件：

放生桥位于朱家角古镇，邻近圆津禅院。公交朱徐线、青商线、青枫专线等多条线路可到达。

保护与开发现状：

对外开放。1987年被上海市人民政府列为上海市文物保护单位。

名称：崧泽古文化遗址
编号： QP04
资源类型： EAB
单体资源等级： 5
行政位置： 赵巷镇崧泽村
地理位置： 31°08′29.46″N
121°09′49.32″E

性质与特征：

崧泽古文化遗址是上海地区迄今为止最早的古文化遗址，1958年开始发掘。

崧泽古文化遗址共进行了3次发掘，清理出新石器时代墓葬100余座，出土石器、玉器、骨器和陶器等珍贵文物621件。这些文物出现在距今5 800～4 900年，属新石器时期母系社会向父系社会的过渡阶段。崧泽古文化遗址下层有古代人为藏食物而挖掘的地窖以及原始的生产工具。在地窖中发现了可人工培植的籼稻和粳稻的谷粒，证明了青浦地区的先民在距今6 000年前已掌握了水稻的种植技术，更是证明了我国是世界上最早栽培水稻的国家，对研究我国古代水稻种植具有重要意义。

1982年，在中国考古年会上，考古学界认定崧泽文化是前承嘉兴马家浜文化、后接余杭良渚文化的一种太湖地区新石器时代具有一定典型性代表的文化，改变了上海是长江冲积成陆且仅有二三百年历史的观点，将上海地区的历史往前追溯了六七千年。崧泽文化的发现，为研究我国长江下游人类发展史，特别是太湖地区的原始文化和上海的古代史提供了重要的资料。

崧泽古文化遗址

金泽古镇历史文化风貌区

旅游区域及进出条件：

崧泽古文化遗址位于赵巷镇崧泽村。公交赵巷1路、青徐线、沪青专线等多条线路可到达。

保护与开发现状：

对外开放。1961年被青浦县人民政府列为青浦县文物保护单位。1977年被上海市人民政府列为上海市文物保护单位。

名称：金泽古镇历史文化风貌区

编号：QP05

资源类型：FDC

单体资源等级：4

行政位置：金泽镇

地理位置：31°02′15.56″N
　　　　　120°55′14.72″E

性质与特征：

金泽古镇历史文化风貌区位于金泽镇，地处苏、浙、沪交界处。金泽古镇东与朱家角镇相连，东南与练塘镇相接，西南与浙江省嘉善县交界，北与江苏省苏州市毗邻。有一条南北流向贯穿全镇的市河，有多条支流汇集于此。境内湖塘星罗棋布，河港纵横交错，是典型的江南鱼米之乡。金泽古镇历史悠久，早在宋代就已建镇，兴于宋，盛于元，相传昔日有穑人获石如金，故曾取名"金石"；也因此地为水乡泽国，且盛产鱼米赛金，故称"金泽"。

金泽古镇历史文化风貌区因保存众多古桥而有"江南第一桥乡"之称。以金泽古镇为核心，在宋代就形成"六观、一塔、十三坊、四十二虹桥"的规模，且"庙庙有桥，桥桥有庙"。"四十二虹桥"今存万安桥、普济桥、迎祥桥、如意桥、放生桥、天王桥、林老桥7座，其中普济桥是上海地区年代久远、保存完整的单孔石拱桥。金泽古镇保留了格局完全不同的两条明清长街下塘街和上塘街，并保留了"两街夹一河"的格局，镇内建筑沿这3条轴线展开。下塘街一带有一段长350米的河道，其上并列着跨宋、元、明、清4个朝代的5座古桥，被称为"四朝古桥一线牵"。金泽古镇的建筑以朴素明快见长，反映了以桥、河为主的水乡风貌。

旅游区域及进出条件：

金泽古镇历史文化风貌区位于青浦区西南部，北抵青浦区第二粮库，西至沪青平公路，东南达环镇南路，还包括东北角部分农田在内。公交金泽1路、金泽3路、青金线等多条线路可到达。

保护与开发现状：

对外开放。2005 年被上海市城市规划管理局（现上海市规划和国土资源管理局）划定为上海市郊区及浦东新区历史文化风貌区。

名称： 淀山湖
编号： QP06
资源类型： BBA
单体资源等级： 4
行政位置： 青浦区
地理位置： 31° 06′ 21.00″ N
　　　　　　120° 57′ 25.80″ E

性质与特征：

淀山湖古名薛淀湖，简称淀湖，环湖与上海市西部青浦区、江苏省苏州市接壤，属太湖水系，呈葫芦形，沿湖港汊、湖荡成群，是上海市最大的淡水湖泊。湖底出土新石器时代的石器和战国时期的印纹硬陶、铜镞等文物，表明淀山湖原为陆地，战国以后开始积水，秦、汉、魏、晋时期发展成洪水期滞洪的积水洼地。唐代积水面积扩大，至宋代形成一个多湖泊的泖淀湖荡群。《云间志》始见薛淀湖之名，湖由马腾湖、谷湖等相连而成，与泖湖之间隔小湖。湖中原有淀山，山上有三姑祠、鳌峰塔等。南宋以后因湖畔围田致使湖面渐小，今淀山已在湖东 2 000 米的陆上。湖区地势自西向东倾斜，面积约 62 平方千米，最长达 14.5 千米，最宽达 8.1 千米；属上海市部分的湖面积有 46.7 平方千米。平均水深 2.11 米，最大水深 3.59 米，蓄水量约 1.1 亿立方米。上游承太湖吴江地区来水，经急水港、大朱库、白石矶等 24 条河港汊入湖，以急水港为主流。下游出水河道经泖河、斜塘等下泄入黄浦江。

淀山湖风景区位于沪青平公路沿线，分为东西两部分。东部有长 380 米的人工堤"柳堤春晓"，堤上柳绿花红，桥堤相对，堤外碧波万顷，水天一色。西部有高达 47 米的七层仿古宝塔一座。附近主要景点有上海大观园、淀山湖梅园、民族文化村和美帆游艇俱乐部等。

旅游区域及进出条件：

淀山湖位于青浦区西南部，邻近江苏

淀山湖

上海大观园

省。公交青金线、青商线、沪商线等多条线路可到达。

保护与开发现状：

对外开放。

名称：上海大观园

编号：QP07

资源类型：FAD

单体资源等级：4

行政位置：金泽镇金商公路701号

地理位置：31°04′30.90″N
　　　　　120°54′24.90″E

性质与特征：

上海大观园位于青浦区金泽镇杨舍村，与江苏省苏州市吴江区毗邻。东依淀山湖，西傍鼋荡，金商公路贯穿其中，南靠G318国道，距上海市中心约65千米。为大型仿古建筑群构建的现代园林，占地面积100万平方米，建筑面积约8 000平方米，1979年开始建设，1984年对外开放。

上海大观园是根据中国四大名著之一《红楼梦》的描写设计而成的大型仿古园林建筑群，总体布局以大观楼为主体，由"省亲别墅"石牌坊、石灯笼、沁芳湖、体仁沐德、曲径通幽、"太虚幻境"浮雕照壁、木牌坊等形成全园中轴线。西侧设置怡红院、拢翠庵、梨香院、石舫。东侧设置潇湘馆、蘅芜院、蓼风轩、稻香村等20多组建筑景点。大观园的设计体现了江南水乡的园林建筑风格，在园中布置了大面积人工湖泊。以大门—体仁沐德—大观楼为中轴，有10多组建筑，20多个景点。全园以大湖为中心，以池塘、沁芳溪沟通各景点，构成有主有支、有动有静的水系，湖边设亭、榭，湖中设曲桥、石舫、石灯，溪上设桥亭，形成山重水复、流水人家的江南园林风光。大观园巧妙地运用园必封、必隔，在封隔中求得气势流动和内聚中心的中国传统建筑理念，建造一个封闭、向心且内涵丰富的小天地，在有限空间中安置无限空间，增加景物层次，使建筑与环境融合为一，借环境气氛表达人物的品格，使《红楼梦》中的大观园景观再现人间。大观园仿古建筑群前后施工7年，于1988年10月15日全部竣工。1988年10月20日全园对外开放，初名为上海淀山湖风景区，1985年1月更名为上海淀山湖大观园游览区，1991年定名为上海大观园。

旅游区域及进出条件：

上海大观园位于青浦区西部，邻近淀山湖梅园。公交金泽1路、沪商线、青商线等多条线路可到达。

保护与开发现状：

对外开放。2002年被全国旅游景区质量等级评定委员会评为国家AAAA级旅游景区。同年，被上海市绿化和市容管理局评为上海市五星级公园。

名称：东方绿舟

编号： QP08

资源类型： FAB

单体资源等级： 4

行政位置： 朱家角镇沪青平公路6888号

地理位置： 31°06′01.80″N
121°00′29.40″E

性质与特征：

东方绿舟是上海地区规模较大的青少年校外活动营地，占地面积373万平方米，水域面积133万平方米。

东方绿舟内有知识大道区、勇敢智慧区、生存挑战区、科技探索区、水上运动区、生活实践区及运动训练区等不同功能的园区；有智慧大道、仿真航空母舰、湖滨广场、渔人码头、求知岛、月亮湾、地球村等景点；有户外攀岩、趣桥体验、野营烧烤、水上运动、拓展训练、科学探索、素质测试等活动项目。其中的智慧大道是一条雕塑景观道路，道路长700米，道路两侧摆放了众多中外著名科学家、思想家、教育家的雕塑，吸引了不少参观者；仿真航空母舰按照原比例建造，内设4D电影院和中国兵器博览馆；地球村拥有世界各地的民居建筑，兼备居住功能，可供游客住宿生活；求知岛则是以植物知识为主要传授内容的小岛，岛上种植了数十种罕见的植物，可环顾湖光山色。园区南部以河道、湖泊、小桥、树林、竹林、古木、奇石、草坪和植物园等自然景观为主；北部有异域风情公寓、网球场、沙滩排球场、游泳馆等现代化度假设施；东部有航空母舰展示。园内有草坪17万平方米，乔木11万株，花木500种。

旅游区域及进出条件：

东方绿舟位于淀山湖畔。公交青商线、青金线等线路可到达。

东方绿舟

保护与开发现状：

对外开放。2007年被全国旅游景区质量等级评定委员会评为国家AAAA级旅游景区。2012年被上海市科学技术委员会命名为上海市科普教育基地。现为上海市爱国主义教育基地。

名称： 福泉山古文化遗址
编号： QP09
资源类型： EAB
单体资源等级： 4
行政位置： 香花桥街道福泉山路658号
地理位置： 31°12′03.84″N
　　　　　　　121°10′01.14″E

性质与特征：

福泉山古文化遗址是战国及西汉古文化遗址，1962年被发现，1979年开始考古发掘。

福泉山古文化遗址占地面积2 150平方米，先后3次被发掘。遗址在一个东西长94米、南北宽84米的土墩周围。经清理，在灰黑色土层中发现了87座西汉墓、4座战国晚期楚墓。在灰色和黄褐色土层中发现了良渚墓葬18座，墓内陪葬物制作精细，为新石器时代罕见的珍品。在黑褐色土层中发现了17座崧泽晚期墓葬，其中有同性合葬和男女合葬，这在太湖地区属首次发现。黑土层属崧泽文化早期古人的居住地遗址，反映了当年上海先民的生活面貌。遗址中一层层的土色变化，反映出有序的文化层叠压关系，被考古专家们誉为"古上海的历史年表"、"中国的土建金字塔"。

旅游区域及进出条件：

福泉山古文化遗址邻近福泉山路徐山路口。公交北青线、沪北青专线等多条线路可到达。

保护与开发现状：

对外开放。2001年被国务院列为全国重点文物保护单位。2010年被全国旅游景区质量等级评定委员会评为国家AAA级旅游景区。现为上海市爱国主义教育基地。

福泉山古文化遗址

名称： 普济桥
编号： QP10
资源类型： FFA
单体资源等级： 4
行政位置： 金泽镇
地理位置： 31°02′10.50″N
　　　　　　　120°54′58.90″E

性质与特征：

普济桥位于金泽镇南首，俗称圣堂桥，南宋咸淳三年（1267年）建，清雍正元年（1723年）重修。普济桥长26.7米，宽2.75米，高5米，拱径10.5米，是上海地区历史悠久、保存完整的单孔石拱桥。它基本保存了宋式桥的特征和结构，如用料为紫石、桥面较窄小、上下桥坡度平缓、拱跨较大等，是江南水乡小型宋式桥的珍贵实例。《青浦县志》记"宋咸淳三年建"；清雍正元年（1723年）黄元东重整石栏，桥顶石亦镌"咸淳三年"字样。

普济桥拱券并列砌置，与赵州桥构造相似；拱四分之一处有龙头石2根，两边桥面石级各为20级和21级。大小券口均为石料横旋，券口之边均有造型精美的石刻浮雕。大券口的两边、中间雕有石狮头，余者均匀分布，雕有故事人物的浮雕组画16幅；小券口边上雕有蛟龙出水及九针图案。浮雕均典雅古朴、造型优美。远望普济桥，五道券眉错落有序，柱、栏、板齐整参差，细看桥壁上彼凸此凹，或进或出，桥面上柱立板卧，时起时伏。整座桥庄重古朴，建造奇特。

旅游区域及进出条件：

普济桥位于金泽镇南部。公交金泽1路、青金线等多条线路可到达。

保护与开发现状：

对外开放。1987年被上海市人民政府列为上海市文物保护单位。

名称：**泖塔**
编号：QP11
资源类型：FCA
单体资源等级：4
行政位置：朱家角镇沈太路2588号
地理位置：31°06′30.19″N
　　　　　121°02′48.23″E

性质与特征：

泖塔是我国现存的较古老的传统灯塔。唐乾符年间（874～879年）由僧如海在此筑台建塔寺，赐额为"澄照禅院"。因当时地处古泖湖中心，故称泖塔。泖塔为砖木结构，平面方形，五级四面，高29米，边长8.63米，结构简洁，造法工整，具有唐代风格。当年，往返船只均以此塔作为航标，晚间悬灯于塔顶，便于船只夜航。此处湖面宽广，古塔倒映，堪称胜景。南宋景定年间（1260～1264年）改称福田寺，有钟楼、鼓楼、江山一览楼、潮音阁、文昌阁、杰阁、放生台、斋房、伽蓝禅堂、湛应殿、转藏殿、大雄宝殿等建筑群，内悬宋徽宗赵佶"云山堂"、朱熹"江山一览楼"、李待问"浸烟藏月"、赵孟𫖯"方丈"、董其昌"小金山"等匾额，墨宝荟萃，布设雅丽。宋朝末期，因上海滩的海岸线

普济桥

泖塔

往外推移，泖塔的航标灯随之熄灭。不过，当地人对泖塔依然奉若神明，对它爱护有加。清末民初，佛寺遭毁，仅存泖塔。

1998年初，经国际航标协理事会讨论批准，以上海市青浦区泖塔领衔的5座中国历史文物灯塔跻身世界历史文物灯塔100强。中国国家邮政局为此于2002年5月18日以上海市青浦区泖塔等5座中国历史文物灯塔为题材，发行了《历史文物灯塔》特种邮票一套，共5枚。

旅游区域及进出条件：

泖塔位于朱家角镇、黄浦江上游泖河中的太阳岛上。公交朱家角3路可到达。

保护与开发现状：

对外开放。1980年被上海市人民政府列为上海市文物保护单位。

名称：课植园
编号：QP12
资源类型：FAD
单体资源等级：3
行政位置：朱家角镇西井街109号
地理位置：31°06′11.59″N
　　　　　121°02′56.58″E

性质与特征：

课植园是朱家角镇规模较大的庄园式园林，园名寓"课读之余，不忘耕植"之意，原园主为马文卿，故俗称马家花园，始建于1912年。

课植园由厅堂区、假山区、园林区三大部分构成。墙门内第一个建筑为停放轿子用的门厅，进门厅为头厅、二厅、三厅和迎宾厅这四进深的厅堂建筑，厅堂内雕梁画栋，工艺精细。迎宾厅向东为藏书楼，楼前有仿城墙，墙头书"月洞门"；内有拱形岸桥，可由此进入藏书楼；楼高二层，飞檐翘角，此楼用于所谓"课读"。迎宾厅南侧为20多米长的碑廊，有明清著名书画家碑刻15块，如文徵明《游西山寺》十二首、祝枝山《梅花诗》、唐寅手札及周天球诗作等，皆以玻璃木框罩之。碑廊北部为厅堂区，南部为假山区。假山区内是以各种造型的瘦、漏、透太湖石堆砌的假山，格局迂迴。

课植园

假山南为课植园标志性建筑望月亭。望月亭为正方形五层建筑，顶端建有四角亭。课植园内的望月亭、四方亭、走马楼互相呼应，形成颇具江南特色的建筑群。

旅游区域及进出条件：

课植园位于朱家角古镇。公交朱家角1路可到达。

保护与开发现状：

对外开放。1986年被青浦县人民政府列为青浦县文物保护单位。

名称：珠溪园

编号：QP13

资源类型：FAD

单体资源等级：3

行政位置：朱家角镇祥凝浜路332号

地理位置：31°06′26.40″N
　　　　　121°03′13.20″E

性质与特征：

珠溪园旧名共青公园，建于1957年，是一个玲珑剔透的江南园林，占地面积约3万平方米；原为蔡氏墓地。园中有河、池和小桥，植松、柏、榆、梅、棕榈、铁树、竹及花卉。1949年后，作为苗木培育基地。1957年5月，县党政机关及朱家角镇的团员青年450人参加义务劳动，在园中植树2 000余株，并将此地改名为共青公园，以资纪念。1976年，县、镇拨款新建园门及部分围墙、简易温室，又将此地改名为朱家角公园。1984年进行全面整修并扩建，建造了四平桥、凉台、紫藤棚、蘑菇亭、儿童乐园等。1990年1月对外开放。因朱家角镇原名珠溪镇，1990年8月将此地更名为珠溪园。

珠溪园水域面积约6 000平方米，分为3个部分。外园部分为儿童乐园，自园门内东侧穿过月洞门可至，有蘑菇亭、海石雕像等景观。中园部分为主景区，其南半部是四面环水的小岛，假山上的翠云亭为全园最高点；其北半部被水湾分割，有九曲平桥连接两岸，36对石狮坐落于桥栏上，桥的第五曲有泉水自洞泻入小溪，水湾西南有清华亭及紫藤凉亭，还有一座平桥与外界相连，桥西有一个小庭院，内设茶阁、河廊等。内园位于园北部，有月季花圃、温室等。

旅游区域及进出条件：

珠溪园位于祥凝浜路。公交朱家角2路、上朱线、松朱专线等多条线路可到达。

保护与开发现状：

对外开放。

名称：朱家角城隍庙

编号：QP14

资源类型：FAC

单体资源等级：3

行政位置：朱家角镇漕河街69号

地理位置：31°06′38.16″N
　　　　　121°02′57.90″E

性质与特征：

朱家角城隍庙位于朱家角镇中心的祥凝浜畔，原在镇南的雪霞浜畔，曾被称为

珠溪园

朱家角城隍庙

青浦城隍行宫。清乾隆二十八年（1763年）迁至今址，成为朱家角镇道教"正一道"教派的宗教活动场所。

朱家角城隍庙正门临河有一垛照墙，两边为东西辕门，门前有一对石狮。进门为两个侧殿，前置石柱鱼脊、飞檐翘角的戏台，戏台顶部有160组斗拱组成的圆形顶，结构别致，十分罕见。台前横额刻有"承平雅颂"四字。戏台前为石板铺就的庙场，过庙场是正殿。殿中供奉城隍老爷与夫人的塑像，慈眉善目，一脸祥和。道教尊东周李聃（老子）为教主，称太上老君。左边有寅清堂、熙春台、假山方池、梅亭、玉照廊、月香室，右边有凝和书屋、荷净山房、潭影阁、荷花池、可娱斋、乐溪庐、挹秀轩、花神殿、怡亭、含清榭。旁有小曲溪，上架小石桥，桃树、柳树等随处可见。建筑众多，布局雅致，有十二胜景。

旅游区域及进出条件：

朱家角城隍庙位于朱家角镇中心的漕河街。公交朱家角3路、朱徐线、青蒸线等多条线路可到达。

保护与开发现状：

对外开放。1986年被青浦县人民政府列为青浦县文物保护单位。

名称：报国寺
编号：QP15
资源类型：FAC
单体资源等级：3
行政位置：朱家角镇淀峰村
地理位置：31°05′28.74″N
　　　　　120°58′38.82″E

性质与特征：

报国寺前身为关帝庙，俗称关王庙，初建于明嘉靖年间（1522～1566年），重修于明崇祯十三年（1640年）。1985年整修关王庙恢复原格局。1989年改作上海玉佛禅寺下院，定名报国寺。占地面积约2.57万平方米，建筑面积5 000平方米。

报国寺建筑精美，气势宏大，香客盈门。中国佛教协会会长赵朴初题写寺名。供奉的如来佛、观世音菩萨玉雕像为新加坡佛教徒1990年所赠。雕像玉质细腻，色泽晶莹。后院有一株千年古银杏，树围6米，冠高36.5米，冠径7米，树龄1 050年，为淀山湖的天然"航标"。

旅游区域及进出条件：

报国寺位于朱家角镇淀峰村。公交青

太阳岛

金线、青商线等多条线路可到达。

保护与开发现状：

对外开放。

名称：太阳岛

编号：QP16

资源类型：FAB

单体资源等级：3

行政位置：青浦区

地理位置：31°03′33.84″N
121°04′22.62″E

性质与特征：

太阳岛总面积1.6平方千米。东西宽0.7千米，南北长4千米，环岛一周达10千米。原名沔岛，位于黄浦江上游，四周连接沔河、太浦河、淀山湖、黄浦江、太湖流域，是来往船只的重要地标。1993年，由新加坡国际元立集团投资1.2亿美元整体规划与兴建。现已建成为集高尔夫球场、休闲旅游、商务及文化艺术活动于一体的多功能旅游度假区。

太阳岛上设有36洞高尔夫球场、30个发球点的高尔夫练习场、会员俱乐部、国际会议中心、度假村、天然温泉保健中心、运动与娱乐馆、DISCO舞厅、KTV、水上乐园、文化广场、遛马俱乐部、文化美食街等一系列休闲娱乐项目。

旅游区域及进出条件：

太阳岛位于黄浦江上游的沔河中。公交朱家角3路可到达。

保护与开发现状：

对外开放。2002年被全国旅游景区质量等级评定委员会评为国家AAAA级旅游景区。

名称：万寿塔

编号：QP17

资源类型：FCB

单体资源等级：3

行政位置：夏阳街道塔湾村

地理位置：31°08′33.90″N
121°06′34.82″E

性质与特征：

万寿塔又名报恩塔，因地处青浦镇南门外，故俗称南门塔；因当时是地方官员

万寿塔

为皇帝祝寿募款所建，故称万寿塔。始建于清乾隆八年（1743年），建成后增建了万寿塔院，占地面积约2万平方米。清乾隆三十九年（1774年）再建。

万寿塔为砖木结构，塔高20多米，方形，有扶梯可登。清乾隆四十三年（1778年）遭雷击。《青浦县志》记，清光绪九年（1883年）一铜匠上塔偷锡，熔锡时不慎失火，大部分木结构被焚毁，塔顶、腰檐俱无，仅存砖身。1993年维修加固。2009年仿原样修复，再现万寿塔历史原貌。

旅游区域及进出条件：

万寿塔位于淀浦河南岸。公交青浦1路、青浦2路、青商线等多条线路可到达。

保护与开发现状：

对外开放。1979年被青浦县人民政府列为青浦县文物保护单位。

名称：淀山湖梅园

编号：QP18

资源类型：FAD

单体资源等级：3

行政位置：金泽镇金商路701号

地理位置：31°03′56.37″N
　　　　　120°55′07.08″E

性质与特征：

淀山湖梅园是上海地区大型的赏梅胜地，占地面积约12万平方米，是20世纪80年代兴建的一处大型风景区。

淀山湖梅园植梅达40个品种5 000株，包括不少百年以上的古梅，如绿萼、朱砂、骨里红等。梅园里有座冷香亭，在此能独赏一株罕见又珍贵的"银红台阁"老梅。3月上旬春寒料峭时，各色梅花竞开，满园暗香浮动。园四周是一组江南仿古建筑，并配以奇花异卉、古树秀竹。

旅游区域及进出条件：

淀山湖梅园位于淀山湖风景区。公交沪商线、青商线等多条线路可到达。

保护与开发现状：

对外开放。淀山湖梅园与武汉东湖磨山梅园、南京梅花山梅园、无锡梅园并称为"中国四大梅园"。

淀山湖梅园

青浦古镇历史文化风貌区

名称：**青浦古镇历史文化风貌区**
编号：QP19
资源类型：FDC
单体资源等级：3
行政位置：盈浦街道
地理位置：31°09′00.78″N
　　　　　　121°06′37.68″E

性质与特征：

青浦古镇历史文化风貌区主要为青浦城厢地区环城河以内的范围，是上海地区保存完整的护城河水系和十字街格局的古镇之一。护城河水系形成水绕城的椭圆形城市格局，是风貌区内最显著的特征。风貌区内还保存有以曲水园为代表的古园林以及一定数量的传统民居建筑，这些传统民居粉墙黛瓦，多为院落式布局，具有浓厚的地方风格。传统民居分布较为集中的县前街、南门街、北门街等街巷，构成了明清时代格局的传统街坊，反映出青浦古镇作为青浦区的政治、经济和文化中心的历史地位，以及传统水乡中心城镇的特征。

旅游区域及进出条件：

青浦古镇历史文化风貌区东至青安路、青松路，南至沪青平公路，西至海盈路。公交青浦1路、青浦3路、青浦9路等多条线路可到达。

保护与开发现状：

对外开放。2005年被上海市城市规划管理局（现上海市规划和国土资源管理局）划定为上海市郊区及浦东新区历史文化风貌区。

名称：**曲水园**
编号：QP20
资源类型：FAD
单体资源等级：3
行政位置：盈浦街道公园路612号
地理位置：31°09′02.22″N
　　　　　　121°06′32.28″E

性质与特征：

曲水园曾被称为灵园、一文园、中山公园，是青浦城隍庙的附属园林，为上海著名的五大古典园林之一，占地面积1.82万平方米，始建于清乾隆十年（1745年）。清嘉庆三年（1798年），江苏学使刘云房

应青浦知县杨东屏之邀,在园中吟诗,取王羲之兰亭会饮、曲水流觞之意,易名曲水园。清咸丰十年(1860年)毁于清军与太平军之战。清光绪十年至宣统二年(1884~1910年),庙、园相继修复,并增设了放生池、花神堂等。因园林修复经费来自"庙捐一文愿",又称一文园。抗日战争时期大部分被炸毁。自20世纪50年代起不断修葺扩建,1980年恢复曲水园园名。

曲水园廊道相绕,粉墙相隔;曲径蜿蜒,建筑错落。全园有迎仙阁、迎曦亭、镜心庐、天光云影、恍对飞来、小濠梁、坡仙亭、二桥、濯锦矶、虬龙洞、玉宇亭、米拜亭、环碧楼、花神祠、冰壶、清虚静泰、喜雨桥、舟居非水、夕阳红半楼、得月轩、有觉堂、清簌山房、白云坞、凝和堂二十四景。1983~1986年,上海市政府拨款80万元重新修整曲水园,新叠假山两处,在空旷处断以粉墙,通以游廊。重修后的曲水园园景更加幽静。

旅游区域及进出条件:

曲水园邻近青浦城隍庙。公交青浦1路、青浦3路、青浦9路等多条线路可到达。

保护与开发现状:

对外开放。1979年被青浦县人民政府列为青浦县文物保护单位。2008年被上海市绿化和市容管理局评为上海市四星级公园。

名称: 青龙寺
编号: QP21
资源类型: FCA
单体资源等级: 3
行政位置: 白鹤镇青龙村
地理位置: 31°14′28.26″N
121°10′11.40″E

性质与特征:

青龙寺又名报德寺、隆福寺、吉云禅寺,始建于唐天宝二年(743年)。据《青浦县志》记载,占地面积4万平方米,领寺田30万平方米,有大雄宝殿、地藏殿、

曲水园

青龙寺

韦驮殿、揖秀堂、文觉堂、澄怀堂、普同塔等宏伟建筑，钟鼓不绝，梵音达旦，"佛角为天下之雄"。

青龙塔又名青龙雁塔、隆福寺塔、吉云禅寺塔。于唐长庆元年（821年）在青龙寺内建造，是上海地区古老的寺塔之一。青龙塔为砖木结构，七级八面，后于兵燹。北宋康定年间（1039～1040年）、北宋庆历年间（1041～1048年）重建，元大德三年（1299年）、元至大元年（1308年）、元至正三年（1343年），明崇祯十七年（1644年），清顺治五年（1648年）屡次修葺。今留有宋代修建的塔身，残高30米，楼梯尽毁，腰檐无存，塔身倾斜，岌岌可危。1992年，专家对其进行修葺、扶正。

旅游区域及进出条件：

青龙寺位于白鹤镇青龙村。公交白鹤3路可到达。

保护与开发现状：

对外开放。青龙塔1982年被上海市人民政府列为上海市文物保护单位。

名称：万安桥

编号： QP22

资源类型： FFA

单体资源等级： 3

行政位置： 金泽镇

地理位置： 31°02′30.30″N
　　　　　120°54′54.80″E

性质与特征：

万安桥也称亭桥，横跨市河，长29米，高5.5米，宽2.6米，跨径9.8米，桥上原有亭屋，故称亭桥，建于南宋景定年间（1260～1264年），明嘉靖年间（1522～1566年）、明万历年间（1573～1619年）、清乾隆年间（1736～1795年）曾3次重修。

万安桥为弧形单孔石拱桥，坡度平缓，拱跨大，有"水天一碧"之美称。据《金泽小志》记载："万安亭桥，跨市北。亭建如穿廊，数间飞出。其出尽处，又有佛庐相向，高于亭垾。亭中四望，水天一碧，淀山峙其东，真奇观也。谚云：'金泽四十二虹桥，万安为首'。"在结构、造型和用石上，万安桥与普济桥基本相同，具有宋代石拱桥的特征，两桥同跨一河，南北相望，被称为"姐妹桥"。

旅游区域及进出条件：

万安桥位于金泽镇。公交金泽3路、青金线等多条线路可到达。

保护与开发现状：

对外开放。1959年被青浦县人民政府列为青浦县文物保护单位。

万安桥

名称：**练塘古镇历史文化风貌区**

编号：QP23

资源类型：FDC

单体资源等级：3

行政位置：练塘镇

地理位置：31°00′33.78″N
　　　　　121°02′17.22″E

性质与特征：

练塘古镇历史文化风貌区位于练塘镇，面积43万平方米，形成于明清时期。

练塘古镇历史文化风貌区内河多桥多，在不长的市河上保留有义学桥等4座古桥；还保留了沿市河、上塘街、下塘街两侧具有特色的传统建筑，并留存了多处驳岸空间，反映出典型的水乡城镇风貌。保存有陈云故居、陈云小时候就读过的颜安小学，以及酱园、救火会等多处历史建筑。

旅游区域及进出条件：

练塘古镇历史文化风貌区位于青浦区南部，北至练新中路，西至泖新塑料厂附近路段，南距西塘港、东塘港南侧约100米，东距长浦江约80米。公交练塘1路、练塘

练塘古镇历史文化风貌区之二

练塘古镇历史文化风貌区之一

4路等多条线路可到达。

保护与开发现状：

对外开放。2005年被上海市城市规划管理局（现上海市规划和国土资源管理局）划定为上海市郊区及浦东新区历史文化风貌区。2010年被国家建设部、国家文物局共同命名为中国历史文化名镇。

名称：**朱家角镇北大街**

编号：QP24

资源类型：FDB

单体资源等级：3

行政位置：朱家角镇

地理位置：31°06′21.60″N
　　　　　121°03′00.00″E

性质与特征：

朱家角镇北大街又称一线街，是上海市郊保存相当完整的明清建筑街。早在古镇形成初期，就以水陆两运称便，而且商贾云集，为百年来兴盛不衰的古老商业中心，有"长街三里、店铺千家"之美称。今存涵大隆酱园、茂苏馆、古镇老茶馆等。

朱家角镇北大街最值得观赏的是建筑、名店、古桥、弄堂。北大街虽冠以"大"，其实宽仅三四米，最窄处只有两米，两边为砖木结构的小楼，两边小楼的滴水檐几

743

朱家角镇北大街

青浦博物馆

乎相接。人站在街心仰面望天，只见青天一线，有"苍天无边若有边"之感。对街居民可推窗攀谈，互递物品，犹如一家人，构成"一线街"的奇特景观。北大街上还有两处耐人寻味的"三阳湾"和"轿子湾"，以高耸民居切割而成的直角转弯，给人以"疑是到了尽头处，拐弯却是另有天地"之妙感。

旅游区域及进出条件：

朱家角镇北大街位于朱家角古镇，邻近放生桥。公交朱徐线、青枫专线、松朱专线线等多条线路可到达。

保护与开发现状：

对外开放。2008年被上海市商务委员会命名为上海特色商业街。

名称：青浦博物馆

编号： QP25

资源类型： FAE

单体资源等级： 3

行政位置： 夏阳街道华青南路1000号

地理位置： 31°09′14.40″N
121°07′45.12″E

性质与特征：

青浦博物馆位于青浦镇，建筑面积8 800平方米，始建于1958年，2004年新馆开馆。

青浦博物馆新馆的建筑主体为5个相交的椭圆体，外形如展翅欲飞的蝴蝶，分为5个主要区域。中部为大堂，以8米高的大型石材浅浮雕《青龙赋》为背景，东、南两翼是陈列区域，陈列面积3 600平方米，展出千余件文物精品。"上海古文明之源"是南翼展示主题。这里从上海成陆开始，通过介绍青浦崧泽和福泉山等古文化遗址，讲述了古代上海从马家浜、崧泽、良渚、马桥文化到春秋、两汉的悠久历史，告诉参观者青浦是上海古文明的发源地。"申城水文化之魅"为东翼的展示主题。参观者通过"沧海桑田"来了解历史上青浦的水系变迁、建置沿革。青龙镇港湾实景复原区气势恢弘，再现了宋代海外贸易港口青龙镇的市井风情和繁华景象。"桥文化"、"水乡风情"等展区通过介绍明清时期青浦的民风、民俗，展示了水乡动人的风情、旖旎的风光。"人杰地灵"展区让参观者领略到青浦自古钟灵毓秀，人才辈出。西北两翼建筑面积3 600平方米，为办公、接待及临时展览区域。

新馆打破了传统的文物陈列模式，采用声、光、电等高科技手段，将文物陈列与场景复原、图片资料、多媒体等手段相结合，让参观者能够在轻松愉快的氛围中认识青浦，解读上海。

旅游区域及进出条件：

青浦博物馆位于华青南路，东沿华浦南路。公交青浦6路、青浦9路、朱徐线等多条线路可到达。

保护与开发现状：

对外开放。2012年被上海市科学技术委员会命名为上海市科普教育基地。现为上海市爱国主义教育基地。

名称：迎祥桥

编号：QP26

资源类型：FFA

单体资源等级：3

行政位置：金泽镇

地理位置：31°02′00.90″N
　　　　　120°54′57.20″E

性质与特征：

迎祥桥为江南著名的元代桥梁，五孔砖石桥，被称为"连续简支梁桥"的鼻祖，是为颐浩禅寺所配建的桥梁，始建于元（后）至元年间（1335~1340年），明天顺年间（1457~1464年）和清乾隆三十三年（1768年）两次修建。

迎祥桥造型优美，结构新颖，全长34.25米，宽2.41米，为六柱五孔梁架式石桥，中孔跨径6.35米，左右两孔为5米。采用砖、木、石组合结构。用长青石5块并列组成石壁式桥柱共4条立于水中，形成5个桥洞。石壁顶面横置石盖梁，梁面琢有半圆形凹槽，以稳固地搁置5根25厘米粗的楠木梁，上部桥面结构由砖木组成，在楠木梁上横铺枋板。枋板上密铺用石灰糯米拌浆砌成的青砖，形成砖体桥面。两侧采用水磨箩底砖覆贴，既可保护木梁，又增加其美观度，还能起到压重稳固作用，桥面两坡有踏级。元代蒙古族以骑兵著称，他们经常要骑马疾驰过桥，所以迎祥桥的桥面铺砖无桥阶、无桥栏，是典型的元式桥梁。

迎祥桥纵向坡度和缓，整座桥体略呈弧状，横跨于水面，宛如长虹卧江，颇为轻巧。因此，"迎祥夜月"被列入金泽八景之一，有"月印川流，水天一色"之胜。迎祥桥精巧的桥面造型在全国堪称罕见，这在桥梁建筑技术上被称为"连续简支梁结构"。在元代，中国人已能应用这种原理来造桥，比西方人造同样的桥要早数百年的历史。

旅游区域及进出条件：

迎祥桥位于金泽镇南部。公交金泽1路、青金线等多条线路可到达。

迎祥桥

保护与开发现状：

对外开放。1979年被青浦县人民政府列为青浦县文物保护单位。

名称：颐浩禅寺

编号：QP27

资源类型：FAC

单体资源等级：3

行政位置：金泽镇

地理位置：31°02′15.50″N
120°54′58.90″E

性质与特征：

颐浩禅寺前身为草庵，又名永安庵、永安寺。相传为南宋宰相吕颐浩故宅，宋高宗南渡时曾驻跸于此，赐额"永安寺"，占地面积4 332平方米，建筑面积1 000平方米，始建于南宋景定元年（1260年），1992年正式开放为佛教活动场所。

元至元二十五年（1288年），颐浩禅寺有大雄宝殿、山门、两庑等建筑。元元贞元年（1295年）奉旨更名"颐浩禅寺"。元大德年间（1297～1307年）重建山门、圆通宝殿、毗卢殿。明洪武十四年到十六年（1381～1383年），大渊法师加以修葺。后屡经兵燹，几番毁建。清顺治十七年（1660年）、清乾隆四十年（1775年）、清光绪三十二年（1906年）几次重修。1938年，颐浩禅寺的大部分建筑毁于日军的炮火，留存下来的天王殿、大山门于1958年被拆移，仅存刻有《颐浩禅寺记》的石碑一方、古银杏树3株、"不断云"断石14块、殿宇柱脚石16块及少许假山石等。其中"不断云"石刻为青石质，有数十米长，图案为连续的云朵，故称"不断云"。该图案相传为元代大书法家赵孟頫所绘，采用高浮雕的形式绘制。颐浩禅寺内原有金鱼池，"不断云"石刻即是原金鱼池四周的石护栏。民国年间，颐浩禅寺遭遇战火，金鱼池损毁。1949年后，"不断云"石刻的残存部分被砌在墙体内。现将幸存的"不断云"石刻集中在一起，向众人展示元代石刻的艺术风采。

颐浩禅寺于1992年修复，建造石碑坊1座，重建观音殿、山门、殿堂、寮房等。赵朴初题额"颐浩禅寺"。

旅游区域及进出条件：

颐浩禅寺位于金泽镇南部。公交金泽1路、金泽3路、青金线等多条线路可到达。

保护与开发现状：

对外开放。1986年被青浦县人民政府列为青浦县文物保护单位。

名称：大千生态庄园

编号：QP28

资源类型：FAB

单体资源等级：2

行政位置：朱家角镇西洋淀村1号

地理位置：31°07′39.56″N
121°02′23.79″E

性质与特征：

大千生态庄园是集自然风光、田园野趣、生态环境、农家生活于一体的大型户外休闲园林，占地面积40万平方米。

大千生态庄园的水域面积26万平方米，湖面宽阔，湖中央一处芦苇荡是上海近郊的超大型天然钓鱼场。庄园四周水网密布，有天然河道与庄园内湖水相连，直

大千生态庄园

通淀山湖水系。庄园内放养多种珍禽，如美国白羽王鸽等，还有世界名犬观赏园。庄园内的活动项目有登高观鸟、草船借箭、竹筏漂流、天灯祈福、猴岛喂食、天鹅戏水、火鸡对话、沙滩骑马、观赏珍禽、葡萄长廊、世界名犬、迷阵捕鱼等。

旅游区域及进出条件：

大千生态庄园位于淀山湖以东。公交朱家角1路、朱徐线等线路可到达。

保护与开发现状：

对外开放。

名称：凯博休闲农庄

编号：QP29

资源类型：FAB

单体资源等级：2

行政位置：夏阳街道外青松公路7188号

地理位置：31°07′32.64″N
　　　　　121°07′31.32″E

性质与特征：

凯博休闲农庄集度假、休闲娱乐、会务、体验及观光现代农业于一体，是一家大规模的休闲农家园林，总占地面积27万平方米。

凯博休闲农庄的主体建筑为徽派建筑风格。农业科普田园占地面积10万平方米，在此，游客可以呼吸到田野的新鲜空气，饱览田园的美丽风光，体验耕作之乐，品尝农家饭菜，享受返璞归真的情趣。

旅游区域及进出条件：

凯博休闲农庄位于外青松公路，近青松路。公交青浦12路可到达。

保护与开发现状：

对外开放。2009年，被上海市农业委员会、上海市旅游局共同评为上海农业旅游推荐单位。

凯博休闲农庄

米,桥高4米。桥型古朴典雅,拱杆坚固。桥石采用花岗石和青石,质地坚硬,桥柱上有修建时所刻楹联,联曰:"桥连如意接康衢,水出湾潭通秀气。"表明此桥连接如意桥,通向康庄大道;桥下清水流向淙淙小河。

旅游区域及进出条件:

金泽放生桥位于金泽镇南部、如意桥以北。公交金泽1路、青金线等多条线路可到达。

保护与开发现状:

对外开放。1994年被青浦县人民政府列为青浦县文物保护单位。

名称: 金泽放生桥

编号: QP30

资源类型: FFA

单体资源等级: 2

行政位置: 金泽镇

地理位置: 31°02′07.50″N
　　　　　　120°55′01.30″E

性质与特征:

金泽放生桥因桥下有放生河,故名放生桥;又因桥头有总管庙,亦称总管桥。始建于明代,明崇祯年间(1628～1644年)重修。清乾隆五十六年(1791年)重建。

金泽放生桥为单孔石拱桥,桥长25.2

名称: 重固古镇历史文化风貌区

编号: QP31

资源类型: FDC

单体资源等级: 2

行政位置: 重固镇

地理位置: 31°12′07.32″N
　　　　　　121°10′33.72″E

性质与特征:

重固古镇历史文化风貌区位于重固镇,占地面积20万平方米。

重固古镇历史文化风貌区保留了河、街相间的古镇格局,沿老通波塘两岸以及

通波塘东街和西街分布有历史建筑，留存有区级文物保护单位南塘桥。风貌区内的福泉山古文化遗址完整保留了距今 7 000 ~ 6 000 年历史的各时期文化叠压遗存，内含有新石器时代的崧泽文化、良渚文化、马家浜文化与战国时代的遗存。

旅游区域及进出条件：

重固古镇历史文化风貌区位于青浦区北部，东至重固镇大街，西至重固镇政府西侧道路，北至法会庵附近地段，南至通波塘东街南端。公交北青线、沪北青专线、青凤徐专线等多条线路可到达。

保护与开发现状：

对外开放。2005 年被上海市城市规划管理局（现上海市规划和国土资源管理局）划定为上海市郊区及浦东新区历史文化风貌区。

名称：青浦人文纪念公园

编号：QP32

资源类型：FEA

单体资源等级：2

行政位置：夏阳街道外青松公路 7270 号

地理位置：31°06′56.10″N
　　　　　121°07′49.56″E

性质与特征：

青浦人文纪念公园又名福寿园，是目前国内一流的园林文化艺术陵园，占地面积 53 万平方米。

青浦人文纪念公园内的传统建筑和现代建筑交相辉映，恢宏而典雅。庭院草坪开阔，举目红花绿草、金鱼白鸽，处处亭台楼阁、小桥流水，景色十分优美；人文景观独特，艺术碑雕风格迥异。公园内有章士钊、蔡元培、陈望道、乔冠华、闻一多、潘汉年等数百位各界名人的艺术墓雕、纪念碑和名人名家的勒石墨宝，浓缩了上海地区近、现代的人文历史，成为国内独特的一座人文纪念公园。

旅游区域及进出条件：

青浦人文纪念公园位于外青松公路以南，近 G1501 上海绕城高速。公交夏阳 1 路、南青专线等多条线路可到达。

保护与开发现状：

对外开放。

名称：如意桥

编号：QP33

资源类型：FFA

单体资源等级：2

行政位置：金泽镇

地理位置：31°02′05.40″N
　　　　　120°55′00.60″E

性质与特征：

如意桥始建于元至元年间（1264 ~ 1294 年），清光绪二十五年（1899 年）重建。因桥堍有祖师庙，故又称祖师桥，是一座保存完好的石拱桥。

如意桥是弧形单孔石桥，桥长 20.8 米，宽 3.4 米。桥身由一色打凿整齐的花岗石砌成，桥拱倒影碧水，虚实相接，恰成一圆。诗曰："横桥远画如游龙，

青浦人文纪念公园

如意桥

明珠影落长河中。"

旅游区域及进出条件：

　　如意桥位于金泽镇南部、迎祥桥以北。公交金泽1路、青金线等多条线路可到达。

保护与开发现状：

　　对外开放。1994年被青浦县人民政府列为青浦县文物保护单位。

名称：联怡枇杷乐园

编号： QP34

资源类型： FAB

单体资源等级： 2

行政位置： 夏阳街道外青松公路7166号

地理位置： 31°07′41.46″N
　　　　　　　121°07′04.98″E

性质与特征：

　　联怡枇杷乐园是一家集枇杷种植、立体养殖、休闲旅游、科普教育、农特产品展销、观光农家乐于一体的综合性生态休闲园，以枇杷果林、农家特色美食和生态客房吸引众多游客。乐园内颇具特色的大型节能生态绿色餐厅，日接待游客量可达3 000余人。生态环保度假客房共有41间，日接待游客80余人。乐园中有超过20万平方米的枇杷林。近年来，联怡枇杷乐园积极开发包括饮料在内的各种枇杷食品。2009年6月，白沙枇杷达到绿色食品A级标准，被允许使用绿色标志。户外生态园区内设置有画廊宣传区、创新种植区、科学养殖区、生物多样区、低碳生态区、循环利用区等不同专题区域，进行情景交融、寓教于乐的展示和宣传活动，巧妙地将相关科普知识和宣传内容传递给大众，使之在游览体验过程中掌握更多的科普知识与生态理念。

旅游区域及进出条件：

　　联怡枇杷乐园位于外青松公路，北邻G50沪渝高速。公交松青线、南青专线、石青专线等多条线路可到达。

保护与开发现状：

　　对外开放。2012年被上海市科学技术委员会命名为上海市科普教育基地。

联怡枇杷乐园

徐泾蟠龙古镇历史文化风貌区

名称：**徐泾蟠龙古镇历史文化风貌区**
编号：QP35
资源类型：FDC
单体资源等级：2
行政位置：徐泾镇
地理位置：31°11′21.06″N
　　　　　　121°16′18.96″E

性质与特征：

徐泾蟠龙古镇历史文化风貌区占地面积12万平方米。

徐泾蟠龙古镇历史文化风貌区水乡老街风韵犹存，保留了蟠龙塘与老街垂直相交的"十"字形格局，东西街长500米，南北街为250米。主要历史建筑有香花桥、程家祠堂、天主堂等，反映了蟠龙镇自古繁华、蟠龙庵堂香客云集的历史风貌。明徐光启后裔曾居于此。

旅游区域及进出条件：

徐泾蟠龙古镇历史文化风貌区位于徐泾镇北侧，北至蟠龙粮库，西至程家祠堂西侧，南至诸陆东路。公交虹桥枢纽6路、徐泾1路、白徐线等多条线路可到达。

保护与开发现状：

对外开放。2005年被上海市城市规划管理局（现上海市规划和国土资源管理局）划定为上海市郊区及浦东新区历史文化风貌区。

名称：**白鹤古镇历史文化风貌区**
编号：QP36
资源类型：FDC
单体资源等级：2
行政位置：白鹤镇
地理位置：31°15′30.90″N
　　　　　　121°08′15.12″E

性质与特征：

白鹤古镇历史文化风貌区因白鹤港而得名，占地面积22万平方米。风貌区保存了白鹤镇北街和白鹤镇南街的传统街巷，街道宽度3~4米。主要历史建筑有继善桥、青龙桥等。境内的旧青浦镇（现属白鹤镇）是上海地区早期的对外贸易港口，原称青龙镇。青龙寺、青龙塔是旧镇的遗迹，反映了白鹤古镇作为青浦发源地的历史地位。

旅游区域及进出条件：

白鹤古镇历史文化风貌区位于青浦区最北部，北至青龙港附近，西南至外青松公路，东至东大盈港东侧。公交青安线、青鹤线、白徐线等多条线路可到达。

保护与开发现状：

对外开放。青龙桥和继善桥分别于1994年和2001年被青浦县（区）人民政府列为县（区）级文物保护单位。白鹤古镇历史文化风貌区2005年被上海市城市规划管理局（现上海市规划和国土资源管理局）划定为上海市郊区及浦东新区历史文化风貌区。

白鹤古镇历史文化风貌区

名称：**圆津禅院**
编号：QP37
资源类型：FAC
单体资源等级：2
行政位置：朱家角镇漕河街193号
地理位置：31°06′43.80″N
　　　　　121°03′06.16″E

名称：**福星桥**
编号：QP38
资源类型：FFA
单体资源等级：2
行政位置：朱家角镇
地理位置：31°06′25.29″N
　　　　　121°02′45.94″E

性质与特征：

圆津禅院为朱家角镇著名古刹，寺内塑有辰州圣母像，故又名"娘娘庙"，为"清华阁十二景"之一，始建于元至正年间（1341～1367年），2000年经重建再度开放。

圆津禅院历史上曾作为重要的文物储藏所，明清文人雅士多慕名前来聚会，如董其昌、徐乾学等名士曾前来游览题词，王昶曾撰碑文并寄存著作书版等于此。圆津禅院内的珍贵文物，部分毁于战乱，部分被僧徒偷卖，至20世纪40年代末期，珍品已经不多，大部分收藏于江苏省博物馆及苏州市的博物馆，少数保存在青浦博物馆。20世纪50年代初期，禅院被拆。现禅院建有山门、三圣殿、圆通殿、清华阁等。

旅游区域及进出条件：

圆津禅院位于朱家角古镇。公交朱徐线、沪商线、松朱专线等多条线路可到达。

保护与开发现状：

对外开放。

性质与特征：

福星桥又名西栅桥、西石桥，桥周围建木栅，每晚关闭栅门禁止外来船只通行，始建于清雍正二年（1724年）。

福星桥远望高耸挺拔，近观麻石斑驳。桥楹柱镌刻有"潮涌越水飞龙卧，云接吴山挂月钩；一水锁住佳气绕，千年环见彩虹垂"的桥联，道出了三泖九峰边水乡的雅趣幽情，描述了古镇地处吴越交界的重要地理位置，以及水乡泽国的秀丽风光。

旅游区域及进出条件：

福星桥位于朱家角镇。公交朱家角1路、朱家角3路、松朱专线等多条线路可到达。

保护与开发现状：

对外开放。

圆津禅院

福星桥

金家生态村

名称：**金家生态村**

编号：QP39

资源类型：FAB

单体资源等级：1

行政位置：夏阳街道青昆路688号

地理位置：31°07′17.70″N
121°06′28.86″E

性质与特征：

金家生态村是集观光、体验、餐饮、住宿于一体的农家乐，占地面积100万平方米，2007年建成开放。

金家生态村主体建筑为明清风格的农家宅院，青砖铺地，粉墙黛瓦。生态村内水车莲池，古桥牛舍，杨柳依依，花果飘香。生态村提供以青浦水产品为主的农家特色土菜，还将逐步推出国际垂钓示范区、青少年农文化体验活动基地、中国民族画院上海分院、农文化景观活动广场、现代农业种养殖区、牡丹园等。

旅游区域及进出条件：

金家生态村位于青昆路，近G50沪渝高速。公交夏阳1路可到达。

保护与开发现状：

对外开放。2009年被全国旅游景区质量等级评定委员会评为国家AAA级旅游景区。同年，被上海市农业委员会、上海市旅游局共同评为上海农业旅游推荐单位。

名称：**青浦城隍庙**

编号：QP40

资源类型：FAC

单体资源等级：1

行政位置：盈浦街道公园路650号

地理位置：31°08′53.73″N
121°06′48.21″E

性质与特征：

明万历元年（1573年）青浦置县，知县石继芳建城隍庙于唐行镇。明崇祯年间（1628～1644年），崇祯帝"以昭示报功之典"，下旨封已故四川布政使沈恩为青浦

青浦城隍庙

县城隍。清乾隆十年（1745年），知县乔式祖捐俸为城隍庙庙园，倡建建觉堂、得月轩、歌熏楼，楼台环绕林木桥石，取名"灵园"，成为青浦名胜之一。清咸丰十年（1860年），太平军进兵上海，青浦城隍庙内建筑大部分毁于战火。清光绪十年（1884年）修复。清道光二十八年（1848年），青浦城隍庙前曾发生英国传教士与中国民众的冲突事件，史称"青浦教案"。

旅游区域及进出条件：

青浦城隍庙位于公园路，近曲水园。公交青浦1路、青浦3路、青浦9路等多条线路可到达。

保护与开发现状：

对外开放。青浦城隍庙头门戏台1959年被青浦县人民政府列为青浦县文物保护单位。"庙前教案"发生地1979年被青浦县人民政府公布为纪念地点。

名称：朱家角耶稣升天堂

编号： QP41

资源类型： FAC

单体资源等级： 1

行政位置： 朱家角镇漕河街317弄27号

地理位置： 31°06′32.13″N
121°03′16.14″E

性质与特征：

朱家角耶稣升天堂建于清咸丰十年（1860年），清光绪九年（1883年）扩建为大堂，取名耶稣升天堂，占地面积为2 646平方米，房屋总面积为1 446平方米，其中圣堂的建筑面积为548平方米。清宣统元年（1909年）另建钟楼，与大堂互不相连，成为中西混合式教堂。可容纳700人。1940年，朱家角耶稣升天堂被升格为本堂神父座堂。1980年11月修复开放，为文革后上海郊县较早开放的一座教堂。1989年建造圣母山一座。2004年10月至2005年3月，天主教上海教区出资对它进行了全面的整修。2004年圣诞节期间，在本堂的西侧花园竖立了一尊高为1.6米的若瑟抱耶稣像，并于2005年3月8日举行了隆重的祝圣仪式。

旅游区域及进出条件：

朱家角耶稣升天堂位于朱家角镇。公交朱家角1路、青商线、青枫专线等多条线路可到达。

保护与开发现状：

对外开放。2004年被青浦区人民政府列为青浦区不可移动文物。

名称：上海四季百果园

编号： QP42

资源类型： FAB

单体资源等级： 1

行政位置： 朱家角镇盛家埭叶荡村369号

地理位置： 31°08′12.36″N
121°03′00.42″E

性质与特征：

上海四季百果园是以自然生态环境、果树资源、田园景观、休闲度假、乡土文化等为基础，为都市人提供体验乡村生活风情的场所。百果园占地面积40万平方米，各种精品果树种植面积27万平方米，水产养殖面积6.7万平方米。

上海四季百果园园区内地成片、树成行、路相连、河相通，分为休闲度假区、果树蔬菜种植区、水上活动区、奇花异果培植区、拓展培训区这五大区域，活动项

朱家角耶稣升天堂

上海四季百果园

目具有趣味性、知识性。

旅游区域及进出条件：

上海四季百果园位于朱家角古镇以北，西靠淀山湖，邻近大千生态庄园、东方绿舟。公交朱家角1路、朱徐线等线路可到达。

保护与开发现状：

对外开放。2009年被上海市农业委员会、上海市旅游局共同评为上海农业旅游推荐单位。2012年被上海市科学技术委员会命名为上海市科普教育基地。

名称：人然合一现代农业生态园

编号：QP43

资源类型：FAB

单体资源等级：1

行政位置：赵巷镇沪青平公路3098号

地理位置：31°09′15.60″N
　　　　　121°12′48.30″E

性质与特征：

人然合一现代农业生态园是集娱乐、购物、休闲、餐饮于一体的生态休闲园，占地面积10万平方米，2009年9月建成开业。

人然合一现代农业生态园分设园艺生活中心、农特产品展销、农艺嘉年华、生态餐饮、森林宾馆等。大型户外拓展项目包括彩弹射击、滑索、攀岩、射箭、垂钓、充气城堡等。拟建由木屋组成的森林宾馆，配备有会议室、商务中心、餐厅、吧台、KTV、温水泳池、迷你高尔夫球场、网球场、篮球场、乒乓球室等。

旅游区域及进出条件：

人然合一现代农业生态园位于沪青平公路旁。公交赵巷1路、上朱线等多条线路可到达。

保护与开发现状：

对外开放。2009年被上海市农业委员会、上海市旅游局共同评为上海农业旅游推荐单位。2011年被全国旅游景区质量等级评定委员会评为国家AAA级旅游景区。2012年被上海市科学技术委员会命名为上海市科普教育基地。

人然合一现代农业生态园

大清朱家角邮局旧址

名称： 大清朱家角邮局旧址

编号： QP44

资源类型： FAE

单体资源等级： 1

行政位置： 朱家角镇西湖街35号

地理位置： 31°05′30.49″N
　　　　　　121°05′03.11″E

性质与特征：

　　大清朱家角邮局成立于清光绪二十九年（1903年）。

　　清光绪元年（1875年），民办的协源民信局在大清邮局现址的斜对面设置了代办处，专门办理商家和民间信函、包裹邮递以及现金等业务。清光绪二十二年（1896年），政府正式开办国家邮政。清光绪二十九年（1903年），政府在青浦县城和朱家角等地选择殷实商铺代办邮政业务，朱家角邮局就设在协源民信局代办处内，称大清邮局朱家角邮寄代办所。协源民信局在老百姓心中有一定信誉，公办邮寄所业务大大不如民信局。但公办邮寄所的船运实力足，邮路又广于民信局，不久，协源民信局就被邮寄代办所取代了。

　　清宣统二年（1910年），邮寄代办所迁入现在的位置。清宣统三年（1911年）正式改称大清邮局朱家角分局。辛亥革命后，大清邮局转为中华邮政继续营业，直到1953年才迁址到北大街放生桥附近。

　　大清朱家角邮局旧址分为上下两层：一楼介绍中国邮局历史演变的过程，内设有国际、国内邮寄大清邮局纪念明信片的服务，寄出的明信片加盖大清邮政印章；二楼介绍多个朝代的邮政历史，展示清代至民国期间的珍贵明信片和信件原稿。邮局门外有一个至今仍在使用的清代铜制铸龙邮筒。

旅游区域及进出条件：

　　大清朱家角邮局旧址位于朱家角古镇。公交朱家角1路、朱徐线、松朱专线等多条线路可到达。

保护与开发现状：

　　对外开放。

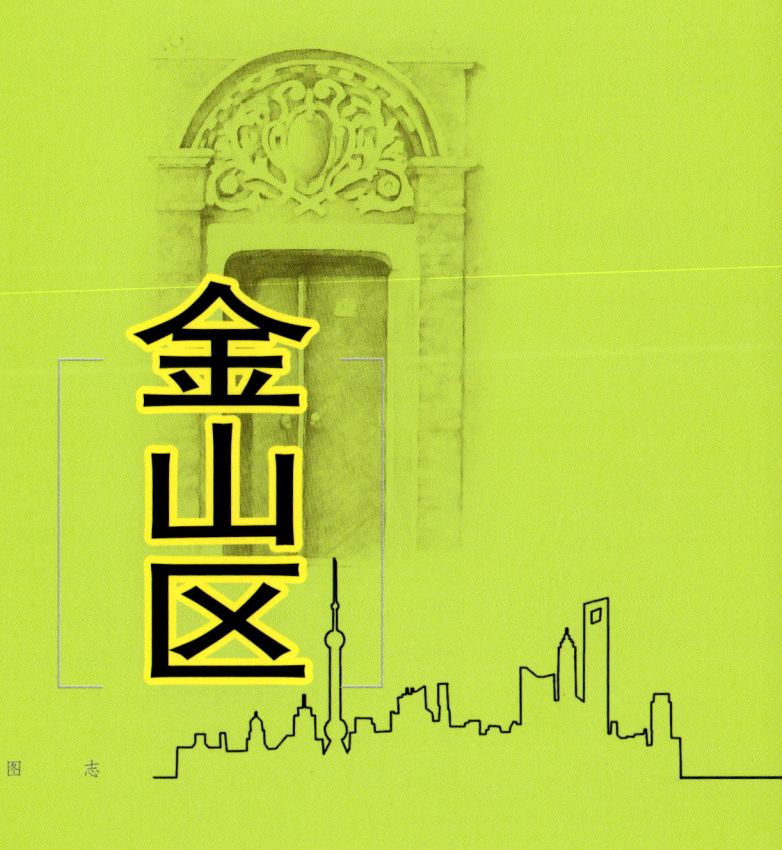

金山区

上 海 旅 游 资 源 图 志

概况

金山位于上海市西南部，南濒杭州湾，北连松江区、青浦区，东邻奉贤区，西与浙江省平湖市、嘉善县接壤。区域面积602.15平方千米。2012年度，金山区户籍人口51.7万人，辖9个镇（朱泾镇、枫泾镇、张堰镇、亭林镇、吕巷镇、廊下镇、金山卫镇、漕泾镇、山阳镇）、1个街道（石化街道）和金山工业区。2012年度，全区完成地区生产总值（原口径）467.5亿元。其中，第一产业实现增加值14.0亿元，第二产业实现增加值278.7亿元，第三产业实现增加值174.8亿元，第一、第二、第三产业的结构比例为3.0∶59.6∶37.4。2012年度，全区接待游客527.4万人次，实现旅游综合收入30.5亿元。

唐天宝十年（751年），金山地区属华亭县。元至元十四年（1277年），升华亭县为华亭府，翌年，改华亭府为松江府，领华亭县。明洪武十九年（1386年），于华亭县南境小官镇（篠馆镇）筑城置卫，以海中金山命名为金山卫。清顺治十三年（1656年），分华亭县枫泾、胥浦两乡及仙山、华亭、集贤、修竹等乡之半建娄县，隶松江府，金山地属娄县。清雍正四年（1726年），合并胥浦、枫泾、集贤、修竹、仙山等乡建金山县，设县治于金山卫城，隶松江府。1912年，金山成立军政分府，隶江苏省。抗日战争胜利后，金山县隶江苏省第三区行政督察专员公署。1949年，成立金山县人民政府，隶苏南行署松江专区。1958年3月，松江专区撤销，金山县改隶江苏省苏州专区。同年11月，金山县划归上海市。

金山区境内的枫泾古镇是全国历史文化名镇。金山区拥有23.3千米海岸线，滩坡和缓、平沙白浪，金山城市沙滩为国家AAAA级旅游景区。金山区是"中国现代民间绘画画乡"，中国农民画村为全国农业旅游示范点和国家AAA级旅游景区。金山农村新天地、中华村农家乐为全国农业旅游示范点。东林寺、松隐禅寺等寺庙各具特色。这些旅游景点使金山区成为上海周边具有重要影响力的旅游目的地之一。同时，金山区成为连接中国经济最活跃地区的重要交通节点，使得上海南翼辐射长江三角洲地区的"桥头堡"区位优势进一步凸显。

近年来，金山区境内的交通得到明显改善，G1501上海绕城高速、G60沪昆高速、G15沈海高速等穿境而过，金山区已经形成四通八达的交通网络和区域大交通格局，成为连接上海与浙东、浙西地区的桥头堡，以及杭州湾产业带的重要组成部分。现有的沪杭高速铁路和在建的沪杭甬铁路客运专线贯穿金山区北部。沪杭高速铁路金山支线直达金山区南部的石化地区，并即将改建成为城际高速铁路。

旅游资源列表

编号	名称	行政位置	资源类型	单体资源等级	地理位置
JS01	金山农民画	金山区	GAE	5	无
JS02	枫泾古镇历史文化风貌区	枫泾镇	FDC	5	30°53′22.20″N 121°00′45.78″E
JS03	中国农民画村	枫泾镇中洪村	FAB	5	30°55′27.06″N 121°00′46.20″E
JS04	东林寺	朱泾镇东林街150号	FAC	4	30°53′43.26″N 121°09′41.40″E
JS05	金山城市沙滩	石化街道金涛路海滨	AAD	4	30°42′38.22″N 121°20′36.90″E
JS06	金山三岛海洋生态自然保护区	大金山岛、小金山岛、浮山岛	AEA	4	30°41′22.47″N 121°25′25.39″E
JS07	朱学范生平陈列馆	枫泾镇新街11号	FAE	4	30°53′22.20″N 121°00′45.78″E
JS08	丁聪漫画陈列馆	枫泾镇北大街421号	FAE	4	30°53′33.53″N 121°00′48.72″E
JS09	廊下生态园	廊下镇	FAF	3	30°47′47.50″N 121°12′04.83″E
JS10	金山农村新天地	廊下镇漕廊公路9177号	FAB	3	30°47′18.78″N 121°09′00.48″E
JS11	中华村农家乐	廊下镇漕廊公路9199号	FAB	3	30°47′20.88″N 121°08′45.72″E
JS12	华严塔	亭林镇华严塔路58号	FCA	3	30°54′06.78″N 121°14′30.29″E
JS13	金山农民画院	朱泾镇健康路300号	FAE	3	30°53′53.70″N 121°09′15.00″E

续表

编号	名称	行政位置	资源类型	单体资源等级	地理位置
JS14	张堰镇历史文化风貌区	张堰镇	FDC	3	30°48′18.36″N 121°16′54.42″E
JS15	金枫酒事馆	枫泾镇环西二路18号	FAE	3	30°52′51.88″N 121°01′59.46″E
JS16	松隐禅寺	亭林镇华严塔路58号	FAC	3	30°53′56.95″N 121°14′46.72″E
JS17	万寿寺	金山卫镇金卫村1148号	FAC	3	30°44′01.32″N 121°19′28.44″E
JS18	"吴根越角"枫泾水乡婚典	枫泾镇	HCA	3	无
JS19	南社纪念馆	张堰镇新华路127~167号	FDD	3	30°48′14.46″N 121°16′52.42″E
JS20	金山卫城南门侵华日军登陆处遗址	石化街道南安路87号	EBB	3	30°43′16.26″N 121°19′05.52″E
JS21	漕泾休闲水庄	漕泾镇朱漕公路2058号	FAB	3	30°49′22.21″N 121°23′39.26″E
JS22	枫泾历史文化陈列馆	枫泾镇	FAE	3	30°53′12.80″N 121°00′32.69″E
JS23	人民公社旧址	枫泾镇和平街85号	FDD	3	30°53′24.62″N 121°00′53.07″E
JS24	程十发祖居	枫泾镇和平街151号	FDD	3	30°53′22.20″N 121°00′45.78″E
JS25	三百园	枫泾镇和平街49号	FAE	3	30°53′25.38″N 121°00′49.12″E
JS26	致和桥	枫泾镇南大街88号西侧	FFA	3	30°53′16.27″N 121°00′33.05″E

续表

编号	名称	行政位置	资源类型	单体资源等级	地理位置
JS27	上海农业科普馆金山馆	廊下镇漕廊公路9166号	FAE	2	30°47′27.90″N 121°11′13.85″E
JS28	金山区城市规划展示馆	山阳镇亭卫公路2258号	FAE	2	30°46′45.36″N 121°21′17.52″E
JS29	金山区博物馆	朱泾镇罗星路200号	FAE	2	30°53′58.80″N 121°09′54.00″E
JS30	上海电线电缆博物馆	山阳镇漕廊公路2888号	FAE	2	30°48′08.04″N 121°20′21.78″E
JS31	荟萃园	石化街道大堤路208号	FAD	2	30°42′42.92″N 121°20′06.23″E
JS32	金山公园	朱泾镇公园路96号	FAD	2	30°53′37.77″N 121°09′28.66″E
JS33	车镜公园	吕巷镇朱吕公路3858号	FAD	2	30°50′00.52″N 121°14′08.88″E
JS34	火政会	枫泾镇生产街124号	FAE	2	30°53′20.76″N 121°00′52.31″E
JS35	芳心园	吕巷镇金张公路1818号	FAB	2	30°49′45.48″N 121°15′02.88″E
JS36	滨海公园	石化街道新城路16号	FAD	2	30°42′31.92″N 121°20′23.57″E
JS37	亭林公园	亭林镇华亭路51号	FAD	2	30°53′06.61″N 121°18′28.13″E
JS38	古松园	亭林镇复兴东路106号	FAD	2	30°53′01.35″N 121°18′39.55″E
JS39	枫溪公园	枫泾镇新枫路45号	FAD	1	30°53′16.17″N 121°00′48.47″E
JS40	张堰公园	张堰镇花贤路20号	FAD	1	30°48′20.21″N 121°16′45.41″E

旅游资源单体

名称：金山农民画
编号：JS01
资源类型：GAE
单体资源等级：5
行政位置：金山区
地理位置：无
性质与特征：

金山农民画是流传于金山地区的一种现代民间绘画艺术，融合了多种传统民间艺术的元素。它以鲜明的江南民俗特征、外拙内巧的艺术风格著称于世。20世纪70年代末获得较大发展，创立了我国现代民间绘画的新风格，受到中外专家的肯定和广大群众的喜爱。

金山农民画源自古老的江南民间艺术，以丰富的想象力，大胆地进行艺术夸张，形成其特有的艺术风格和造型特征。它的色彩绚丽，笔触简朴。金山农民画取材于农村的景色或农村生活的片段，以鲜艳夺目的色彩、朴素简洁的笔触呈现于画中。每一幅画仿佛都在诉说着一个动人有趣的故事，表达作者对家乡的热爱、对生活的热爱，具有江南水乡的独特风韵。金山农民画融合刺绣、剪纸、蓝印花布、灶头壁画、雕塑、漆绘等各种民间艺术的表现手法，运用大胆的艺术夸张手法和强烈的色彩反差，以拙胜巧。金山农民画有灶头画、剪纸漆绘、民间玩具、泥塑和石刻等多种形式。绘画者包括70多岁的老农民和10多岁的青少年，以农村妇女居多。他们受民间刺绣、剪纸的启发，目识心记，用画笔来描绘自己的生活及其周围的事物，想象力非常丰富。

20世纪70年代后，英籍华裔女作家韩素音、美国前国务卿基辛格夫人等国际知名人士和艺术家纷纷前来参观访问。1980年，金山农民画首次在比利时布鲁塞尔国际博览会上展出。1980～1997年，金山农民画在17个国家和地区先后展出并交流，累计展出2 700多幅作品。有120多幅作品被

金山农民画之一

金山农民画之二

中国美术馆、中国画艺术研究院、中国民间艺术博物馆（筹）、上海美术协会、上海美术馆等艺术机构收藏。

旅游区域及进出条件：

金山农民画比较集中的展示地为枫泾镇中国农民画村、朱泾镇金山农民画院等。公交枫泾一路、松新枫线、青枫专线等多条线路可到达。

保护与开发现状：

对外开放。2007年被上海市人民政府列为上海市非物质文化遗产。

名称：枫泾古镇历史文化风貌区

编号：JS02

资源类型：FDC

单体资源等级：5

行政位置：枫泾镇

地理位置：30°53′22.20″N
　　　　　121°00′45.78″E

性质与特征：

枫泾古镇历史文化风貌区占地面积32万平方米。自元朝以来，枫泾古镇即为当地的物流集散地和商贸文化交流中心，镇区面积2.09平方千米，元至元十二年（1275年）建镇。

枫泾古镇历史文化风貌区内的古建筑比较集中，具有传统地方特色和民族文化特色，体现出江南水乡古镇的风貌。古民居建筑总面积4.87万平方米，多为明清时期的建筑风格，采用金山地区传统的"短脊长檐"形式，粉墙黛瓦，枕河而建；庙宇建筑多为宫殿式。古镇水网遍布，有39座古石桥横跨河上，其中元代1座，明代11座，清代21座，素有"三步两座桥，一望十条巷"之称。枫泾民风淳厚，崇尚耕读，自唐代以来有历史记载的名人为639人，如陆贽、陈舜俞、朱学范、丁聪、程十发等。著名景点有石泰山制药房、火

枫泾古镇历史文化风貌区之一

政会、古邮局、丁蹄作坊、施王庙、古戏台、三百园、老街长廊、程十发祖居、丁聪漫画陈列馆、人民公社旧址等。

旅游区域及进出条件：

枫泾古镇历史文化风貌区位于亭枫公路以北、朱枫公路以东、市河和新开河两侧区域范围内。公交枫泾一路、枫泾二路、金枫线等多条线路可到达。

保护与开发现状：

对外开放。2005年被建设部、国家文物局共同命名为中国历史文化名镇。同年，被上海市城市规划管理局（现上海市规划和国土资源管理局）划定为上海市郊区及浦东新区历史文化风貌区。2008年被全国旅游景区质量等级评定委员会评为国家AAAA级旅游景区。

名称：中国农民画村
编号：JS03
资源类型：FAB
单体资源等级：5
行政位置：枫泾镇中洪村
地理位置：30°55′27.06″N
　　　　　　121°00′46.20″E

性质与特征：

中国农民画村是以民间绘画艺术为主题的农家乐园区，规划占地面积300万平方米，其前身为金山农民画村，2008年升格为中国农民画村。

中国农民画村是集创作、展示、收藏、流通、认证、研究于一体的全国农民画创作中心。在此，可观摩农民画创作、装裱的过程，欣赏农民画中的精品佳作，选购经过认证的农民画原作。中国农民画村建有生态休闲园，分丹青人家、菜园人家、水上人家、稻香人家、枫泾人家5个体验区域。中国农民画村乡村高尔夫球场是一个由农民开办的球场，拥有绿色的草坪、清新的空气和充

枫泾古镇历史文化风貌区之二

中国农民画村

足的阳光,并以农民画装点周围环境,占地面积8 666平方米,2007年启用。

旅游区域及进出条件:

中国农民画村位于中洪村,邻近朱枫公路。公交枫泾一路、松新枫线、青枫专线等线路可到达。

保护与开发现状:

对外开放。2006年被国家旅游局命名为全国农业旅游示范点。2009年被全国旅游景区质量等级评定委员会评为国家AAA级旅游景区。同年,被上海市农业委员会、上海市旅游局共同评为上海农业旅游推荐单位。2012年被上海市科学技术委员会命名为上海市科普教育基地。与吉林东丰、天津杨柳青、重庆綦江、青海湟中、云南腾冲、山东日照、陕西户县、湖北黄州、河南舞阳并列为十大"中国现代民间绘画画乡"。

名称:东林寺
编号: JS04
资源类型: FAC
单体资源等级: 4
行政位置: 朱泾镇东林街150号
地理位置: 30°53′43.26″N
　　　　　　121°09′41.40″E

性质与特征:

东林寺(原名观音堂)始建于元至大元年(1308年),元皇庆二年(1313年)改名东林禅寺,2005年扩建,占地面积1.37万平方米,建筑面积7 350平方米,2007年对外开放。

东林寺雄伟壮观,三进阶梯式联体建筑群,殿堂坐落于人造山体中。山高57米,远望如一尊戴冠、呈卧立态、巨臂横空、手向东方的大佛状,形成山如佛、佛是山、山佛一体的奇观。东林寺创3项上海大世界基尼斯纪录:一是高34米的最高室内观音像,二是高20.08米、宽10.295米的中国佛教第一铜门,三是高5.408米的景泰蓝佛像"善财童子"。寺门前有铜制金愿桥,桥栏、桥面皆为传统铜雕。桥旁置铜钟鼓楼各1座。金莲池以铜围边,蓄清水,景泰蓝善财童子可做360°旋转。金莲池后为寺内仅存的单层双檐青瓦古建筑。五佛冠位于山顶,高22米,鼻子为观音菩萨的莲花坐像,眼睛为两尊飞天像,耳朵为韦驮菩萨像和关羽伽蓝像。山门用汉白玉建造,有48尊阿弥陀佛像,上方有五朵鎏金莲花,山门构思独特,造型精致。照壁青石雕刻,刻画栩栩如生的净土宗13位祖师像,照壁

背面雕刻有"上海金山朱泾镇东林寺复建碑记"字样，记述东林寺的兴废以及复建的艰辛历程。

旅游区域及进出条件：

东林寺位于朱泾镇，邻近亭枫公路东风南路口。公交朱泾一路、朱泾五路、朱石专线等多条线路可到达。

保护与开发现状：

对外开放。东林寺大殿1987年被上海市人民政府列为上海市文物保护单位。

名称：**金山城市沙滩**

编号：JS05

资源类型：AAD

单体资源等级：4

行政位置：石化街道金涛路海滨

地理位置：30°42′38.22″N
　　　　　121°20′36.90″E

性质与特征：

金山城市沙滩是具有海派风格的城市景观岸线，围水面积1.5平方千米，2007年对外开放。

金山城市沙滩由人工铺设的金沙与清澈的海水相映成趣，海滨景观长廊的白色浪形索膜顶棚，在夜灯中宛如玉带翻滚一般。游客闲坐于木质台阶上，可近观碧海金沙，远眺金山三岛（大金山岛、小金山岛、浮山岛）。金山城市沙滩有国际一流的沙滩排球场和沙滩足球，以及沙地摩托车、帆船、攀岩等体育活动场。"丁"字形坝边的水上游泳池可将海景尽收眼底。在这里举办过的节事活动有世界沙滩排球巡回赛、风·夏音乐季等。

旅游区域及进出条件：

金山城市沙滩位于上海市西南、杭州湾北岸。公交金山1路、金山3路、石化一线等多条线路可到达。

保护与开发现状：

对外开放。2008年被全国旅游景区质量等级评定委员会评为国家AAAA级旅游景区。

名称：**金山三岛海洋生态自然保护区**

编号：JS06

资源类型：AEA

单体资源等级：4

行政位置：大金山岛、小金山岛、浮山岛

地理位置：30°41′22.47″N
　　　　　121°25′25.39″E

金山城市沙滩

性质与特征：

金山三岛海洋生态自然保护区是上海市第一个自然保护区，设立于1993年，主要保护对象为典型的中亚热带自然植被常绿落叶阔叶混交林、昆虫与土壤有机物、珍稀动物和野生植物、近江牡蛎等。保护区内生物种类繁多，野生植物资源丰富，自然环境优良，是上海市重要的环境质量对照点。

金山三岛海洋生态自然保护区由核心区（大金山岛）和缓冲区（小金山岛、浮山岛以及邻近1 000米范围内的海域）组成。大金山岛位于杭州湾口北部，距大陆金山嘴6.2千米。该岛平面形态略呈菱形，中部宽阔，西部狭窄，最长处963米，最宽处437米，海岸线长度2 390米，面积0.229平方千米，主峰高103.4米，是上海市的最高峰。五代以前称钊山，晋代以后称金山。大金山岛岩性以酸性石英斑岩为主，夹杂有流纹岩、火山角砾岩、英安岩等。大金山岛受波浪侵蚀，形成海蚀崖、海蚀平台和海蚀柱等地貌形态。在岛的西南部有一片长750米、宽50～60米的砾石滩。小金山岛距大陆金山嘴4.1千米，地势平坦，呈西北—东南走向，最长处450米，最宽处247米，主峰高32.5米，海岸线长1 010米，面积0.036平方千米。浮山岛位于大金山岛南630米的海面上，外廓呈椭圆状，形似乌龟，俗称乌龟山，古代亦称王盘山。全长约290米，最宽处183米，面积0.031平方千米，海岸线长1 260米，主峰高30.8米。金山三岛都曾经是陆上山丘，后因海面上升、海岸侵蚀后退而孤立于大海中。大、小金山岛之间，历史上称为金山门，门内即为金山门海峡。大金山岛上的植被属中亚热带植被，受人类影响较小，目前仍保持着原始植被状态。岛上植被茂盛，落叶阔叶林有日本野桐、黄檀、算盘子群落；常绿阔叶林有红楠群落和青冈栎群落。此外，还有竹林，其类型有篌竹群落等。

旅游区域及进出条件：

金山三岛海洋生态自然保护区位于杭州湾北岸，距金山嘴海岸约6.6千米。坐船可到达。

保护与开发现状：

现为自然保护区。1992年被上海市人民政府列为上海市自然保护区。

名称：朱学范生平陈列馆

编号： JS07

资源类型： FAE

单体资源等级： 4

行政位置： 枫泾镇新街11号

地理位置： 30°53′22.20″N
121°00′45.78″E

性质与特征：

朱学范生平陈列馆为一幢二层楼的清末建筑，原为朱学范故居。

一楼的展厅共分为10个板块，图文并茂地介绍了朱学范的一生。二楼所展示的是朱学范童年时居住的卧室以及他家人的卧室。

朱学范是中国国民党革命委员会创始人之一，新中国首任邮电部部长。朱学范

金山三岛海洋生态自然保护区

朱学范生平陈列馆

于1905年6月12日生于上海南市，原名朱屏安。1920年毕业于上海敬业高等小学，改名朱学范。后来，朱学范的父亲失业，母亲病故。为了养家糊口，1924年朱学范进入上海邮局工作，1928年加入国民党，1930年任上海邮务总工会常务委员，并参加杜月笙成立的恒社，任常务理事。1935年，中国劳动协会在上海成立，朱学范任常务理事。抗日战争时期，朱学范与解放区代表在汉口发起并组织了中国工人抗敌总会筹备委员会。1947年，朱学范在香港与李济深、何香凝等国民党民主派共同筹组成立民革组织。1948年1月1日，民革在香港成立，朱学范当选为民革中央执行委员会常委。新中国成立后，朱学范任中华人民共和国邮电部部长。他为民族解放和新中国的建设事业作出了卓越的贡献。1996年1月7日逝世于北京。

旅游区域及进出条件：

朱学范生平陈列馆位于枫泾古镇景区，邻近三百园。公交枫泾一路、枫泾二路等多条线路可到达。

保护与开发现状：

对外开放。

名称：丁聪漫画陈列馆
编号：JS08
资源类型：FAE
单体资源等级：4
行政位置：枫泾镇北大街421号
地理位置：30°53′33.53″N
　　　　　　121°00′48.72″E

性质与特征：

丁聪漫画陈列馆为五开间二层楼的民国时期建筑，总面积360平方米，展出作品100余幅。2003年建成开放。中国美术史学家、评论家、著名书法家黄苗子题写馆名。

丁聪漫画陈列馆设有1个前言厅、7个展室，1处贵宾休息室。前言厅有丁聪的半身雕像以及他的生平介绍。各展室分别展出了丁聪的讽刺幽默作品、名著插图作品和人物肖像作品等。在"人物肖像"作品展室里，有沈从文、秦怡、萧乾、巴金、冰心、方成、冯骥才、新凤霞、老舍、鲁迅、茅盾、黄苗子、钱钟书、聂绀弩、夏衍、王蒙等名人的肖像漫画。在"名著插图"展室里，可以看到丁聪为鲁迅、老舍、叶圣陶、沈从文、许地山等名家作品绘过的插图。茅盾在1980年6月与丁聪重新见面时情不自禁地挥笔写下了一首五绝："不见小丁久，相逢倍相亲。童颜犹如昔，奋笔斗猛人。"这首诗的手迹也展示在陈列馆内。

丁聪，笔名小丁，是我国当代著名的

丁聪漫画陈列馆

漫画家。1916年，丁聪出生在一个漫画世家。读中学时，丁聪就开始发表漫画作品。抗日战争前，丁聪创作有关电影题材的漫画，并担任大型画报《良友》的编辑。抗日战争开始后，丁聪为《救亡漫画》杂志作画；在香港编辑《良友》、《大地》、《今日中国》等画报；参加在重庆展出的香港漫画联展，在成都举办个人画展，在昆明画抗日传单画，积极进行抗日宣传。1949年后，丁聪被选为中国美术家协会理事，担任《人民画报》副总编辑。1952年出版了《丁聪漫画选》，作品保持了融思想性和艺术性于一体的风格。尽管是个大画家，丁聪却始终没有忘记自己是个"小人物"，他以小人物的心态对待自己，以小人物的视角观察社会，因而在他笔下常常流露出真诚朴素的百姓情怀。丁聪于2009年5月26日逝世。

旅游区域及进出条件：

丁聪漫画陈列馆位于枫泾古镇景区。公交枫泾一路、金枫线、石枫专线等多条线路可到达。

保护与开发现状：

对外开放。

名称： 廊下生态园

编号： JS09

资源类型： FAF

单体资源等级： 3

行政位置： 廊下镇

地理位置： 30°47′47.50″N
　　　　　　121°12′04.83″E

性质与特征：

廊下生态园是具有引进、展示、示范、加工、观光、休闲多种功能的综合性农业生态园区，区域面积51平方千米。

廊下生态园由管理中心、现代农业加工区、国际农业展示区、现代农业示范区、农业科技孵化区、农业休闲区组成。已建成金山现代农业园区规划展示馆、万春苑农民新居、金山农村新天地、中华村农家乐、高标准万亩设施粮田、无农药蔬菜生产示

廊下生态园

范基地、现代种子种苗基地、奶牛养殖基地、特种水产养殖基地、草坪种植基地、玉环灵芝培植基地、紫苏叶生产基地等，展现了都市郊区的新风貌。

旅游区域及进出条件：

廊下生态园位于金山区西南部。公交廊下二路、廊下三路、廊下四路等多条线路可到达。

保护与开发现状：

对外开放。2009年被全国旅游景区质量等级评定委员会评为国家AAA级旅游景区。同年，被上海市农业委员会、上海市旅游局共同评为上海市农业旅游推荐单位。2012年被上海市科学技术委员会命名为上海市科普教育基地。

名称：金山农村新天地

编号：JS10

资源类型：FAB

单体资源等级：3

行政位置：廊下镇漕廊公路9177号

地理位置：30°47′18.78″N
　　　　　121°09′00.48″E

性质与特征：

金山农村新天地是集农田果园、农产品销售展示、休闲观光旅游于一体的农业旅游综合园区，占地面积约73万平方米，成立于2006年。

金山农村新天地以回归自然、崇尚生态、打造中国农村新天地为宗旨，辟有香樟林40万平方米（含食用动物养殖区约11万平方米）、百果园16.7万平方米、优质农产品展示中心及其配套用地16.7万平方米。百果园引种冬枣、桃、梨、葡萄、

金山农村新天地

樱桃、橘等数十种优质水果，游客可以零距离感受农业科技所带来的丰硕成果。园区内建有生态水系，游客可以尽享垂钓之乐。园区内 8 000 平方米的玻璃房生态主题餐厅，状如盛开的莲花，游客可以边就餐边观赏湖面景色。

旅游区域及进出条件：

金山农村新天地位于廊下生态园，北临漕廊公路，邻近上海农业科普馆金山馆，西接中华村农家乐，南靠浙江省平湖市。公交廊下一路、廊下二路、莲廊专线等多条线路可到达。

保护与开发现状：

对外开放。2006 年被国家旅游局命名为全国农业旅游示范点。

名称：中华村农家乐

编号：JS11

资源类型：FAB

单体资源等级：3

行政位置：廊下镇漕廊公路 9199 号

地理位置：30°47′20.88″N
　　　　　121°08′45.72″E

性质与特征：

中华村农家乐是一个经整体规划而修建的农家乐旅游景区，占地面积 16 万平方米，一期工程 2006 年完成。

中华村农家乐景区内村容整洁、环境优美，村内住房统一为"白墙、黛瓦、观音兜"的传统民居建筑，按三星级或经济型酒店标准进行内装修，提供 24 小时管家服务。一部分房舍还配有传统灶头和现代炉具并存的厨房，中心厨房提供标准化农家菜配送。游客接待中心具有登记、健康体检、会务等多种功能，还设有布艺坊、金山农民画坊、陶坊、酒坊等，提供游客

中华村农家乐

参与性的娱乐活动。

旅游区域及进出条件：

中华村农家乐位于廊下镇。公交廊下一路、廊下二路、莲廊专线等多条线路可到达。

保护与开发现状：

对外开放。2006年被国家旅游局命名为全国农业旅游示范点。

名称：华严塔

编号： JS12

资源类型： FCA

单体资源等级： 3

行政位置： 亭林镇华严塔路58号

地理位置： 30°54′06.78″N
　　　　　　 121°14′30.29″E

性质与特征：

华严塔（又名松隐塔）为德然和尚等刺指沥血四年抄得《华严经》81卷并募款在松隐庵边建造的。华严塔因《华严经》藏于塔内而得名，始建于明洪武十三年（1380年）。1999年修葺后重现昔日雄姿。

华严塔为方形砖木结构，塔高32米，塔身七层，各层有腰檐、平座和围廊，檐下有斗拱挑托；塔身外壁镶嵌彩色琉璃砖雕坐佛像3尊，其衣饰较多保留了元代风格。据塔碑记载："是塔高一百五十尺，周广三十五尺，方形砖木结构，塔内有梯级以升，飞檐外出，檐牙高啄，扶栏傍翼，凡铃叮当，悠扬悦耳，耐人寻味，起地两层，周以崇阁，上奉千佛，下供释迦多宝二如来像，傍列翊卫诸天神。结构不同于一般浮图，为周近百里内所罕见，一时成为名胜。"

旅游区域及进出条件：

华严塔位于松隐禅寺。公交南金线、石枫专线等多条线路可到达。

保护与开发现状：

对外开放。1962年被金山县人民政府列为金山县文物保护单位。2002年被上海市人民政府列为上海市文物保护单位。

华严塔

名称：**金山农民画院**

编号：JS13

资源类型：FAE

单体资源等级：3

行政位置：朱泾镇健康路 300 号

地理位置：30°53′53.70″N
　　　　　　121°09′15.00″E

性质与特征：

　　金山农民画院是民间艺术家从事创作、交流、展示活动的场所，1989 年成立。原名"金山农民画社"，1992 年改为现名。

　　金山农民画院为 1 幢三层花园楼房，有 20 多位作者在此将剪纸、刺绣、灶壁画等古老艺术巧妙地运用于绘画创作中，以丰富的想象力把农村生活的片段生动地表现出来，充满清新的乡土气息。金山农民画院下设农民画创作研究室、陶艺研究所等。

旅游区域及进出条件：

　　金山农民画院位于朱泾镇。公交朱泾三路、朱泾五路、金枫线等多条线路可到达。

保护与开发现状：

　　对外开放。

名称：**张堰镇历史文化风貌区**

编号：JS14

资源类型：FDC

单体资源等级：3

行政位置：张堰镇

地理位置：30°48′18.36″N
　　　　　　121°16′54.42″E

性质与特征：

　　张堰镇历史文化风貌区规划面积 41.4 万平方米，其中核心保护范围 10.8 万平方米。风貌区内街巷格局基本形成于明清时期。张堰镇旧名赤松里、留溪镇，唐末为御海潮置华亭十八堰，张泾堰为其一。张堰镇交通发达、商业繁华，为浦南首镇，有"千年古镇，百年风骚"之称。

　　张堰镇历史文化风貌区河网、建筑密集，张泾河、牛桥港穿城而过，具有江南水乡的典型特征。原有大小弄巷 29 条。现保存较好的清朝以前建筑群有 4 片：石皮弄建筑群、政安弄建筑群、西河沿建筑群、南社纪念馆建筑群。此外，有白蕉故居、高天梅故居、百家天主堂（金山区天主教总堂）、清代张单氏节孝坊等单体建筑。姚石子编著《金山艺文志》为方志界、学术界所推崇。金山区最早的期刊《觉民月刊》在清光绪二十九年（1903 年）诞生于张堰地区。《重辑张堰志》载明、清两代张堰文人所著书目有 269 种之多。

旅游区域及进出条件：

　　张堰镇历史文化风貌区位于金山区中部。公交虹桥枢纽 7 路、张堰二路、松卫线等多条线路可到达。

金山农民画院

张堰镇历史文化风貌区

内有不同时期酿酒场景及酿酒技术的图片展示。第五展区是品酒区、老工艺坊和黄酒产品展示区，陈列着黄酒酿造工具，如风车、木耙、甑桶、曲框、七石缸和木榨等，游客可以免费品尝原汁原味的黄酒。第六展区是中国历代酒具纵览和小卖部，陈列着夏商时期造型各异的酒具，翔实地述说着中华民族历史悠久的黄酒文化。

旅游区域及进出条件：

金枫酒事馆位于枫泾镇石库门酒厂。公交金枫线可到达。

保护与开发现状：

对外开放。2009年被国家旅游局命名为全国工业旅游示范点。2012年被上海市科学技术委员会命名为上海市科普教育基地。

保护与开发现状：

对外开放。2005年被上海市城市规划管理局（现上海市规划和国土资源管理局）划定为上海市郊区及浦东新区历史文化风貌区。2010年被国家建设部、国家文物局共同命名为中国历史文化名镇。

名称：金枫酒事馆

编号：JS15

资源类型：FAE

单体资源等级：3

行政位置：枫泾镇环西二路18号

地理位置：30°52′51.88″N
　　　　　121°01′59.46″E

性质与特征：

金枫酒事馆为上海地区一家以黄酒酿造技术为展示主体的行业博物馆，2006年开馆。

金枫酒事馆分六大展区。第一展区展示金枫酒事馆标志、点石斋画板等，门边"日进斗金"石碾的钱币造型喻财源滚滚之意。第二展区为上海与酒，展出清末手工绘制地图等，陈列1956年在枫泾北棚出土的宋士兵酒器"韩瓶"，韩和平《宋朝酿酒图》图解了古代酿酒流程。第三展区为时空隧道，是老上海风情街，青砖灰墙、石框黑门、格子窗户、暗黄路灯、淡淡迷雾。第四展区为灌装车间参观通道，是现代化黄酒灌装流水线，展示黄酒灌装过程，走廊

金枫酒事馆

名称：松隐禅寺

编号：JS16

资源类型：FAC

单体资源等级：3

行政位置：亭林镇华严塔路58号

地理位置：30°53′56.95″N
　　　　　121°14′46.72″E

性质与特征：

松隐禅寺始建于元至正十二年（1352年），由僧人唯庵禅师（又名德然和尚）所

777

建，占地面积约1.87万平方米。

唯庵禅师俗姓张，华亭人，七岁到杭州天龙寺出家，后到江苏地区师从石屋禅师。石屋住处庵前有棵松树，浓荫叠翠。一天，石屋禅师用手指松树对唯庵说："子犹是松，后当广荫于人。"又说："缘在吴淞。"于是手书"松隐"二字给唯庵。唯庵遵师教诲，不久回到华亭赤松溪，结茅而居，闭关三年，修持不出，里人（邻居）奇而敬之。里人吴山舍地捐款，集资为唯庵建庙，于元至正十二年（1352年）竣工，唯庵遂以"松隐"为庵名。庵建成23年后，殿、堂、斋、寮逐渐具备。明洪武十三年（1380年），唯庵募资在松隐庵边建造了华严塔，这使得松隐庵的影响范围更大。明洪武二十九年（1396年）唯庵圆寂。明正统十二年（1447年），住持道明扩建庵院，除原有华严塔及其他建筑外，还建有天王殿、大雄宝殿和观音殿，旁有钟鼓楼。后道明和尚请于朝廷，得敕赐改额为"松隐禅寺"，太史杨宣题额"浦南第一山"。明宣德年间（1426～1435年），住持无咎大师拓庵为寺，复经显大师等悉心扩展，先后历百年，才使殿阁巍峨，廊庑萦绕，僧侣成群。

松隐禅寺是上海西南郊区较大的一座佛教寺庙。主轴线上建有观音殿、大雄宝殿、藏经楼和华严塔，寺内还有偏殿和生活用房等建筑。藏经楼新建于2000年，为二层建筑，底层为法堂，二层为藏经楼，建筑面积650平方米，楼内梁和顶上的龙凤、仙鹤、花草等彩色绘画颜色鲜艳、形态逼真。

文革中，寺庙被毁。1991年，金山县人民政府批准修复，开放松隐寺为佛教活动场所，并新建一座建筑面积为260平方米的大雄宝殿。全国佛教协会会长赵朴初先生题写"松隐禅寺"额匾。1996年扩建大雄宝殿，2000年扩建松隐禅寺。

旅游区域及进出条件：

松隐禅寺位于亭枫公路北侧、松金公路东侧。公交南金线、石枫专线、莘金专线等多条线路可到达。

松隐禅寺

保护与开发现状：

对外开放。

名称：万寿寺

编号：JS17

资源类型：FAC

单体资源等级：3

行政位置：金山卫镇金卫村 1148 号

地理位置：30°44′01.32″N
　　　　　121°19′28.44″E

万寿寺

性质与特征：

万寿寺（原名万寿院）是上海地区历史悠久的寺院，占地面积 2.5 万平方米，始建于南宋淳熙六年（1179 年），1994 年移地复建，1995 年对外开放。

万寿寺为钢筋混凝土结构，飞檐翘角、黄墙露瓦，环境幽雅，林木葱郁，古朴庄严。主要建筑有山门、客堂、僧寮、钟鼓楼、大雄宝殿、三圣殿、功德堂、斋堂、客房、伽蓝殿以及放生池等。相传万寿寺最早为三国东吴孙权于吴嘉禾元年（232 年）赐建。据地方史记载历代有多位帝王进香留迹，如东吴会稽王孙亮、东晋元帝司马睿、南朝宋武帝刘裕和陈宣帝陈顼、五代吴越王钱镠、南宋高宗赵构、元末吴王张士诚等。

旅游区域及进出条件：

万寿寺位于金山卫镇，邻近金山大道与城河路交界处。公交金山 2 路、朱钱卫线等多条线路可到达。

保护与开发现状：

对外开放。

名称："吴根越角"枫泾水乡婚典

编号：JS18

资源类型：HCA

单体资源等级：3

行政位置：枫泾镇

地理位置：无

性质与特征：

"吴根越角"枫泾水乡婚典是上海旅游节的品牌节目，每年 9 月在枫泾古镇举办，始于 2005 年。

在举行"吴根越角"枫泾水乡婚典时，身着凤冠霞帔和状元服的新人集体亮相，成双成对从清风阁茶楼步入特制的水上舞台，接受亲朋好友的祝福。新人们挂同心锁、行三拜礼，而后登上婚船与两岸游客共庆良辰吉日。从枫泾三桥、古戏台到碧波荡漾的枫泾市河，鲜花遍布，彩带飘舞，鼓声激荡，鞭炮震天，一派喜庆气氛。荡

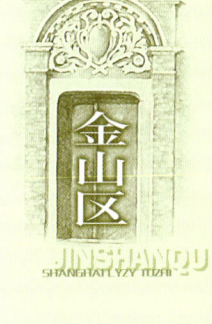

"吴根越角"枫泾水乡婚典

舟水乡后，新人们在古戏台大红喜屏上签下爱情誓言，随即乘大巴前往"天下第一桌"，在江南丝竹的衬托下新人们喝交杯酒、吃莲心汤、品尝丰盛的婚宴佳肴。

旅游区域及进出条件：

"吴根越角"枫泾水乡婚典举办地位于枫泾古镇景区。公交枫泾一路、金枫线等多条线路可到达。

保护与开发现状：

对外开放。

名称：南社纪念馆

编号：JS19

资源类型：FDD

单体资源等级：3

行政位置：张堰镇新华路127～167号

地理位置：30°48′14.46″N

121°16′52.42″E

性质与特征：

南社纪念馆设于姚石子故居内，建筑面积1 800平方米，2004年开放，2007年修缮。

南社纪念馆陈列内容分为青史垂功、烈士流芳、舆论开先、教育兴邦、绩学扬辉、翰墨凝馨、格致求精、家学承宗、巾帼争光、海外蜚声10个部分，反映了自20世纪初至40年代，中国先进知识分子参与社会革命及各种社会文化活动的史实。南社是中国近代史上一个较为著名的文化团体，由陈去病、高天梅、柳亚子于清宣统元年（1909年）11月13日发起并成立，与孙中山中国同盟会合称为辛亥革命的双犄角。张堰人姚光（姚石子）（1891～1945年）曾出任主任。姚石子故居将盟梅馆、自在室、古欢堂、七襄楼、怀旧楼、敦仁堂、松韵草堂等按原样恢复。著名的南社成员有陈去病、高天梅、柳亚子、姚光、鲁迅、茅盾、蔡元培、马叙伦、陈望道、于佑任、李叔同、黄宾虹、朱屺瞻等。

旅游区域及进出条件：

南社纪念馆位于新华中路留溪路口。公交张堰二路、朱石专线等多条线路可到达。

保护与开发现状：

对外开放。2010年被全国旅游景区质量等级评定委员会评为国家AAA级旅游景区。现为上海市爱国主义教育基地。

名称：金山卫城南门侵华日军登陆处遗址

编号：JS20

资源类型：EBB

单体资源等级：3

行政位置：石化街道南安路87号

地理位置：30°43′16.26″N

121°19′05.52″E

南社纪念馆

金山卫城南门侵华日军登陆处遗址

性质与特征：

金山卫城南门侵华日军登陆处遗址是1937年侵华日军在上海发动淞沪战争时进行偷袭登陆的地点。日军登陆后一路烧杀北侵，3天内，金山卫镇地区居民被屠杀1 015人，房屋被焚烧3 059间。1985年金山县人民政府在此建亭立碑。

金山卫城南门侵华日军登陆处遗址重修扩建，一期工程1 500平方米，2004年竣工。主要内容有雕塑、"十月初三惨案"纪事墙、浮雕壁画、被害乡民纪念墙、古城墙、日军碉堡、警示钟亭、侵华日军登陆处碑、古树名木奇竹、重修记与捐款名录碑等。二期工程扩建为5 000平方米，2007年竣工。扩建后新增的主要内容包括1幅中国地图、25个反映抗日战争的重大历史事件、10个发生在金山区境内的抗日故事、明朝人民抗倭的历史事件、金山人民抗击日军的英勇事迹。

旅游区域及进出条件：

金山卫城南门侵华日军登陆处遗址位于南安路南侧，邻近万寿寺。公交虹桥枢纽7路、松卫线、朱石专线等多条线路可到达。

保护与开发现状：

对外开放。1984年被上海市人民政府列为上海市文物保护单位。现为上海市爱国主义教育基地。

名称：漕泾休闲水庄

编号： JS21
资源类型： FAB
单体资源等级： 3
行政位置： 漕泾镇朱漕公路2058号
地理位置： 30°49′22.21″N
121°23′39.26″E

性质与特征：

漕泾休闲水庄是集旅游、会务、休闲、度假于一体的旅游度假区，规划总面积188万平方米，一期项目2006年建成并开始营业。

漕泾休闲水庄的中心区域面积为80万平方米，建于河宽80米的横塘港畔，与水脉相连，以水为魂、以农为本，以生态、休闲、娱乐、旅游为四大主题，有游客服务中心、水上游览区、垂钓基地、高尔夫练球场、园艺博览区、精品农业展示区、原生态景观活动休闲区、农居活动区等景点。漕泾

（河道运粮谓之漕，近河集镇谓之泾）成陆于距今6 400多年前，有大小河道1 279条，置身其中，如同"漫步"威尼斯河道。

旅游区域及进出条件：
漕泾休闲水庄位于水库村。公交金漕线、石胡专线等线路可到达。

保护与开发现状：
对外开放。

名称：**枫泾历史文化陈列馆**
编号：JS22
资源类型：FAE
单体资源等级：3
行政位置：枫泾镇
地理位置：30°53′12.80″N
121°00′32.69″E

性质与特征：
枫泾历史文化陈列馆原为清乾隆年间（1736～1795年）朝廷要臣谢墉在他家乡枫泾南镇的内宅——金圃宅第，因谢墉号金圃而得名。

谢墉，字昆城，号金圃。清乾隆十六年（1751年），乾隆南巡时，谢墉应诏试获第一，赐举人，并授内阁中书。次年登进士，改任翰林，南书房行走。后历任侍

漕泾休闲水庄

枫泾历史文化陈列馆之一

读学士、内阁学士兼礼部侍郎、工部侍郎、经筵讲官。清嘉庆五年（1800年）谢墉被追封赠"三品京堂"官衔。著有《安雅堂集》、《书学正说》等。

金圃宅第原为三井三楝以及东西厢房、马厩、河阜一应俱全的大宅院，旧时人称"天官府"。天井两旁的门窗雕刻精美，图案形象生动。清乾隆五十九年（1794年），乾隆第十一子成亲王爱新觉罗永瑆为金圃宅第正堂题写"启秀堂"匾额。宅第南墙外，立有状元、进士、举人3个牌坊，坊上分别镌刻着出生于枫泾的3个状元、56个进士和125个举人的名字。每道牌坊门的建筑要求都不一样，第一道举人坊做工简单，台阶高度是20厘米。门槛下方雕刻有鲤鱼跳龙门，上刻祥云、灵芝、如意。第二道进士坊做工要求比较精致，台阶高度是25厘米。石门框上雕刻有双龙。第三道状元坊台阶高度为40厘米，雕刻更加气派，和合二仙、福寿齐全。枫泾的3名状元分别是唐代的陆贽、宋代的许克昌和清代的蔡以台。牌坊左边的墙上雕刻有21位枫泾历史上三品以上官衔的人员。这一长串古代读书人的名字，是古代科举制度的缩影，更是枫泾地区地灵人杰的历史见证。

金圃宅第现为枫泾历史文化陈列馆，宅第两回廊分别展示了1 500年来枫泾人物和枫泾大事。

旅游区域及进出条件：

枫泾历史文化陈列馆位于枫泾古镇景区主入口处，可从游客中心进入。公交枫泾一路、枫泾二路、金枫线等多条线路可到达。

保护与开发现状：

对外开放。

枫泾历史文化陈列馆之二

名称：人民公社旧址

编号：JS23

资源类型：FDD

单体资源等级：3

行政位置：枫泾镇和平街85号

地理位置：30°53′24.62″N
121°00′53.07″E

性质与特征：

人民公社旧址是上海近郊保存较为完整的一个记录"大跃进"历史产物的场所。

走进人民公社旧址，门楣上方就是红底金黄色的5个大字"为人民服务"。两边墙上分别用红字写着两条毛主席语录："领导我们事业的核心力量是中国共产党"、"指导我们思想的理论基础是马克思列宁主义"。办公用房的廊前立柱上，由东向西刷满了一条条当时最典型常用的标语："抓革命，促生产"、"备战备荒为人民"、"毛主席的革命路线万岁"、"伟大的领袖毛主席万岁'、"战无不胜的毛泽东思想万岁"、"全国人民学解放军"、"工业学大庆"、"农业学大寨"。走廊内侧的青砖墙面上悬挂着14幅毛泽东主席在各个历史时期的黑白照片。在公社办公用房里，按当时原貌恢复了公社主任室、办公室、贫协会（贫下中农协会）、知青办（知识青年上山下乡办公室）、妇联、武装部、公安以及会议室等。在这些办公室中，展出了当时用的手摇电话机、各种生产计划的统计报表、办公用具等。馆藏中还有一些当年的票证，如粮票、油票、肉票等。公社大院后边，还有当年为响应"深挖洞、广积粮、不称霸"的号召而开挖的防空洞。防空洞里有指挥室、会议室、弹药库等。

人民公社是现代中国一段特殊历史时期的特殊产物。1958年，全国上下掀起了轰轰烈烈的人民公社化运动，当时枫围乡（今枫泾镇外围农村部分）也成立了人民公社，取名火箭人民公社。一直到1984年，枫围人民公社才恢复为枫围乡人民政府。前后26年时间，这里一直是当年人民公社的办公地点。

旅游区域及进出条件：

人民公社旧址位于枫泾古镇景区。公交枫泾一路、枫泾二路、金枫线等多条线路可到达。

保护与开发现状：

对外开放。

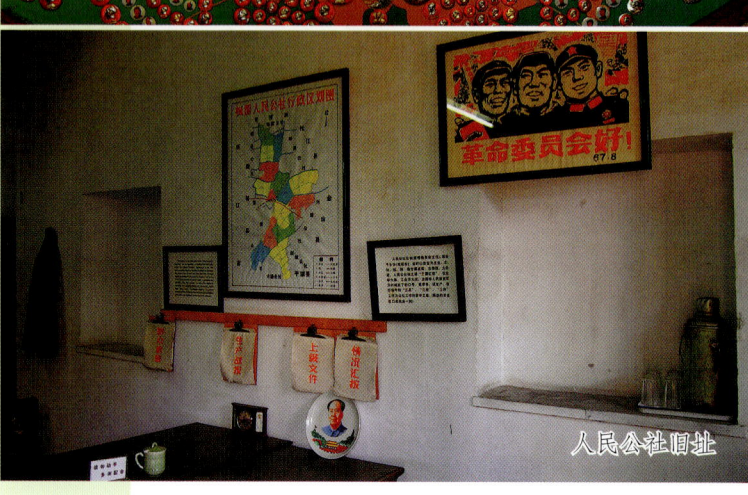

人民公社旧址

名称：程十发祖居

编号：JS24

资源类型：FDD

单体资源等级：3

行政位置：枫泾镇和平街151号

地理位置：30°53′22.20″N
121°00′45.78″E

性质与特征：

程十发祖居是一座三埭、两天井、后

带花园的宅院，建于清代，是程十发早期生活过的地方。

程十发祖居坐北朝南，砖木结构，前后幢布局，前为平房，后为二层楼房，共有5间，硬山灰瓦顶，穿斗式构架，无斗拱。后房底层为落地格栅门，上层窗为格栅窗。祖居里恢复了程十发祖父、父亲行医的诊所厅堂和程十发出生、居住的卧室。卧室里雕花床、梳妆台等一应俱全。同时，祖居还展出了程十发部分画作以及生活、创作用具。

程十发1921年出生于一个行医世家。1938年考取了上海美术专科学校，四年后毕业，就在上海大新公司举办个人画展。之后，程十发不断向《申报》投寄画稿，渐渐开始有了名气。程十发擅长山水画、人物画、花鸟画。1949年后，程十发先在上海人民出版社任创作员，1956年参加上海画院筹备工作，担任一级画师。程十发才华横溢，妙笔生辉，其画作不断获奖。程十发创作的国画《歌唱祖国春天》曾获首届全国青年美展一等奖，《儒林外史》插图获华东地区书籍装帧一等奖并获德国莱比锡国际书籍装帧银奖，连环画《孔乙己》、《画皮》获首届全国连环画绘画二等奖。程十发出版有《程十发近作选》、《程十发画辑》、《程十发花鸟集》、《程十发花鸟册》等。1980年，西泠印社出版了包括《山水湖石》、《翎毛花卉》等作品在内的《程十发书画》共9册。程十发的山水画浑厚古朴，意境深远；花鸟画淳雅娟秀，画风清新；人物画形神兼备，栩栩如生。程十发被美术界誉为"茹古涵今，独辟蹊径"的艺术大师。而且，程十发的国画在国际上也享有盛名。

旅游区域及进出条件：

程十发祖居位于枫泾古镇景区，近北丰桥。公交枫泾一路、枫泾二路、金枫线等多条线路可到达。

保护与开发现状：

对外开放。

程十发祖居

名称：**三百园**

编号：JS25

资源类型：FAE

单体资源等级：3

行政位置：枫泾镇和平街49号

地理位置：30°53′25.38″N
　　　　　121°00′49.12″E

性质与特征：

三百园是3个收藏展出有百样民俗用品的收藏馆的合称，总占地面积达5 000平方米，其中房屋面积1 800平方米。

三百园由一座三进三落的大宅院和一座具有浓郁江南特色的后花园组成，原为陈舜俞的宅第，因里面展示了300多件展品——百灯、百篮、百行等代表性物件故称三百园。房屋有前后三进，中间有花木扶疏的庭院，前有宽敞的广场，由石板铺成。"百灯馆"三字是漫画家丁聪所题写。馆内陈列了上百件的灯具，楼下展示的是有关灯的故事，楼上展示的则是灯的历史。"百篮馆"设在中间一排楼房，前有庭院，一只巨大的古代元宝篮仿制品摆放在庭院一侧中央，成为百篮馆的标志。在三百园中的第三个展馆"百行馆"里，能领略到民间所流传的三百六十行之所指。三百园的后花园约667平方米，四季景色浓缩在此，东、南、西、北四个角分别栽种了四季不同的鲜花野果。园内最高处有一小亭，名留春亭，亭名是根据宋代高僧德葵大师的一首诗而得。

三百园之一

三百园之二

陈舜俞，字令举，号白牛居士，枫泾人（原枫围乡北庙港人）。北宋庆历六年（1046年）进京赶考，考中乙科进士，任明州观察推官、浙江天台从事等职位。当时，陈舜俞家境并不宽裕，只有一间庭院。北宋嘉祐四年（1059年），他考取制科第一，任职光禄丞，后又提升为秘书省著作任郎等官职；北宋熙宁三年（1070年）提升为屯田员外郎。当时的宰相是王安石，他主持变革推行"青苗法"，陈舜俞上书反对，终究弃官隐居枫泾老家。北宋熙宁七年（1074年），王安石罢相，朝廷正值用人之际，皇上即招陈舜俞入宫为官，并得知他为官清廉，两袖清风，连第三座庭院都无钱建造，就下旨地方官为他修建；还得知他爱好吟诗，就专门为他建造了一座可以吟诗作画的后花园。可好景不长，陈舜俞做官只一年，王安石再任宰相，他再次罢官，发誓永不做官。之后，陈舜俞过着普通老百姓的生活，并写了大量的诗作，如《都官集》、《应制策论》《庐山记略》等。在三百园后花园，游客可以欣赏到陈舜俞留下来的墨宝。

旅游区域及进出条件：

三百园位于枫泾古镇景区，邻近人民公社旧址。公交枫泾一路、枫泾二路、金枫线等多条线路可到达。

保护与开发现状：

对外开放。

名称：致和桥

编号： JS26

资源类型： FFA

单体资源等级： 3

行政位置： 枫泾镇南大街88号西侧

地理位置： 30°53′16.27″N
121°00′33.05″E

性质与特征：

致和桥建于枫泾镇南大街旁的市河上，为单孔石拱桥，俗称圣堂桥，造型古朴，因建于元致和元年（1328年）而得名，是枫泾地区现存最古老的桥梁，也是枫泾历史发展的见证。明洪武年间（1368～1398年）重修。桥身采用武康石砌筑，东西走向，跨枫泾市河，全长20米，宽2.9米，净跨7米。桥高4.25米，拱高4米，拱直径7.5米。桥面两侧各有15块条石作护栏板，两端各有16级阶石。整座桥梁结构牢固，700多年来仍然保存得很完好。

旅游区域及进出条件：

致和桥位于枫泾镇南大街。公交枫泾一路、金枫线等多条线路可到达。

致和桥

保护与开发现状：

对外开放。2000 年被金山区人民政府列为金山区文物保护单位。

名称：上海农业科普馆金山馆

编号：JS27

资源类型：FAE

单体资源等级：2

行政位置：廊下镇漕廊公路 9166 号

地理位置：30°47′27.90″N
　　　　　121°11′13.85″E

性质与特征：

上海农业科普馆金山馆是寓教于乐的现代农业知识展示馆，展示面积 2 200 平方米，2008 年落成开馆。

上海农业科普馆金山馆有序馆、新农村新天地馆、农科奥秘馆、农科实验馆、探索未来馆五大展示区，围绕"科技引领农业"的主题，通过多媒体互动手段来展示上海现代农业科技发展的重大成就，共计 20 个项目。游客不仅可以了解种子的奥秘、蛋蛋的简历、戴 BP 机的奶牛，而且可以跟随摄像师"廊下飞看"农业园全景、植物工厂、数字种田的奥秘，动手做生物克隆、转基因等一系列小实验。最后，跟随虚拟主人公"记者多多"一起想象"未来农业在哪里"。馆内定期摆上园区内最新采摘的瓜果蔬菜，供游客品尝。

旅游区域及进出条件：

上海农业科普馆金山馆位于廊下生态园的核心区域。公交廊下一路、莲廊专线等线路可到达。

保护与开发现状：

对外开放。2012 年被上海市科学技术委员会命名为上海市科普教育基地。

名称：金山区城市规划展示馆

编号：JS28

资源类型：FAE

单体资源等级：2

行政位置：山阳镇亭卫公路 2258 号

地理位置：30°46′45.36″N
　　　　　121°21′17.52″E

性质与特征：

金山区城市规划展示馆占地面积 6 700 平方米，建筑面积 2 100 平方米，建于 2005 年。

金山区城市规划展示馆主体建筑为现代钢结构，墙面采用玻璃材料，简洁通透。展示馆内分为规划知识教育区、接待区、金山区卫星影像图展示、规划演示厅、电子资料服务区、三区一线（金山新城区、金山工业区、金山现代农业园区、金山海岸线）规划模型展示区、公共交流服务区、各类模板展示区、规划方案展示区等，全方位展示金山区的规划成果。

旅游区域及进出条件：

金山区城市规划展示馆位于亭卫公路以东。公交上石线、石梅线、石青专线等多条线路可到达。

上海农业科普馆金山馆

金山区城市规划展示馆

金山区博物馆

保护与开发现状：

对外开放。2012年被上海市科学技术委员会命名为上海市科普教育基地。

名称：金山区博物馆

编号：JS29

资源类型：FAE

单体资源等级：2

行政位置：朱泾镇罗星路200号

地理位置：30°53′58.80″N

121°09′54.00″E

性质与特征：

金山区博物馆占地面积1 667平方米，建筑面积1 319平方米，1988年正式开放。

金山区博物馆为八边形建筑，钢筋混泥土结构，设3个陈列厅，分别展示出土文物、地面文物、馆藏文物。馆内共有856件藏品，其中一级品1件，二级品91件，三级品773件。馆藏文物以金山区亭林、戚家墩古文化遗址出土的良渚文化时期和春秋战国时期的石器、陶器、玉器为主，如新石器时期良渚文化双孔石刀、九节玉琮、印纹陶罐等。《金山古文化》陈列厅设于二厅，陈列有金山古文化遗址出土的马家浜文化、良渚文化、马桥文化、吴越文化等不同时期的典型文物，并陈列有复制良渚文化时期干栏式民居和复原墓葬形制等。其他还有张大千早期书画作品、明董其昌重修泖桥澄鉴寺碑等。

旅游区域及进出条件：

金山区博物馆位于罗星路，近东林寺。公交朱泾一路、朱泾二路等线路可到达。

保护与开发现状：

对外开放。

名称：上海电线电缆博物馆

编号：JS30

资源类型：FAE

单体资源等级：2

行政位置：山阳镇漕廊公路2888号

地理位置：30°48′08.04″N

121°20′21.78″E

性质与特征：

上海电线电缆博物馆是一家电线电缆

上海电线电缆博物馆

行业专业性的博物馆，建筑面积2 300平方米，2006年建成开放。

上海电线电缆博物馆主体是一幢现代钢结构的玻璃建筑，周边有绿地和湖水环绕，馆内400多种电线电缆展品系统地记录了整个行业发展的历史轨迹。馆内还陈列有19～20世纪美国、英国、法国等研发生产的产品，以及19～21世纪我国自行生产的橡皮绝缘电缆、船用电缆、通信电缆、煤矿电缆、控制电缆、交联电缆、聚氯乙烯绝缘电缆、高压电力电缆等产品。上海电线电缆博物馆的镇馆之宝是一块采自"铜矿之国"南美洲智利的铜矿石。

旅游区域及进出条件：

上海电线电缆博物馆位于金山亚龙现代工业园。公交金山9路、山阳一路等线路可到达。

保护与开发现状：

对外开放。2012年被上海市科学技术委员会命名为上海市科普教育基地。

名称：荟萃园

编号： JS31

资源类型： FAD

单体资源等级： 2

行政位置： 石化街道大堤路208号

地理位置： 30°42′42.92″N
　　　　　　121°20′06.23″E

性质与特征：

荟萃园为上海石油化工总厂的社区公共绿地，占地面积1.2万平方米，1993年建成开放。

荟萃园为江南园林风格。园门设照壁，壁上有陈从周题字。园中部有太湖石叠成的大假山和两叠瀑布。假山峭壁上刻有高1.2米、宽0.5米的"寿"字，由"生"、"母"、"七"、"十"四字组成，是海瑞为母祝寿所书，拓自浙江淳安海瑞祠。九峰北侧窗中有一尊仿杭州灵隐飞来峰石刻而作的石雕弥勒佛，佛前左右，一石似青蛙，一石似顽猴，旁有湖石刻"笑口常开、大肚能容"。园南

荟萃园

侧建有廊亭组合建筑"一得廊"。廊墙上镶嵌着65块瓷画，包括历史人物少年轶事30幅，中国风景名胜画30幅，吴昌硕、孔令明、谢稚柳、苏局仙书法5幅。园西北有梅山及三友亭，植松、竹、梅，寓意"岁寒三友"。园北荷花池，池中小岛建笠亭，池北建三曲平桥，池内及四周植物按春、夏、秋三季配置。池北侧有海天楼，楼前平台三面临水，台边置石扶栏、石桌凳。园西南的园中园内有清心书屋，斋前置玉兰峰石，周围绿荫浓蔽。园内主要有松、梅、桂花、女贞、水杉、香樟、杜鹃、海桐、火棘、蚊母等树种，另有草坪约2 380平方米。

旅游区域及进出条件：

荟萃园位于大堤路，邻近随塘河路新城路口，东靠金山城市沙滩，西接石化一村。公交金山1路、金山9路、石化一线等多条线路可到达。

保护与开发现状：

对外开放。2007年被上海市绿化和市容管理局评为上海市三星级公园。

名称：**金山公园**
编号：JS32
资源类型：FAD
单体资源等级：2
行政位置：朱泾镇公园路96号
地理位置：30°53′37.77″N
　　　　　121°09′28.66″E

性质与特征：

金山公园（原名朱泾风景林）是一座仿古风景园林，占地面积2.27万平方米，河道面积2 500平方米，始建于1936年，1980年改为现名，1983年重建开放。

金山公园大门位于公园西北角，门前有石狮，朱漆圆柱门框上悬横匾。公园内按自然风景园林布置。南半部有人工湖、土山、烈士墓；北半部有两座土山、大草坪、儿童公园。除沿湖有少量园林建筑外，园中主要以山水和植物造景。主要景观有人工湖、玉壶桥、水榭观鱼、山溪水帘、亭望金山、长廊鹤亭、笠亭小岛、无名革命烈士墓、儿童乐园等。公园内植树5 000余

金山公园

株，乔木与灌木之比为1∶0.67，常绿树与落叶树之比为1∶0.63。有200年树龄的银杏树1株，还有26棵树龄达80年的三角枫。

旅游区域及进出条件：

金山公园位于公园路东侧。公交朱泾一路、朱泾二路、朱泾五路等多条线路可到达。

保护与开发现状：

对外开放。2007年被上海市绿化和市容管理局评为上海市三星级公园。

名称：车镜公园

编号：JS33

资源类型：FAD

单体资源等级：2

行政位置：吕巷镇朱吕公路3858号

地理位置：30°50′00.52″N
　　　　　121°14′08.88″E

性质与特征：

车镜公园占地5万平方米，于2001年春动工，至2002年9月完工。公园结构紧密，为苏州园林建筑风格。公园门楼按照中国古典双层屋檐风格建造，黑瓦红檐，四角高高翘起，大门两旁各设一尊高5米的汉白玉狮子。五亭湖位于公园中间，因沿湖建有五亭而得名。4条水上长廊为青瓦廊顶，木柱深红，廊檐下为木质网格图形装饰。长廊建有的拱形廊桥架于清清的湖水之上，掩映于湖光柳影之中。公园中的五亭环湖而立，尖顶四角弯曲向上的形态实为古亭建筑风格的再现，4根红色木柱托顶而立，亭栏环绕，环亭设凳，中间为圆形白石桌和圆柱形白石凳，在绿意盎然的园林景色之中，营造出恬静的气氛。

旅游区域及进出条件：

车镜公园位于朱吕公路，近红光路。公交吕巷一路、莲廊专线等线路可到达。

保护与开发现状：

对外开放。

名称：火政会

编号：JS34

资源类型：FAE

单体资源等级：2

行政位置：枫泾镇生产街124号

地理位置：30°53′20.76″N
　　　　　121°00′52.31″E

性质与特征：

火政会为民国时期枫泾东区火政会所在地，也是上海地区仅存的较完整的近代

车镜公园

火政会

芳心园

消防机构，建于1926年，由民宅改造而成。受到当时上海租界救火会建筑风格的影响，其门面墙被改建成西洋式。二间二层，面宽3.8米，进深5米，约90平方米。建筑物正面刻有火政会徽标。大厅里摆放着旧时的救火设备，有20世纪初的手压式揿龙、1937年抗日战争前的机械"泵浦"以及1950年后曾经一度使用过的轮式救火车等，门前的市河中停靠着一艘红色的救火船（复制品）。枫泾古镇还有一座高7米的"枫泾救火联合会亡故同志纪念塔"，这是上海郊区至今保存完好的消防历史纪念塔。

旅游区域及进出条件：

火政会位于生产街，邻近枫溪公园。公交枫泾一路、枫泾二路、金枫线等多条线路可到达。

保护与开发现状：

对外开放。

名称：芳心园

编号：JS35

资源类型：FAB

单体资源等级：2

行政位置：吕巷镇金张公路1818号

地理位置：30°49′45.48″N
　　　　　121°15′02.88″E

性质与特征：

芳心园建于1994年，占地面积约20万平方米，园路蜿蜒，沿路有绿树、亭台点缀。采摘区占园区总面积的四分之三，共植有蟠桃、猕猴桃、冬枣，兼种油桃、柿树、橘树等十余种特色果树。到了果实成熟时节，游客可以进入采摘区亲手采摘，体验收获的幸福感。园内池塘水质清澈、鱼儿畅游。园湖中央建双体船茶坊，供游客品茶聊天、休闲垂钓。在特种养殖区内还可以见到黑天鹅、蓝孔雀和锦鸡等鸟类。在天工园内有数百棵红继木树桩盆景，千姿百态，各具意趣。

旅游区域及进出条件：

芳心园位于金张公路。公交吕巷四路、朱石专线等线路可到达。

保护与开发现状：

对外开放。

名称：滨海公园

编号：JS36

资源类型：FAD

单体资源等级：2

行政位置：石化街道新城路16号

地理位置：30°42′31.92″N
　　　　　121°20′23.57″E

性质与特征：

滨海公园是现代化综合性游憩绿地，占地面积6万平方米，1986年建成开放。

滨海公园采用自然式布局，分为游乐区、动物饲养区、老人活动区、水域区以及植物景观区。公园保留了一段随塘河，建有

滨海公园

名称：亭林公园
编号：JS37
资源类型：FAD
单体资源等级：2
行政位置：亭林镇华亭路51号
地理位置：30°53′06.61″N
　　　　　121°18′28.13″E
性质与特征：
　　亭林公园占地面积1.54万平方米，1995年正式开放。
　　亭林公园全园以植物造景为主，点缀少量建筑物。以葫芦池为中心，南北长70余米，最宽处为30余米，四周以黄石驳岸，腰部建长24米的三曲平石桥，池周植垂枝桃、垂柳、海棠、黄馨等。公园东南部有亭林古文化遗址。1988年在挖掘葫芦池时，发现下层为良渚文化遗址，上层为商、周、唐、宋文化遗址，便立即竖立保护地点标志石碑，环碑200米半径内均属保护范围。碑东有意悦亭，为六角形亭，石柱，面积为12平方米。公园西南靠祝家港处有方形石亭，名墅居亭，面积9平方米。公园北部土丘上混植各种树木，丘下是两片大草坪，草坪上置高2.5米的孔雀开屏石雕。亭林公园主要树种为香樟、池杉、柳、广玉兰。公园内树木约1 140株，乔木与灌木之比为

湖心岛、湖心亭、曲桥、平桥等景观，与两岸植物一起构成随塘河景区。公园建有喷水池，池中4座不锈钢雕塑象征着石油化工球罐和主要产品"三纶"。梦幻乐园有反斗穿梭机、过山车、飞天潜水艇等娱乐设施。
旅游区域及进出条件：
　　滨海公园位于新城路合浦路口。公交金山1路、金山3路、上石线等多条线路可到达。
保护与开发现状：
　　对外开放。2011年被上海市绿化与市容管理局评为上海市四星级公园。

亭林公园

1:0.87，常绿树与落叶树之比为 1:0.35。

旅游区域及进出条件：

亭林公园近华亭路寺平南路口。公交松卫线、松亭石专线等多条线路可到达。

保护与开发现状：

对外开放。

名称：古松园

编号：JS38

资源类型：FAD

单体资源等级：2

行政位置：亭林镇复兴东路 106 号

地理位置：30°53′01.35″N
121°18′39.55″E

性质与特征：

古松园是一家以古松为主题的袖珍园林，占地面积仅 666 平方米，1985 年围松建园。

古松园因园内有一株被誉为"上海第一松"的古罗汉松而得名。古松高 7.2 米，胸围 2.8 米，蓬径 4.8 米，为元末文学家、书法家杨维桢在元至正十六年（1356 年）六十寿辰时所植。入秋后，古松针叶有形似骨牌点的黄色斑点，故又称骨牌松、剔牙松。古松园以此株罗汉松为主景，南北呈长方形，布局严谨，错落有致。朱漆大门，照壁刻有"古松园"阴文篆文。园门内为一小院落，用以障景。四周有漏空围墙，曲溪横贯园南穿墙而过，水面上架一小桥。

旅游区域及进出条件：

古松园位于复兴东路，南邻南亭公路，东靠金展路。公交亭林三路、松卫专线、松亭石专线等多条线路可到达。

保护与开发现状：

对外开放。

名称：枫溪公园

编号：JS39

资源类型：FAD

单体资源等级：1

行政位置：枫泾镇新枫路 45 号

地理位置：30°53′16.17″N
121°00′48.47″E

性质与特征：

枫溪公园占地面积 2 万平方米，始建于 1927 年，1995 年修葺竣工。

枫溪公园建有亭阁假山、剑场茶室、两厢品院、仿古门楼、湖心亭榭、曲径长

古松园

枫溪公园

廊、古桥移座等。公园内绿地1.58万平方米，占全园面积的79.3%，分为玉兰草坪、桂花杜鹃、棕榈松樟、垂柳船埠等区域，植有各类乔木约1 350株，灌木约1 600棵。

旅游区域及进出条件：

　　枫溪公园位于新泾路白牛路口。公交枫泾一路、枫泾二路、石枫专线等多条线路可到达。

保护与开发现状：

　　对外开放。

名称： 张堰公园
编号： JS40
资源类型： FAD
单体资源等级： 1
行政位置： 张堰镇花贤路20号
地理位置： 30°48′20.21″N
　　　　　　121°16′45.41″E

性质与特征：

　　张堰公园占地面积2.7万平方米，初为当地望族私宅吴家花园、钱氏花园，1953年建为人民公园，后改建为张堰公园。

　　张堰公园景色秀丽，古雅幽静。有阿庆亭、土山草亭、半水亭、蘑菇亭、长亭、赏馥亭、牡丹芍药园、紫竹园、腊梅园、杜鹃园、三曲桥、黑松林、猴房等景点。有树龄250年的银杏树2株，各种观赏花木百余种2万多株。

旅游区域及进出条件：

　　张堰公园位于张堰镇，邻近花贤路。公交张堰二路、金石线、朱石专线等多条线路可到达。

保护与开发现状：

　　对外开放。2008年被上海市绿化和市容管理局评为上海市二星级公园。

张堰公园

奉贤区

上 海 旅 游 资 源 图 志

概况

奉贤区位于上海市南部，北倚黄浦江，与闵行区隔江相望；南临杭州湾；东与浦东新区相邻；西与金山区、松江区相连。奉贤区有13.7千米长的江岸线和31.6千米的海岸线。区域面积707.34平方千米。2012年度，奉贤区户籍人口52.53万人，辖8个镇（南桥镇、奉城镇、金汇镇、四团镇、青村镇、庄行镇、柘林镇、海湾镇）和5个开发区（上海市工业综合开发区、奉贤现代农业园区、上海化学工业区奉贤分区、奉贤海湾旅游区、海港综合经济开发区）。2012年度，全区实现增加值624.6亿元。其中，第一产业实现增加值17.8亿元，第二产业实现增加值403.0亿元，第三产业实现增加值203.8亿元。2012年度，全区共接待游客634.5万人次，旅游收入达28.2亿元，其中旅馆、饭店共接待客人101.2万人次，实现营业收入13.5亿元；旅游景点共接待游客500.7万人次，实现营业收入11.7亿元；旅行社共接待游客32.6万人次，实现营业收入2.5亿元。

奉贤地区因"敬奉贤人"而取名为"奉贤"。自唐天宝十年（751年）置华亭县后，直至清初该地区一直属华亭县境。清雍正四年（1726年）置奉贤县，辖原华亭县东南部白沙、云间乡。民国年间隶属江苏省第三区行政督察专员公署。1933年，南汇县15个乡镇划入奉贤县。1949年后隶属于苏南行政公署松江专区，1952年隶属江苏省松江专区，1958年撤松江专区，改隶苏州专区。1958年11月，全县划归上海市。2001年，奉贤撤县设区。

奉贤区碧海金沙水上乐园、都市菜园为国家AAAA级旅游景区，神仙酒城、申隆生态园、玉穗绿苑、都市菜园为全国工（农）业旅游示范点。奉贤区旅游节庆活动众多，有奉贤菜花节、庄行伏羊节、赶海节等。

奉贤区境内水陆交通便捷。浦南运河横亘东西，金汇港纵贯全境；公路铺展成网，已形成十纵六横的公路网络。1995年，奉浦大桥竣工通车，缩短了上海市区与奉贤区的距离。G1501上海绕城高速自东向西穿越全境，S4沪金高速纵贯南北，构成奉贤区境内现代化公路的交通网络体系。

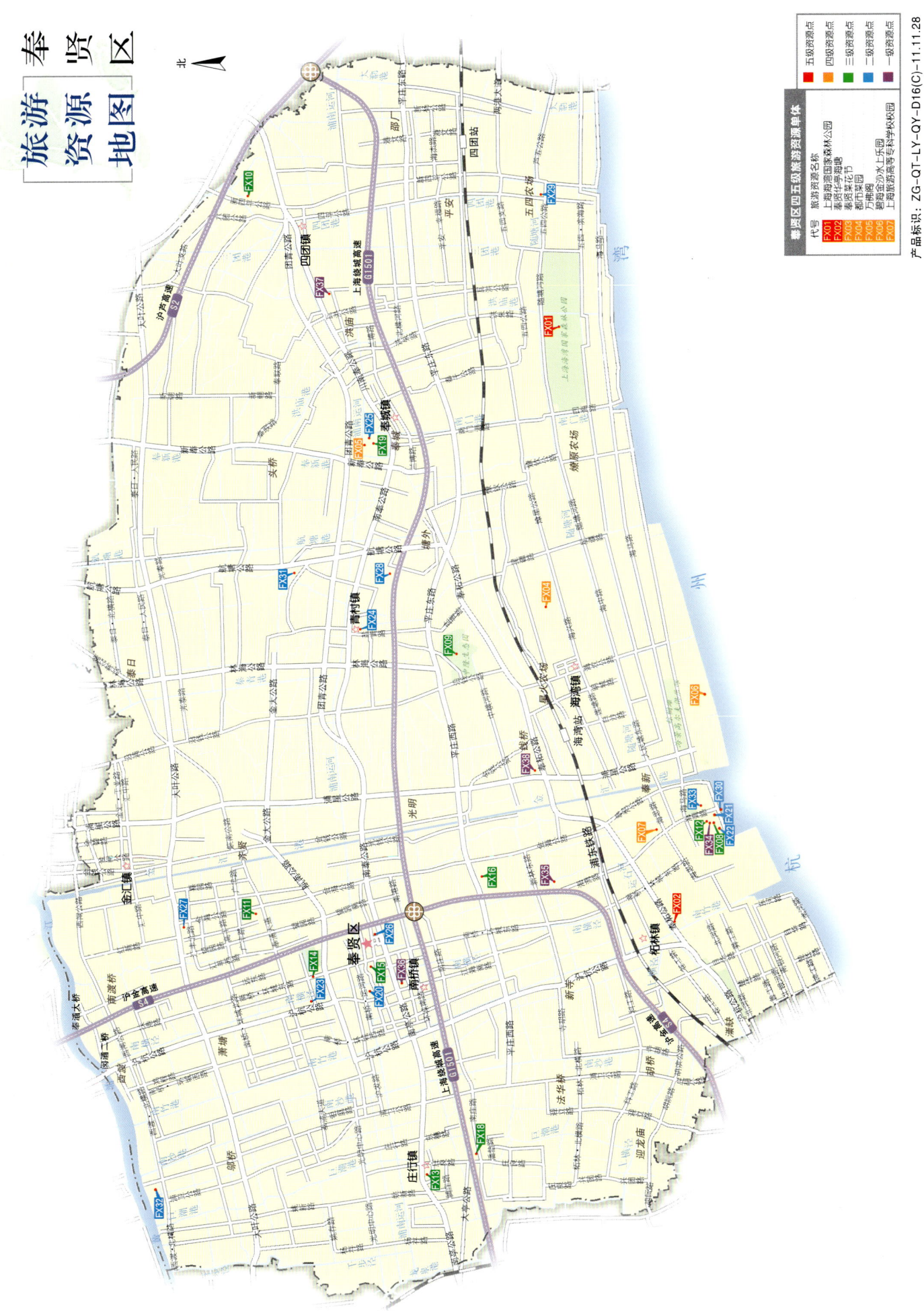

旅游资源列表

编号	名称	行政位置	资源类型	单体资源等级	地理位置
FX01	上海海湾国家森林公园	海湾镇随塘河路1677号	FAD	5	30°52′05.88″N 121°40′27.48″E
FX02	奉贤华亭海塘	柘林镇奉柘公路	FGD	5	30°50′04.38″N 121°28′51.36″E
FX03	奉贤菜花节	奉贤区	HDA	4	无
FX04	都市菜园	海湾镇海兴路888弄1号	FAB	4	30°51′53.76″N 121°35′09.78″E
FX05	万佛阁	奉城镇北门北街189号	FAC	4	30°55′16.26″N 121°38′33.30″E
FX06	碧海金沙水上乐园	奉贤海湾旅游区海涵路2号	AAD	4	30°49′18.54″N 121°32′48.18″E
FX07	上海旅游高等专科学校校园	奉贤海湾旅游区海思路500号	FAA	4	30°49′33.20″N 121°30′35.06″E
FX08	包畹蓉中国京剧服饰艺术馆	奉贤海湾旅游区海鸥路1988号	FAE	3	30°48′59.34″N 121°30′58.74″E
FX09	申隆生态园	青村镇沿钱公路5599号	FAB	3	30°53′47.76″N 121°34′15.24″E
FX10	神仙酒城	四团镇新四平公路2888号	FAF	3	30°57′21.24″N 121°43′35.82″E
FX11	奉贤现代农业园区	奉贤区	FAF	3	30°57′06.36″N 121°28′49.26″E
FX12	奉贤海湾旅游区	奉贤区	FAB	3	30°48′59.34″N 121°30′58.74″E
FX13	庄行古镇历史文化风貌区	庄行镇	FDC	3	30°54′27.60″N 121°23′33.36″E

续表

编号	名称	行政位置	资源类型	单体资源等级	地理位置
FX14	奉浦餐饮娱乐休闲街	南桥镇环城东路	FDB	3	30°56′31.14″N 121°27′21.24″E
FX15	古华园	南桥镇解放中路220号	FAD	3	30°55′13.23″N 121°27′43.06″E
FX16	玉穗绿苑	柘林镇金海公路2229号	FAB	3	30°53′21.18″N 121°29′50.46″E
FX17	庄行伏羊节	庄行镇	HDA	3	无
FX18	庄行乡村旅游景区	庄行镇潘垫村	FAB	3	30°53′19.60″N 121°23′52.90″E
FX19	奉城古镇历史文化风貌区	奉城镇	FDC	3	30°55′08.52″N 121°38′31.38″E
FX20	南桥天主堂	南桥镇新建中路558号	FAC	2	30°55′14.26″N 121°27′22.95″E
FX21	龙腾阁	奉贤海湾旅游区	FCC	2	30°48′59.64″N 121°30′55.50″E
FX22	海湾观光大道	奉贤海湾旅游区	FGD	2	30°49′01.78″N 121°31′08.45″E
FX23	二严寺	南桥镇沪杭公路1749号	FAC	2	30°56′12.96″N 121°26′50.04″E
FX24	青村古镇历史文化风貌区	青村镇	FDC	2	30°55′29.46″N 121°34′41.40″E
FX25	中共奉贤县委旧址	奉城镇奉粮路70号	FDD	2	30°55′11.10″N 121°38′40.26″E
FX26	奉贤博物馆	南桥镇解放东路871号	FAE	2	30°55′02.56″N 121°27′58.86″E

续表

编号	名称	行政位置	资源类型	单体资源等级	地理位置
FX27	上海菇菌科普馆	奉贤现代农业园区金海公路7299号	FAE	2	30°58′00.21″N 121°28′41.76″E
FX28	上海百枣园	奉城镇卫季村1148号	FAB	2	30°54′52.56″N 121°35′59.64″E
FX29	上海农垦博物馆	海湾镇五四农场五四公路1256号	FAE	2	30°52′06.60″N 121°43′43.68″E
FX30	渔人码头	奉贤海湾旅游区	FAB	2	30°48′58.26″N 121°30′55.92″E
FX31	青村世外桃源	青村镇吴家村桃园弄118号	FAB	2	30°56′30.00″N 121°35′45.18″E
FX32	江南渔村农家园	庄行镇渔沥村932号	FAB	2	30°59′41.57″N 121°25′15.59″E
FX33	海湾国际风筝放飞场	奉贤海湾旅游区	FBD	2	30°48′19.50″N 121°30′50.04″E
FX34	东海观音寺	奉贤海湾旅游区金汇塘路999号	FAC	1	30°49′04.86″N 121°30′37.20″E
FX35	上真道院	柘林镇新寺社区	FAC	1	30°52′04.01″N 121°29′35.93″E
FX36	人民南路服饰街	南桥镇人民南路	FDB	1	30°54′39.21″N 121°27′24.40″E
FX37	洪福寺	奉城镇唐城街303号	FAC	1	30°55′43.77″N 121°41′59.80″E
FX38	保境禅寺	青村镇奉柘公路3398号	FAC	1	30°51′59.07″N 121°31′57.15″E

旅游资源单体

名称： 上海海湾国家森林公园
编号： FX01
资源类型： FAD
单体资源等级： 5
行政位置： 海湾镇随塘河路1677号
地理位置： 30°52′05.88″N
　　　　　　121°40′27.48″E

性质与特征：

上海海湾国家森林公园是大型人工生态森林园区，占地面积约1066万平方米，开园面积约300万平方米，2010年正式对外开放。

上海海湾国家森林公园内植树400多万株，品种约350种。在模拟自然、回归自然的基本理念指导下，通过多年的人工营造，逐渐形成了接近自然的森林生态环境。根据不同垂直度、空间位置和季节景观的需要，公园内种植的树木凸显出自然的复合混交林群落，将观花、观叶、观果植物有机地结合起来，形成以森林生态为基础的多彩的城市森林景观。因此公园内景观林层次丰富、物种多样，乔灌木种类达60多种，其中以乌桕、重阳木、香樟、枫杨、海桐、蚊母、银杏、女贞、乐昌含笑、香椿、臭椿、湿地松等植物为主。

公园内已开挖土方300多万立方米，堆造山体185座，新开河道22.5千米，水域面积超过0.21平方千米；还包括一个水域面积达5.8万平方米的百鸟湖，它是上海地区较大的人工湖泊。每到秋天，百鸟湖几乎成为白鹭之"家"，最多的时候，水岸边来来往往的白鹭有1000多只。此外，灰鹭、野鸭、野兔、野鸡也在这里栖息。公园内分为游乐活动区、水上活动区、文化观赏区三大旅游板块，其中的文化观赏区蕴含了多种文化元素，主要包括盆景苑、青瓷馆、陶艺馆、书画馆、根雕馆、汝窑馆、恐龙馆等。

上海海湾国家森林公园之一

上海海湾国家森林公园之二

旅游区域及进出条件：

上海海湾国家森林公园位于随塘河路四海路口。公交奉城3线、海湾3线等多条线路可到达。

保护与开发现状：

对外开放。2011年被全国旅游景区质量等级评定委员会评为国家AAAA级旅游景区。2012年被上海市科学技术委员会命名为上海市科普教育基地。

名称： 奉贤华亭海塘
编号： FX02
资源类型： FGD
单体资源等级： 5
行政位置： 柘林镇奉柘公路
地理位置： 30°50′04.38″N
121°28′51.36″E
性质与特征：

奉贤华亭海塘（又称华亭东石塘）露出段长约4.5千米，高2.5～4米，始建于清雍正三年（1725年），竣工于清雍正十三年（1735年）。1996年，在奉柘公路实施降坡拓宽工程时被发现。

奉贤华亭海塘最初由清文华殿大学士吏部尚书朱轼设计，并建造成鱼鳞石塘，其余为土塘。清雍正五年（1727年），雍正皇帝思及"波涛日夜冲啮，土石连接处历史不坚"，派巡抚陈时夏查勘，谕将华亭海塘全线改为石塘，委任太仆寺卿俞兆岳总理海塘工程。俞兆岳采用铁笋、铁销把条石连成一体，使其异常牢固。石塘长20千米，号称"四十里金城"。石塘面海处有监造及施工碑记5处，其中2处碑记分别刻有"长庆安澜"、"屹若金汤"等字样。

旅游区域及进出条件：

奉贤华亭海塘位于奉柘公路南侧，邻近沪杭公路。公交柘林1线、奉卫线、莘海专线等多条线路可到达。

保护与开发现状：

对外开放。1996年被奉贤县人民政府列为奉贤县文物保护单位。2002年被上海市人民政府列为上海市文物保护单位。

名称： 奉贤菜花节
编号： FX03
资源类型： HDA
单体资源等级： 4
行政位置： 奉贤区
地理位置： 无

奉贤华亭海塘

性质与特征：

奉贤菜花节是上海著名的乡村旅游节庆活动之一，每年3月开始举行。届时，万亩油菜花一齐开放，艳丽又壮观。从开幕式到菜花节结束，持续2周时间。菜花节以油菜花为媒，宣传"乡村生态、田园生活、农业生产"的理念。菜花节围绕"油菜花"这一主题推出多种旅游活动项目，其中的"田园爱情派对"活动选出20对新人在油菜田里举行别具风情的结婚庆典，同时在菜花家园设置近10个婚纱外景拍摄点。"菜花插花与编织"活动让游客现场观看由菜花搭配出的各种插花，并出售丝网花、剪纸等农家旅游纪念品。此外，节庆活动的现场还推出了一些特色小作坊活动项目，游客可以在现场参观或亲自参与榨菜油、酿蜂蜜等活动。在菜花节期间，还陆续推出了周边景点的旅游项目，包括庄行老街、庄行农业展示基地等。

旅游区域及进出条件：

奉贤菜花节主会场位于潘垫村。公交庄行2线、南庄线等线路可到达。

保护与开发现状：

对外开放。

名称：都市菜园
编号：FX04
资源类型：FAB
单体资源等级：4
行政位置：海湾镇海兴路888弄1号
地理位置：30°51′53.76″N
　　　　　121°35′09.78″E

性质与特征：

都市菜园是一个都市型的现代农业蔬菜主题公园，占地面积约333万平方米，2007年对外开放。

都市菜园主要有农耕博览馆（包括神农教耕区、农耕要术展示区）、博雅农苑、馨香蔬苑、奇瓜异蔬苑（包括七彩蔬苑、百瓜艺苑）、四季果园、揽胜亭、光明湖、抛钓中心、游艇码头、风筝放飞场、蔬菜自由式采摘区等。其中，最具特色的是博雅农苑和奇瓜异蔬苑。博雅农苑的场馆面积约5 000平方米，结合多种栽培模式，如柱式立体栽培、墙面立体栽培、管道立体栽培、营养液膜技术、深液流浮板水培技术等，让蔬菜生长脱离土壤的培育环境，避免病菌、昆虫、泥土等对蔬菜的侵害和污染，保证蔬菜的健康生长。通过各种立

奉贤菜花节

都市菜园

体栽培设施和栽培技术实现了"蔬菜上墙"和"蔬菜绕柱"的生长奇观。奇瓜异蔬苑的面积约 3 888 平方米，汇集了国内外各种食用、药用及观赏瓜果类（如葫芦、南瓜、西瓜、冬瓜、丝瓜、苦瓜、蛇瓜、砍瓜及佛手瓜等），还有其他彩色蔬菜、观赏蔬菜以及通过太空育种后培育出来的太空蔬菜等。都市菜园里可以体验种植、采摘、烹饪、品尝蔬菜的乐趣，是了解农耕文化、蔬菜文化、现代农业种植技术、产品加工技术等科学知识的大课堂。

旅游区域及进出条件：

都市菜园邻近海兴路星疆路口。公交海湾3线可到达。

保护与开发现状：

对外开放。2007 年被国家旅游局命名为全国农业旅游示范点。2009 年被上海市农业委员会、上海市旅游局共同评为上海农业旅游推荐单位。2010 年被全国旅游景区质量等级评定委员会评为国家 AAAA 级旅游景区。2012 年被上海市科学技术委员会命名为上海市科普教育基地。

名称：万佛阁
编号：FX05
资源类型：FAC
单体资源等级：4
行政位置： 奉城镇北门北街 189 号
地理位置： 30°55′16.26″N
　　　　　　121°38′33.30″E

性质与特征：

万佛阁是上海一座历史悠久的比丘尼道场，占地面积约 1.67 万平方米。原为乡间小庵；明洪武十九年（1386 年），为防倭寇从海上入侵，信国公汤和大将军督筑青村堡（今奉城）城墙时，将万佛阁就地重建于北门月城弯内。1989～2008 年修扩建。

万佛阁寺院建筑气势宏伟，在寺院南北向中轴线上，从山门进去依次是韦驮殿、大雄宝殿、万佛楼、古城墙。东轴线上有念佛堂、钟楼、佛学尼众班教室、禅堂、斋堂。西轴线上有大悲殿、延生堂、鼓楼、往生堂、客房、寮房等。建筑风格协调，色彩统一；回廊通达，连成一体。万佛楼底层为三圣殿，二楼为藏经楼，三楼为万佛堂。底层正中供奉毗卢遮那佛像，佛像高 3.5 米，底座为 1.5 米的 10 朵金莲花，

万佛阁之一

万佛阁之二

每一叶瓣上雕塑佛像一尊，共有365尊。

旅游区域及进出条件：

万佛阁位于奉城镇，北靠浦南运河，南邻奉粮路。公交奉城1线可到达。

保护与开发现状：

对外开放。1997年被奉贤县人民政府列为奉贤县文物保护单位。

名称：碧海金沙水上乐园

编号：FX06

资源类型：AAD

单体资源等级：4

行政位置：奉贤海湾旅游区海涵路2号

地理位置：30°49′18.54″N
　　　　　121°32′48.18″E

性质与特征：

碧海金沙水上乐园是一个规模较大的人造沙滩海滨浴场，筑堤围海造滩总面积79万平方米，2006年建成开放。

碧海金沙水上乐园防汛墙长约1 300米，向大海延伸了600米，分为人造绿地、人工沙滩和蓝色海域3个层次。绿化带占地面积4.5万平方米，种植了各种适宜在盐碱地生长的常绿植物，蓝顶木屋建造在这一大片绿荫之中。海水经沉淀处理后注入乐园，蔚蓝清澈。人工沙滩约7万平方米，下层铺设12万吨海南细沙，上层采取固沙技术。沙滩上设置帐篷、木屋等游憩设施。乐园内蜿蜒1 000米的栈道将绿化区、沙滩区、游泳区相连接。游泳场西边是约151万平方米的海上运动区，可容纳20艘小型游艇停泊，设有冲浪、摩托艇、气垫船、动力伞艇等水上娱乐项目。

旅游区域及进出条件：

碧海金沙水上乐园位于奉贤海湾旅游区。公交南桥9路、海湾1线等多条线路可到达。

碧海金沙水上乐园

上海旅游高等专科学校校园

保护与开发现状：

对外开放。2008年被全国旅游景区质量等级评定委员会评为国家AAAA级旅游景区。

名称： 上海旅游高等专科学校校园

编号： FX07

资源类型： FAA

单体资源等级： 4

行政位置： 奉贤海湾旅游区海思路500号

地理位置： 30°49′33.20″N
121°30′35.06″E

性质与特征：

上海旅游高等专科学校创建于1979年，是一所培养旅游专门人才的高等学府。校园占地面积近22万平方米，建筑面积3万余平方米。在校园的中轴线上，坐落着体积巨大的3组青铜雕塑，它们依次为中国旅游业标志"马踏飞燕"，代表我国青铜文化的"司母戊鼎"，以及坐落在一幅由花岗岩铺成的世界地图上的"浑仪"。这3组青铜雕塑形成了一道亮丽的风景。在中轴线一侧是地学景观园，设置有丹霞地貌、喀斯特地貌的假山石。另外，还有图文信息中心、模拟导游实验室、教学区等。坐落在校园中轴线另一侧的酒店实训中心里设有饭店前台操作实训室、饭店客房操作实训室、饭店大堂操作实训室、饭店酒吧与茶艺操作实训室、饭店多功能厅操作实训室、饭店宴会操作实训室，以及饭店中餐厨房、饭店西餐厨房、酒店管理软件系统实验室、餐饮管理软件系统实验室等。校园中还有休闲农庄、高尔夫球练习场、天象馆、房车营地等。

旅游区域及进出条件：

上海旅游高等专科学校校园位于海思路海湾路口。公交海湾1线、奉卫线等多条线路可到达。

保护与开发现状：

对外开放。

名称： 包畹蓉中国京剧服饰艺术馆

编号： FX08

资源类型： FAE

单体资源等级： 3

行政位置： 奉贤海湾旅游区海鸥路1988号

地理位置： 30°48′59.34″N
121°30′58.74″E

性质与特征：

包畹蓉中国京剧服饰艺术馆是京剧戏服收藏家包畹蓉创立的京剧服饰收藏博物馆，2002年正式开放。

包畹蓉是上海著名的收藏家,他自幼酷爱京剧,15岁拜"四大名旦"之一的荀慧生为师从艺,后又拜黄秋生、王瑶卿练功学艺。1953年,包畹蓉亲自组建了"包畹蓉京剧团"。数十年间,他不仅抢救、珍藏了许多名贵戏服,还对京剧服饰作了改良和创新。馆内珍藏有蟒袍、裙袄、开氅、云肩、大靠、官服、龙套衣等千余件,这些花团锦簇、雍容华贵的京剧服饰珍品,充分显示了梅派的典雅、荀派的活泼、程派的清越、尚派的婉转。馆藏的绣金坐龙旗蟒为《四郎探母》中公主所穿,是包畹蓉先生请名师花3年时间精制而成的,现已成为"镇馆之宝";而梅兰芳、荀慧生当年穿过的戏服更是弥足珍贵。2005年6月18日,首届中国收藏界年度排行榜在首都北京揭晓,包畹蓉中国京剧服饰艺术馆入选为"中国十大民间博物馆"。

包畹蓉中国京剧服饰艺术馆

旅游区域及进出条件:
　　包畹蓉中国京剧服饰艺术馆位于奉贤海湾旅游区,邻近龙腾阁。公交海湾1线、海航专线、莘海专线等多条线路可到达。

保护与开发现状:
　　对外开放。

名称:**申隆生态园**
编号:FX09
资源类型:FAB
单体资源等级:3
行政位置:青村镇沿钱公路5599号
地理位置:30°53′47.76″N
　　　　　121°34′15.24″E

性质与特征:
　　申隆生态园是集度假休闲、休养康复、旅游观光、会务活动于一体,具有江南水乡特色的综合性绿色生态森林公园。园区占地面积约780万平方米,创建于1999年。
　　申隆生态园分为森林别墅区、保健

申隆生态园

休闲区、森林旅游区、森林苗圃区、生态养殖区5个功能区。园区70%为生态林，25%为人工湖泊和河道，5%为林中道路。百鸟园是申隆生态园的一大特色，占地面积2.4万平方米，放养了87种国内外珍稀鸟类，如鹩哥、八哥、绿孔雀、黑天鹅、白天鹅、鸳鸯和鸸鹋等，其中不少鸟类是国家级保护动物。在占地面积46.69万平方米的申隆湖中，有9个人工小岛绿茵铺地、垂柳摇曳，岛与岛之间有石拱桥相连，形成"湖托岛、桥浮岛、人游岛，湖、岛、桥、人共成画"的奇妙景观。2006年，申隆生态园购置了100株百年银杏树种植于银杏大道两侧。园区内设有"农家乐"文化一条街、八仙种树乌龟岛、教育培训中心等，娱乐项目有飞艇、垂钓、网球等。

旅游区域及进出条件：

申隆生态园位于沿钱公路平庄东路口。公交1551路、青村1线、南五线等多条线路可到达。

保护与开发现状：

对外开放。2005年被国家旅游局命名为全国农业旅游示范点。2009年被上海市农业委员会、上海市旅游局共同评为上海农业旅游推荐单位。2012年被上海市科学技术委员会命名为上海市科普教育基地。

名称：神仙酒城

编号： FX10

资源类型： FAF

单体资源等级： 3

行政位置： 四团镇新四平公路2888号

地理位置： 30°57′21.24″N
121°43′35.82″E

性质与特征：

神仙酒城是集游览观赏、娱乐休闲于一体的工业旅游景点，2006年对外开放。

神仙酒城依托上海神仙酒厂建立，以"领略酒文化、增长酒知识、品尝神仙酒、当回活神仙"为主题，吸引广大游客前来观光。神仙酒城共分六大景区，依次为神仙桥景区、中国神仙酒文化展示馆、神仙井景区、神仙酒生产区、神仙文化长廊、神仙休闲区。

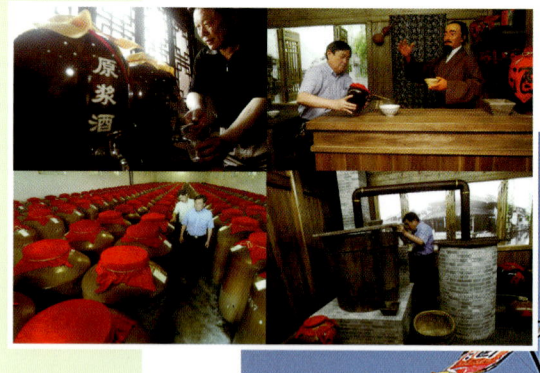

神仙酒城

奉贤现代农业园区

其中，中国神仙酒文化展示馆以传统和现代相结合的手法，向游客展示神仙酒的传说，以及酒与名诗、酒与名画、酒与名人、酒与科学等酒文化。通过对历朝历代具有代表性的酒具、酒杯、酒坛以及各种酿酒方法的展示和介绍，让游客了解我国酿酒的历史；神仙井景区向游客展示了传说中八仙为帮助百姓酿成美酒而"点杖成井"的神话故事；神仙酒生产区向游客展示了上海名酒神仙酒的整个酿制过程，以及上海仅存的1608个酿酒地窖和众多的储存酒库，让游客直观地了解神仙酒是如何生产出来的；神仙文化长廊的10个砖雕则向游客展示了历史上颇具代表性的酿酒趣闻轶事。在上海神仙酒厂生产的"神仙酒"系列产品中，"上海老窖1608"荣获第五届中国国际葡萄酒烈酒评酒会金奖。

旅游区域及进出条件：

神仙酒城位于上海神仙酒厂，邻近新四平公路海翔路口。公交南闵专线、航泥专线等多条线路可到达。

保护与开发现状：

对外开放。2007年被国家旅游局命名为全国工业旅游示范点。

名称：奉贤现代农业园区

编号：FX11

资源类型：FAF

单体资源等级：3

行政位置：奉贤区

地理位置：30°57′06.36″N
　　　　　121°28′49.26″E

性质与特征：

奉贤现代农业园区是具有投资开发、科技孵化、生态休闲三大功能的现代农业园区，占地面积20平方千米。

奉贤现代农业园区分两大板块：一是自然生态园区，占地面积10平方千米，已完成5平方千米融各种名贵树种、多形态园林造景为一体的生态林；二是食品加工贸易区，占地面积10平方千米，形成了乳制品加工、蔬菜食用菌加工、水产品加工、肉类制品加工以及生物科学技术研发五大产业链。众多知名企业及国家级农业龙头企业落户园区，如高榕食品、光明食品、大山食品、青长蔬菜等，形成了上海规模较大的食品工业基地及农业高新技术示范区。

旅游区域及进出条件：

奉贤现代农业园区位于奉贤区中部，西靠S4沪金高速，南抵浦南运河。公交南桥6路、南桥11路等多条线路可到达。

保护与开发现状：

对外开放。

名称：奉贤海湾旅游区

编号：FX12

资源类型：FAB

单体资源等级：3

行政位置：奉贤区

地理位置：30°48′59.34″N
　　　　　121°30′58.74″E

性质与特征：

奉贤海湾旅游区是集休闲度假、商务和会务活动于一体的滨海旅游区，占地面积13.2平方千米，20世纪90年代末开始建设。

奉贤海湾旅游区有13.7千米海岸线横亘东西。旅游区内主要景点有：渔人码头，可以赏海景、吹海风、踏海浪、拾海贝；海湾观光大道，长2.6千米，宽13.5米，其标志性建筑龙腾阁耸立于海岸线中心；碧海金沙水上乐园水域面积65万平方米，人工沙滩7万平方米；海湾国际风筝放飞场，占地面积20万平方米，是中国南方规模较大的风筝放飞场；风力发电机，是一道独特的海湾风景线。旅游区内有金汇港海岸港口，依港傍海。奉贤海湾旅游区集江南水乡、田园风光、海岸滩涂、自然野趣于一体，是都市居民回归自然的旅游胜地。

旅游区域及进出条件：

奉贤海湾旅游区位于杭州湾北岸，南临东海。公交海湾1线、莘海专线、海航专线等多条线路可到达。

保护与开发现状：

对外开放。

名称：庄行古镇历史文化风貌区

编号： FX13

资源类型： FDC

单体资源等级： 3

行政位置： 庄行镇

地理位置： 30°54′27.60″N
　　　　　　121°23′33.36″E

性质与特征：

庄行古镇历史文化风貌区保留了形成于明洪武元年（1368年）的东西街与河南街，现存民居建筑以清末及民国时期为多。

庄行古镇历史文化风貌区主要包括东兴楼、汇福园、混堂弄、油车弄、露胥堂弄、牌楼弄、古城墙、石牌楼等建筑物及八字桥、履亘桥两座清代古桥。老街整体风貌保存完好，充分体现出传统江南水乡街道的格局。风貌区内留存较好的是建于明清的东街和西街，长1 000多米。老街东段为2层木结构楼房，雕龙刻凤；老街西段

奉贤海湾旅游区

上海旅游资源图志

SHLYZYTZ

奉贤区
FENGXIANQU

庄行古镇历史文化风貌区

街面较窄，楼房略矮，沿街建筑特色为青砖、黑瓦、木门、格子窗、雕花廊柱，处处体现古镇风貌。

旅游区域及进出条件：

庄行古镇历史文化风貌区位于奉贤区西部，东至东市南端，沿南桥港作带状分布。公交南金线、南庄线、浦卫线等多条线路可到达。

保护与开发现状：

对外开放。2005年被上海市城市规划管理局（现上海市规划和国土资源管理局）划定为上海市郊区及浦东新区历史文化风貌区。

名称：奉浦餐饮娱乐休闲街
编号：FX14
资源类型：FDB
单体资源等级：3
行政位置：南桥镇环城东路
地理位置：30°56′31.14″N
　　　　　121°27′21.24″E

性质与特征：

奉浦餐饮娱乐休闲街是上海郊区的餐饮特色街，占地面积约12万平方千米，20世纪90年代开业。

奉浦餐饮娱乐休闲街上的美食海纳百川，风味齐全；商业建筑风格各异，门面精美。在2 000多米长的街道上有10余家大型饭店荣获上海市文明餐厅、诚信单位的称号，如皇品大酒楼、大宅门大酒店、迪豪小田园大酒店、悦圣大酒店等；拥有50多家中小型饭店，以及2家四星级标准的酒店。奉浦餐饮娱乐休闲街集聚了一批金融机构，形成了良好的氛围。休闲街上的大型易买得超市给周围居民提供了价廉物美的日用商品，还有连锁便利店10余家。此外，休闲街上有咖啡吧、酒吧10余家，还有其他各类商业公司80余家。近年来，奉浦餐饮娱乐休闲街得益于周边建造的住宅小区、教学园区等，凭借其独特的地理位置、便捷的交通以及超前的经营理念，已经形成了以餐饮为主的休闲娱乐一条街，在全市范围内具有一定的知名度和影响力。

旅游区域及进出条件：

奉浦餐饮娱乐休闲街位于环城东路，北起奉浦大道，南至航南公路。公交南桥3路、南桥7路、南桥8路等多条线路可到达。

奉浦餐饮娱乐休闲街

保护与开发现状：

对外开放。2007年被上海市商务委员会命名为上海特色商业街。

名称：古华园
编号： FX15
资源类型： FAD
单体资源等级： 3
行政位置： 南桥镇解放中路220号
地理位置： 30°55′13.23″N
　　　　　　121°27′43.06″E

性质与特征：

古华园为上海郊区规模较大的综合性游览园，始建于1984年，1986年10月正式对外开放。2005年3月起实行免费开放。古华园历经多次改扩建，目前占地面积为4万平方米。

古华园在建筑设计风格上汇集了奉贤地区众多历史建筑的特点，迁入或再造了一批历史建筑和仿古建筑，具有浓郁的历史文化气息。全园绿地面积为63%，水域面积为22%。园内花木品种繁多、五彩缤纷，春夏秋冬季相分明。园中有东西两湖，且有环河围绕。古华园有22座形态各异、大小不等的桥梁串连起各个园区，亭、台、楼、阁、轩、榭、廊、宇的建筑面积达5 600平方米。古华园内颇有历史价值和观赏价值的景点包括清嘉庆四年（1799年）建造的"南塘第一桥"；产生于侏罗纪、距今亿万年的长28米、呈12段、最大周长3.3米的"硅化木"；被称为"园中园"的晚晴园（内设永久性展览——奇石展）、秋水园；据"吴王葬三女"的历史传说构筑成的三女岗、三女祠景区。古华园的照壁上刻有"古华园"3个字，照壁的背面是大型青石浮雕，浮雕中央的上方是孔子的江南弟子言子讲学的场景，相传奉贤县名即取意"为奉言子之贤也"，体现出奉贤地区崇文尊贤的优良传统。照壁北面有一座石板曲桥伸入湖中，桥上建有3座亭子，呈"品"字形排列，故统称为"品亭"。上岸之后，沿着湖边的石径往北折向东，依次坐落着启秀桥、飞虹桥、小云台桥。另外，还有水上飞艇、碰碰车、音乐玩具、惯性小火车、空中飞船等儿童游乐设施。

旅游区域及进出条件：

　　古华园位于南桥镇，东起古华园路，西至古华山庄，北沿新建中路，南临解放中路。公交南桥2路、南桥4路等多条线路可到达。

保护与开发现状：

　　对外开放。2008年被上海市绿化和市容管理局评为上海市五星级公园。

名称：玉穗绿苑

编号：FX16

资源类型：FAB

单体资源等级：3

行政位置：柘林镇金海公路2229号

地理位置：30°53′21.18″N
　　　　　121°29′50.46″E

性质与特征：

　　玉穗绿苑是集优质葡萄生产、青少年科普教育、观光农业以及农家乐于一体的综合性现代农业基地，占地面积约36万平方米，1998年创建。

　　玉穗绿苑分东西两区。东区为农业观光旅游区，有占地面积20万平方米的梨、石榴、枣等果树园，以及面积2万平方米的淡水鱼类养殖水域。观光农业景点有竹排荡漾、采挖蔬菜、混水摸鱼、手摇水车、娃娃种菜、老爷马车等。西区为10万平方米无公害葡萄栽培区，150余米葡萄长廊内有80多个品种的葡萄。在这里栽培的特种优质葡萄"玉穗葡萄"，在2004年、2005年连续两年参加全国优质葡萄擂台赛，均获得优质奖。在沈氏葡萄酒作坊内，游客还可以亲手酿制葡萄酒。

旅游区域及进出条件：

　　玉穗绿苑位于玉穗路张奉路口。公交南靶线可到达。

保护与开发现状：

　　对外开放。2006年被国家旅游局命名为全国农业旅游示范点。2009年被全国旅游景区质量等级评定委员会评为国家AAA级旅游景区。同年，被上海市农业委员会、上海市旅游局共同评为上海农业旅游推荐单位。2012年被上海市科学技术委员会命名为上海市科普教育基地。

名称：庄行伏羊节

编号：FX17

资源类型：HDA

单体资源等级：3

行政位置：庄行镇

地理位置：无

性质与特征：

　　庄行伏羊节每年7~8月举办，为期2个月，始于2008年。

　　庄行地区自古以来就有夏天吃羊肉的习俗，据说这种传统习俗有益于身体健康。在伏羊节期间，游客可以品伏羊、饮老酒、采蜜梨，还可以进农家、学剪纸、做贴画，

充分感受乡村文化的传统习俗。多家羊肉馆云集美食广场，全天候接待游客，还现场展示烧酒酿造的工艺。游客不仅能品尝到庄行美味的羊肉、烧酒，还可以领略到庄行本土特色的农家菜系。在此期间，庄行的上万亩上海香梨正值成熟季节，游客可以参与梨园采摘、渔塘垂钓，参观闽、台、沪书画名家作品展，观看福建香茗茶道表演、土布制作工艺表演、农家风情节目周周演，参加老中医坐堂义诊等节庆活动。

旅游区域及进出条件：

庄行伏羊节举办地位于庄行镇。公交庄行2线、南庄线等多条线路可到达。

保护与开发现状：

对外开放。

名称：庄行乡村旅游景区

编号：FX18

资源类型：FAB

单体资源等级：3

行政位置：庄行镇潘垫村

地理位置：30°53′19.60″N
　　　　　121°23′52.90″E

性质与特征：

庄行乡村旅游景区建有观光、休闲、农业体验等系列旅游项目，2008年开放。

庄行乡村旅游景区农家乐项目有江南渔村、绿地梨缘、贤庄农家乐等，提供特色农家菜和农事体验活动。特色活动项目有乡村田园生态风光游（迷宫）、乡村农事体验游（采悠园）、乡村民俗风情游（群艺馆）、野外体验游（农耕园）、乡村亲子度假游（潘垫农家乐）和乡村休闲垂钓游（逸趣园）等。特色农产品有上海蜜梨、草鸡蛋等。旅游节庆包括3~4月奉贤菜花节，7~8月庄行伏羊节等。民俗表演项目有榨菜油、酿蜂蜜、女子花田簇、舞龙舞狮、荡河船、打莲湘、田山歌、农家土布时装秀等。

旅游区域及进出条件：

庄行乡村旅游景区位于庄行镇。公交庄行2线、南庄线等多条线路可到达。

保护与开发现状：

对外开放。2010年被全国旅游景区质量等级评定委员会评为国家AAA级旅游景区。

名称：奉城古镇历史文化风貌区

编号：FX19

资源类型：FDC

单体资源等级：3

行政位置：奉城镇

地理位置：30°55′08.52″N
　　　　　121°38′31.38″E

性质与特征：

奉城古镇历史文化风貌区位于奉贤区东部。作为古青村堡的所在地，奉城古镇

庄行乡村旅游景区

经历了由盐场渔村到海防要塞，进而发展成县域行政、经济中心的漫长历史进程；分布有县署、文庙、言子祠、肇文书院、城隍庙、万佛阁、魁星阁、同善堂、先农坛和武庙等明清古建筑。1937年11月，奉城地区遭日军炮轰，古建筑精品县署、文庙、学署、书院及部分城垣被毁。

奉城古镇历史文化风貌区反映出上海留存格局非常完整的古镇风貌。奉城古镇历史文化风貌区保留了4条老街共同组成的"十"字形古城道路骨架；留存了总长50米左右的古城墙及若干旧城基，滨水界面及护城河清晰可辨。近年来，恢复了一批历史古迹、清代及民国时期的故宅，重修了具有一定国际影响力的佛堂庵阁、日军侵华暴行与抗战遗址等，有着较为丰富的物质与非物质文化遗存。

旅游区域及进出条件：

奉城古镇历史文化风貌区位于奉城镇，西至新奉公路，南至川南奉公路，北至浦南运河，东至南门港。公交奉城2线、奉卫线、奉南线等多条线路可到达。

保护与开发现状：

对外开放。2005年被上海市城市规划管理局（现上海市规划和国土资源管理局）划定为上海市郊区及浦东新区历史文化风貌区。

名称： 南桥天主堂
编号： FX20
资源类型： FAC
单体资源等级： 2
行政位置： 南桥镇新建中路558号
地理位置： 30°55′14.26″N
　　　　　　 121°27′22.95″E

性质与特征：

南桥天主堂又名卜罗德祠，始建于清同治元年（1862年），是当时清政府为纪念镇压太平军在此毙命的法国海军少将卜罗德而建造的。清同治元年（1862年），英法联军溯黄浦江而上，直抵南桥镇，协助清政府镇压太平军。卜罗德在布阵时，被太平军击毙。清政府敕令两江总督为其建立祠庙。由于不符合天主教的教义，因此改为建造教堂。清同治四年（1865年）教堂落成，还附办教会学校即耀蝉中小学。1922年，浦南总铎区成立时，南桥天主堂为总铎区座堂，负责管理奉贤、金山、松江等地区的教务。1949年后，该堂曾为县文化馆、展览馆、少年宫等使用。1983年重修后恢复为天主教堂。该堂为中西结合式建筑，建筑长26米，宽12米，高约15米，可容纳400余人。

旅游区域及进出条件：

南桥天主堂位于新建中路与人民北路交界处。公交南桥2路、南桥3路、南桥4路等多条线路可到达。

保护与开发现状：

对外开放。

名称：**龙腾阁**

编号：FX21

资源类型：FCC

单体资源等级：2

行政位置：奉贤海湾旅游区

地理位置：30°48′59.64″N
121°30′55.50″E

性质与特征：

龙腾阁为奉贤海湾旅游区标志性的建筑，高31米，五层城楼，建筑面积约2 000平方米，建成于2002年。

龙腾阁为中国传统式建筑风格，象征腾飞的东方之龙。登阁可远眺杭州湾水天相连的景色。

旅游区域及进出条件：

龙腾阁位于奉贤海湾旅游区，近东海观音寺。公交海湾1线、海航专线、莘海专线多条线路可到达。

保护与开发现状：

对外开放。

名称：**海湾观光大道**

编号：FX22

资源类型：FGD

单体资源等级：2

行政位置：奉贤海湾旅游区

地理位置：30°49′01.78″N
121°31′08.45″E

性质与特征：

海湾观光大道是奉贤海湾旅游区新筑的防洪堤，长2.6千米，宽13.5米。

海湾观光大道内侧为宽阔的树林带，路旁置小憩石椅，路灯古朴典雅。道旁矗立4架荷兰风车，高65米，叶片半径26米，装有850千瓦·时的发电机组，每小时发电3 400千瓦。

旅游区域及进出条件：

海湾观光大道位于奉贤海湾旅游区。公交海湾1线、海航专线、莘海专线等多条线路可到达。

保护与开发现状：

对外开放。

龙腾阁

海湾观光大道

名称：**二严寺**

编号：FX23

资源类型：FAC

单体资源等级：2

行政位置：南桥镇沪杭公路1749号

地理位置：30°56′12.96″N
　　　　　121°26′50.04″E

性质与特征：

二严寺（又名佛阁）原位于南桥镇人民北路，始建于元代，下筑月城，寺内殿宇小巧玲珑，别具一格。由百年樟木雕刻而成的2米高的千手观音像，在文革期间被付之一炬，成为二严寺历史上的一大遗憾。1993年，二严寺由南桥镇人民北路搬迁至现址。"二严"意为："智慧庄严，福德庄严"。菩萨只有智慧、福德都圆满了，才能悟知佛性。目前占地面积7 000平方米。

二严寺主建筑为大雄宝殿，殿顶琉璃覆盖；玉佛楼建筑面积2 000多平方米，顶楼中间玉佛殿内所供奉的释迦牟尼佛像是用整块汉白玉精雕而成的，重达2吨。二严寺内2株银杏树植于宋朝年间，距今已有800多年历史。二严寺现已粗具规模，天王殿、大雄宝殿、玉佛楼及一些辅助用房相继落成，其外形宏伟壮观，古朴典雅。

旅游区域及进出条件：

二严寺位于沪杭公路八字桥路口。公交南桥3路、南闵专线、莘邵专线等多条线路可到达。

保护与开发现状：

对外开放。

名称：**青村古镇历史文化风貌区**

编号：FX24

资源类型：FDC

单体资源等级：2

行政位置：青村镇

地理位置：30°55′29.46″N
　　　　　121°34′41.40″E

性质与特征：

青村古镇历史文化风貌区是奉贤区保存较为完整的传统历史街区之一，其空间格局、建筑特色、民风和民俗等集中反映出上海郊区沿海水乡集镇的传统文化特色和风貌。

青村古镇历史文化风貌区保留着傍河

青村古镇历史文化风貌区之二

依水、小街盘曲的格局，主要的街巷与河流走向平行，次要的巷弄多与河流垂直。河街之间的相邻关系分为3种类型：单侧有街、双侧有街和夹水而居，反映出传统江南水乡老街与河流的格局与风貌。老青村港及其众多支流，形成了该地区特有的自然风貌。老青村港两岸以及新群路以南的一些清代至民国时期的传统建筑单体或院落，代表了当地较有特色的民居及商业店铺等建筑类型。南虹桥和继芳桥等则显现出江南水乡自古以来的独特风韵。

旅游区域及进出条件：

青村古镇历史文化风貌区位于青村镇，北至南奉公路，南至镇南路。公交1551路、石南专线、南闵专线等多条线路可到达。

保护与开发现状：

对外开放。南虹桥、继芳桥等被奉贤区人民政府列为奉贤区文物保护单位。2005年被上海市城市规划管理局（现上海市规划和国土资源管理局）划定为上海市郊区及浦东新区历史文化风貌区。

名称：中共奉贤县委旧址
编号：FX25
资源类型：FDD
单体资源等级：2
行政位置：奉城镇奉粮路70号
地理位置：30°55′11.10″N
　　　　　121°38′40.26″E

性质与特征：

中共奉贤县委旧址今为奉贤革命历史陈列室，展示面积1 000多平方米，2001年对外开放。

中共奉贤县委旧址革命历史陈列室共分4个展区：第一展区介绍第一次国内革命战争时期奉贤人民声援"五卅"运动以及在奉贤党组织成立前所开展的农民运动；第二展区介绍土地革命时期创立奉贤党组织以及发动庄行暴动的情况，重点介绍刘晓、李主一等革命先辈的事迹；第三展区介绍抗日战争时期奉贤党组织的恢复以及党领导抗日游击战的情况；第四展区介绍解放战争时期党领导人民开展武装斗争、地下斗争，以及迎接奉贤解放的情况。陈列室展示出近60幅鲜为人知的珍贵图片和近40件实物。

旅游区域及进出条件：

中共奉贤县委旧址位于奉城第一小学。公交奉城1线可到达。

中共奉贤县委旧址

保护与开发现状：

对外开放。被奉贤区人民政府列为奉贤区文物保护单位。

名称：奉贤博物馆

编号：FX26

资源类型：FAE

单体资源等级：2

行政位置：南桥镇解放东路871号

地理位置：30°55′02.56″N
121°27′58.86″E

性质与特征：

奉贤博物馆占地面积2 200平方米，建筑面积1 236平方米，展厅面积653平方米，始建于20世纪60年代，1994年重建。

奉贤博物馆主要由两部分组成。历史陈列厅内展示了大量从远古到近代的陶器、青铜器、瓷器，以及各个时期的殉葬品、古钱币等，以大量实物、图表、照片等形式详细地介绍了奉城与南桥的历史沿革。江南风俗展览厅主要陈列有江南服饰、土布，以及纺织机械等，反映了自古以来奉贤地区的民风和民俗。

旅游区域及进出条件：

奉贤博物馆位于南桥镇，近古华园。公交南桥2路、南桥4路、上奉专线等多条线路可到达。

保护与开发现状：

对外开放。

名称：上海菇菌科普馆

编号：FX27

资源类型：FAE

单体资源等级：2

行政位置：奉贤现代农业园区金海公路7299号

地理位置：30°58′00.21″N
121°28′41.76″E

性质与特征：

上海菇菌科普馆是菇菌文化专题性科普场馆，展示面积近3 000平方米，2009年建成开放。

上海菇菌科普馆主要分为3个板块：室内展示区、百菇园和田头超市。室内展示区包含菇菌科学馆、菇菌历史馆、菇菌产业馆、菇菌民俗文化馆和多媒体放映厅这4馆1厅。百菇园是菌菇栽培大棚，具有鲜菇生产和餐饮等多种功能。田头超市为特色旅游购物平台，主要销售珍稀野生菌、菌菇调味品、菌菇深加工品等绿色产品。

旅游区域及进出条件：

上海菇菌科普馆位于金海公路大叶公路口。公交莘团线、川奉专线、南华专线等多条线路可到达。

保护与开发现状：

对外开放。2012年被上海市科学技术委员会命名为上海市科普教育基地。

名称：上海百枣园

编号：FX28

资源类型：FAB

单体资源等级：2

行政位置：奉城镇卫季村1148号

地理位置：30°54′52.56″N
121°35′59.64″E

上海百枣园

性质与特征：

上海百枣园是集鲜枣生产栽培、青少年科普知识教育、农业旅游、观光度假于一体的综合性现代农业园区，占地面积约50万平方米，2000年建立。

上海百枣园鲜枣栽培示范区占地面积33万平方米，生产冬枣、梨枣、大枣等32个品种的名优鲜枣，并具有休闲、观光、度假、旅游等多种功能。主要景点有通天大道、信风楼、通源大道、游船码头、通宝大道、百枣知识和谐廊、农家乐以及悦廊等。

旅游区域及进出条件：

上海百枣园位于航塘公路以西。公交沪塘专线、南燎专线等多条线路可到达。

保护与开发现状：

对外开放。2009年被上海市农业委员会、上海市旅游局共同评为上海农业旅游推荐单位。2012年被上海市科学技术委员会命名为上海市科普教育基地。

名称：上海农垦博物馆

编号：FX29

资源类型：FAE

单体资源等级：2

行政位置：海湾镇五四农场五四公路1256号

地理位置：30°52′06.60″N
　　　　　121°43′43.68″E

性质与特征：

上海农垦博物馆是展现"向大海要田、向荒滩要粮"的上海围垦史的专业性博物馆，占地面积4 300平方米，展区面积2 000平方米，2004年正式开馆。

上海农垦博物馆分为围垦岁月、青春年华、今日农工商三大展示区。前两个展示区是沿着上海农垦业50年发展的脉络，以实物、照片和文字材料展现当年农垦知青的生活；后一个展示区主要展现国家级农业现代化企业集团——上海农工商集团的发展历程，其中有围海造田、大坝合龙等惊心动魄的场景，有围垦大军衣、食、住、行的真实纪录，有反映当年围垦全过程的新闻电影纪录片等。

旅游区域及进出条件：

上海农垦博物馆位于五四农场，邻近上海海湾国家森林公园。公交海湾3线、西五线、江五线等多条线路可到达。

保护与开发现状：

对外开放。2012年被上海市科学技术委员会命名为上海市科普教育基地。

上海农垦博物馆

名称：渔人码头

编号：FX30

资源类型：FAB

单体资源等级：2

行政位置：奉贤海湾旅游区

地理位置：30°48′58.26″N
　　　　　121°30′55.92″E

性质与特征：

渔人码头是集购物、休闲、餐饮、娱乐于一体的大型滨海休闲娱乐广场，占地面积8万平方米。

渔人码头的建筑中西合璧，展现了海湾的时尚和优雅，被称为"杭州湾的外滩"。在渔人码头，游客可以濒海临风、观海听

渔人码头

涛。傍晚，当潮水退去、露出黝黑的泥滩时，巨大的风车在金色的夕阳下缓缓转动，真是别有一番风情。

旅游区域及进出条件：

渔人码头位于奉贤海湾旅游区。公交海湾1线、海航专线、莘海专线等多条线路可到达。

保护与开发现状：

对外开放。

名称：青村世外桃源
编号： FX31
资源类型： FAB
单体资源等级： 2
行政位置： 青村镇吴家村桃园弄118号
地理位置： 30°56′30.00″N
121°35′45.18″E
性质与特征：

青村世外桃源是集旅游、农业观光、科普休闲于一体的生态农业园林，占地面积80万平方米，1998年规划建设。

青村世外桃源内小桥流水，绿荫环抱，风景十分秀丽。青村世外桃源以"古、土、稀、奇"为特色，设有漂流竹筏、山坡滑草、放飞风筝、踏青观源、趣味采橘、村野垂钓、弓箭射击、乘坐马车、勇敢者道路等多个旅游项目。

旅游区域及进出条件：

青村世外桃源位于航塘公路航吴路口。公交青村1线、金汇1线等线路可到达。

保护与开发现状：

对外开放。2009年被上海市农业委员会、上海市旅游局共同评为上海农业旅游推荐单位。

青村世外桃源

名称：江南渔村农家园
编号： FX32
资源类型： FAB
单体资源等级： 2
行政位置： 庄行镇渔沥村932号
地理位置： 30°59′41.57″N
121°25′15.59″E
性质与特征：

江南渔村农家园是集观光、休闲、度假、餐饮、娱乐于一体的农家风情园，占地面积32万平方米，2007年对外营业。

江南渔村农家园

江南渔村农家园内的大道小径纵横交错，鱼塘小溪互相贯通。园区内绿树成荫、花香鸟语，浦江景色尽收眼底。江南渔村农家园内的休闲娱乐设施有沿江别墅、渔村酒家、望江茶楼、林中足浴、鱼塘垂钓等。餐馆内有七彩山鸡、绿头野鸭等山林野味，以及甲鱼、鲤鱼、鲫鱼等美味河鲜。

旅游区域及进出条件：

江南渔村农家园位于渔沥村，北濒黄浦江。公交庄行2线可到达。

保护与开发现状：

对外开放。

名称：海湾国际风筝放飞场

编号：FX33

资源类型：FBD

单体资源等级：2

行政位置：奉贤海湾旅游区

地理位置：30°48′19.50″N
121°30′50.04″E

性质与特征：

海湾国际风筝放飞场是我国南方地区规模较大的国际风筝放飞场，占地面积20万平方米，始建于1992年。

海湾国际风筝放飞场

海湾国际风筝放飞场是风筝放飞和风筝竞技的场所，迄今为止举办了3届国际风筝赛、5届国内风筝赛，吸引了来自20多个国家和地区的风筝爱好者，以及国内外众多风筝代表队的选手前来参赛与观摩。设有国内外风筝发展史陈列室、风筝制作室等。此外，还拥有一支风筝表演队，可以为游客表演。

旅游区域及进出条件：

海湾国际风筝放飞场位于奉贤海湾旅游区，近碧海金沙水上乐园。公交海湾1线、

莘海专线等多条线路可到达。

保护与开发现状：
　　对外开放。

名称：东海观音寺
编号： FX34
资源类型： FAC
单体资源等级： 1
行政位置： 奉贤海湾旅游区金汇塘路999号
地理位置： 30°49′04.86″N　121°30′37.20″E

性质与特征：
　　东海观音寺是以供奉观世音菩萨像为主的寺院，相传始建于元末明初。2006年重建，2012年举行开光仪式。
　　相传五代后梁贞明二年（916年），扶桑（日本）得道高僧慧锷抵五台山朝拜，请回1尊檀香木观音像欲至日本供奉；不料多次扬帆东渡均受风暴、云雾所阻，无奈之下便择一海之隔的奉贤海湾邬姓渔民家供奉观音像。后当地百姓合力建造了东海观音寺。新建的东海观音寺内有圆通宝殿、观音宝塔等建筑。

旅游区域及进出条件：
　　东海观音寺位于金汇塘路海乐路口。公交海湾1线、莘海专线、海航专线等多条线路可到达。

保护与开发现状：
　　对外开放。

名称：上真道院
编号： FX35
资源类型： FAC
单体资源等级： 1
行政位置： 柘林镇新寺社区
地理位置： 30°52′04.01″N　121°29′35.93″E

性质与特征：
　　上真道院始建于元泰定二年（1325年），由道士萧野云募建，后历经重

东海观音寺

上真道院

人民南路服饰街

建与增建。清咸丰三年（1853年），毁于兵燹。清同治六年（1867年）重建。1993年8月恢复宗教活动。1996年翻建三清大殿；1997年翻建斗姆殿；1998年天师殿落成；2001年又建财神殿于三清殿西侧。每年中秋节上真道院都会举办传统庙会，届时商贾云集，民间开展民俗活动，寺院内钟鼓齐鸣，道乐声声，香客、游客远道而来，热闹非凡。

旅游区域及进出条件：

上真道院位于柘林镇。公交南桥9路、柘林2线等线路可到达。

保护与开发现状：

对外开放。

名称：**人民南路服饰街**

编号：FX36
资源类型：FDB
单体资源等级：1
行政位置：南桥镇人民南路
地理位置：30°54′39.21″N
　　　　　121°27′24.40″E

性质与特征：

人民南路服饰街是一条品牌服饰特色街，营业面积1万多平方米。

奉贤区政府针对人民南路服饰街的业态构成、品牌准入、沿街立面、店招店牌、店面卷帘门、广告大屏幕、购物指示牌、灯光、绿化、路面及休闲设施等进行了整体改造。2007年完成改建工程。

旅游区域及进出条件：

人民南路服饰街位于人民南路，南起环城南路，北至南奉公路。公交南桥1路、南桥5路、南桥6路等多条线路可到达。

保护与开发现状：

对外开放。2007年被上海市商务委员会命名为上海特色商业街。

名称：洪福寺

编号：FX37

资源类型：FAC

单体资源等级：1

行政位置：奉城镇唐城街303号

地理位置：30°55′43.77″N
　　　　　121°41′59.80″E

性质与特征：

洪福寺始建于清乾隆三十年（1765年），相传为乾隆皇帝下江南时所到之处，因黎民百姓称颂"洪福齐天"而扬名。1995年9月，经奉贤县人民政府批准移址重建，洪福寺按原建筑重新修建，占地面积2万多平方米。

洪福寺的布局完全按照汉传佛教寺院的营制法进行规划建造，其主体建筑为牌楼、山门、天王殿、大雄宝殿、藏经楼（筹建中）；东西两侧分别为钟楼、鼓楼、厢房、塔院、僧寮、上客堂、偏殿和斋堂等。其所有布局要求和使用功能都严格按照寺院建筑的规定及寺院发展的要求来制定。正门是牌楼，牌楼朝南四住三楼，正中大匾上由中国佛教协会前会长赵朴初提写的"洪福寺"3个大字。牌楼后面是构思巧妙的山门。穿过山门，便是天王殿。从天王殿通过广场进入寺庙中心，即为大雄宝殿。大殿中主佛为东方三圣，东方三圣正中为药师琉璃光如来，左侧为日光遍照菩萨。东方三圣均用百年樟木雕成，身高5米，法相庄严。

旅游区域及进出条件：

洪福寺位于庙城街，近川南奉公路洪东路口。公交莘团线、石南专线、南闵专线等多条线路可到达。

保护与开发现状：

对外开放。

名称：保境禅寺

编号：FX38

资源类型：FAC

单体资源等级：1

行政位置：青村镇奉柘公路 3398 号

地理位置：30°51′59.07″N
　　　　　121°31′57.15″E

性质与特征：

保境禅寺初建于清光绪年间（1875～1908 年）。占地面积约 6 666 平方米，建筑面积达 6 000 平方米，建有山门、天王殿、大雄宝殿、药师殿、讲经殿、观音殿、地藏殿、钟鼓楼及万佛宝塔等。保境禅寺建筑格局严谨大方，内部简洁清静。高耸入云的万佛宝塔玲珑典雅，攀塔至顶，举目眺望，杭州湾海面、东方明珠广播电视塔尽收眼底。

万佛宝塔底层的功德堂吊顶以硕大的蓝天衬托朵朵白云，展示出整个功德堂开阔的虚拟空间，给人以无限的遐想。龛位以象牙色为底色，面板上的鎏金莲花寓意佛教教徒向往西方极乐世界的美好心愿。

旅游区域及进出条件：

保境禅寺邻近奉柘公路浦星公路口。公交青村 1 线、奉卫线等线路可到达。

保护与开发现状：

对外开放。

保境禅寺

崇明县

上 海 旅 游 资 源 图 志

概况

　　崇明县位于上海市北部长江口，其管辖范围包括崇明岛、长兴岛、横沙岛，三岛陆域总面积1 411平方千米。其中崇明岛位于西太平洋沿岸中国海岸线的中点地区，地处中国最大河流长江入海口，是全世界最大的河口冲积岛，也是中国仅次于台湾岛、海南岛的第三大岛屿，有"长江门户、东海瀛洲"之称。全岛三面环江，一面临海，西接长江，东濒东海，南与浦东新区、宝山区及江苏省太仓市隔水相望，北与江苏省海门市、启东市一衣带水。全岛面积1 267平方千米。长兴岛呈带状，面积88平方千米。横沙岛呈海螺形，面积56平方千米。2012年度，崇明县户籍人口68.5万人，辖16个镇（堡镇、新河镇、庙镇、竖新镇、向化镇、三星镇、港沿镇、中兴镇、陈家镇、绿华镇、港西镇、建设镇、新海镇、东平镇、长兴镇、城桥镇）和2个乡（新村乡、横沙乡）。2012年度，全县实现增加值236.3亿元。其中，第一产业实现增加值22.2亿元，第二产业实现增加值125.5亿元，第三产业实现增加值88.6亿元。第一、第二、第三产业的结构比例为9.4∶53.1∶37.5。2012年度，全县接待游客368.3万人次，实现营业收入6.2亿元。

　　崇明岛成陆已有1 300多年历史。唐武德元年（618年），长江口外海面上东沙、西沙两岛开始出露。以后许多沙洲时东时西、忽南忽北涨坍变化，至明末清初，始连成一个崇明大岛。唐万岁通天元年（696年），始有人在岛上居住。唐神龙元年（705年），在西沙设镇，取名为崇明。"崇"为高，"明"为海阔天空，"崇明"意为高出水面而又平坦宽阔的明净平地。南宋嘉定十五年（1222年）设天赐盐场，隶通州。元至元十四年（1277年）升为崇明州，隶扬州路。明洪武二年（1369年）由州为县，先隶扬州路，后隶苏州府，兼隶太仓州。民国时期，先后隶属江苏南通、松江。1949年后，隶属江苏南通专区。1958年12月1日起改隶上海市，目前是上海17个区（县）中唯一的县。长兴岛成陆于清咸丰年间（1851～1861年），横沙岛自清光绪十二年（1886年）围垦、迁居至今已有120多年历史。2005年，原属上海市宝山区的长兴岛、横沙岛划入崇明县，成为目前的行政区划格局。

　　多年来，崇明县以"生态岛"建设为目标，已被命名为国家级生态示范区。崇明岛风光旖旎，景色秀丽，拥有上海市第一个国家地质公园，还有国家级的自然保护区。东平国家森林公园、前卫生态村、明珠湖为国家AAAA级旅游景区及全国农业旅游示范点。

　　近年来，崇明县的交通条件得到了极大的改善。2010年上海长江隧桥通车，2011年底连接上海市崇明县和江苏省南通市的崇启大桥建成通车。崇启大桥既是国家高速公路网G40沪陕高速的重要组成部分，又是上海高速公路网规划的城际通道。

旅游资源列表

编号	名称	行政位置	资源类型	单体资源等级	地理位置
CM01	崇明岛国家地质公园	崇明县	AEA	5	31°40′37.44″N 121°28′48.30″E
CM02	上海长江隧桥	崇明县、浦东新区	FFA	5	31°20′55.99″N 121°40′48.64″E
CM03	崇明东滩鸟类国家级自然保护区	崇明县	CDC	5	31°30′44.04″N 121°57′19.56″E
CM04	东平国家森林公园	东平镇北沿公路2188号	FAD	4	31°40′37.44″N 121°28′48.30″E
CM05	长江口中华鲟自然保护区	崇明县	CDA	4	31°29′57.49″N 121°48′18.60″E
CM06	明珠湖	崇明县三华公路333号	BBA	4	31°43′41.82″N 121°14′46.38″E
CM07	东滩湿地公园	崇明县东旺路	BBB	3	31°30′57.19″N 121°57′36.14″E
CM08	前卫生态村	竖新镇前卫村	FAB	3	31°43′07.43″N 121°30′41.54″E
CM09	瀛东生态村	陈家镇瀛东村	FAB	3	31°27′51.42″N 121°50′30.60″E
CM10	云林寺	堡镇五滧登瀛村	FAC	3	31°33′19.96″N 121°37′21.80″E
CM11	世界河口沙洲水文化展示馆	绿华镇崇西水闸北侧	FAE	3	31°45′39.53″N 121°11′39.76″E
CM12	长兴岛	长兴镇	AEA	3	31°23′28.56″N 121°41′47.88″E
CM13	横沙岛	横沙乡	AEA	3	N31°20′26.12″N E121°50′43.50″E

续表

编号	名称	行政位置	资源类型	单体资源等级	地理位置
CM14	崇明西沙湿地	绿华镇	BBB	3	31°43′45.12″N 121°14′06.12″E
CM15	高家庄园	港西镇港东公路999号	FAB	3	31°40′56.76″N 121°25′18.54″E
CM16	堡镇古镇历史文化风貌区	堡镇	FDC	3	31°32′08.52″N 121°36′43.32″E
CM17	瀛洲公园	城桥镇鳌山路1号	FAD	2	31°37′03.77″N 121°24′06.06″E
CM18	金鳌山公园	城桥镇鳌山路	FAD	2	31°37′00.90″N 121°24′59.58″E
CM19	唐一岑墓	城桥镇鳌山路	FEB	2	31°40′37.44″N 121°28′48.30″E
CM20	崇明县博物馆	城桥镇鳌山路696号	FAE	2	31°37′13.32″N 121°23′49.38″E
CM21	西来农庄	绿华镇绿港村	FAB	2	31°44′20.96″N 121°13′14.33″E
CM22	澹园	城桥镇北门路东门路口	FAD	2	31°37′38.82″N 121°23′54.24″E
CM23	南门观光大堤	城桥镇南门港	FGD	2	31°37′03.30″N 121°23′44.74″E
CM24	三星草棚村历史文化风貌区	三星镇草棚村	FDC	2	31°44′31.08″N 121°17′44.75″E
CM25	广福寺	中兴镇中兴村	FAC	1	31°31′12.24″N 121°44′50.58″E
CM26	寿安寺	城桥镇鳌山路	FAC	1	31°36′59.10″N 121°25′16.20″E

续表

编号	名称	行政位置	资源类型	单体资源等级	地理位置
CM27	崇明北湖	崇明县	BBA	1	31°42′24.65″N 121°34′38.22″E
CM28	寒山寺	城桥镇东门路21号	FAC	1	31°37′30.48″N 121°23′51.30″E

旅游资源单体

名称：崇明岛国家地质公园

编号：CM01

资源类型：AEA

单体资源等级：5

行政位置：崇明县

地理位置：31°40′37.44″N
121°28′48.30″E

性质与特征：

崇明岛国家地质公园是上海市第一个国家地质公园，东西长约76千米，南北宽13～18千米，占地面积约1 200平方千米，2005年设立。

崇明岛位于长江与东海的交汇处，为中国第三大岛，也是世界上最大的河口冲积岛。其形成和演变经历了漫长的地质年代和复杂的地壳运动，积淀了丰富的地质遗迹，是一个非常典型的由河口冲积岛形成的沉积地貌体。

崇明岛国家地质公园内保存了大量的地质遗迹和地貌景观，孕育了独特的湿地植被，保留了重要的全球性迁徙的珍稀候鸟种群以及"活化石"中华鲟等。公园内还有许多自然、人文历史古迹，如东平国家森林公园、崇明县博物馆、寿安寺等。公园内水土洁净，空气清新，是休闲度假和科学考察的胜地。

旅游区域及进出条件：

崇明岛国家地质公园目前以宝杨路码头出发的水路航运为主。公交申崇一线、申崇二线等线路可到达。

保护与开发现状：

对外开放。2005年被国土资源部命名为国家地质公园。

名称：上海长江隧桥

编号：CM02

资源类型：FFA

单体资源等级：5

行政位置：崇明县、浦东新区

地理位置：31°20′55.99″N
121°40′48.64″E

性质与特征：

上海长江隧桥为一个大规模的隧桥结合工程，全长25.5千米，2009年10月建成通车。

崇明岛国家地质公园

上海长江隧桥

上海长江隧桥采用"西隧东桥"方案，以隧道形式穿越长江口西南港水域，长约8.9千米；以桥梁形式跨越长江口东北港水域，长约16.6千米。上海长江大桥建在长江入海口，堪称万里长江第一桥。在上海长江大桥的防撞护栏上，每隔30米设1盏雾灯，共1308盏，能提高雾天的车辆通行能力。其主桥景观灯的设置也是别具匠心，在大桥桥身下方两侧布置LED灯光带，临海一侧采用蓝色光源，靠江一侧采用黄色光源，夜间在海面上勾勒出一条"江海之界"的灯光带。这样的设计，既为行船和飞机提供警示，又形成了一道独特的风景线。

旅游区域及进出条件：

上海长江隧桥南接上海市的浦东新区五号沟，经长兴岛、崇明岛，北接江苏省的南通市。公交长兴2路、申崇四线、陈凤线等多条线路可到达。

保护与开发现状：

对外开放。

名称：崇明东滩鸟类国家级自然保护区
编号： CM03
资源类型： CDC
单体资源等级： 5
行政位置： 崇明县
地理位置： 31°30′44.04″N
　　　　　　121°57′19.56″E

性质与特征：

崇明东滩鸟类国家级自然保护区是以迁徙鸟类及其栖息地为主要保护对象的湿地类型自然保护区，保护区的区域面积为241.55平方千米，1998年经上海市人民政府批准建立。

崇明东滩鸟类国家级自然保护区是长江口规模最大、发育最完善的河口型潮汐滩涂湿地。保护区内潮沟密布，是亚太地区迁徙水鸟的重要通道，也是多种生物周年性洄游的必经通道。目前，在崇明东滩已记录到的鸟类有18目54科265种。其中，国家一级保护鸟类有白头鹤、东方白鹳、黑鹳、白尾海雕4种，国家二级保护鸟类有小天鹅、黑脸琵鹭等32种；被列入中日、中澳政府间候鸟及其栖息地保护协定的鸟类分别为156种和54种，每年在崇明东滩过境中转和越冬的水鸟总量逾百万只。由于特殊的地理位置和快速演化的生态系统特征，使得崇明东滩成为重要的生态敏感区。

旅游区域及进出条件：

崇明东滩鸟类国家级自然保护区邻近东旺路，南北濒临长江入海口。公交陈前线可到达。

保护与开发现状：

对外开放。1999年被湿地国际亚太组织列为东亚—澳大利西亚迁徙涉禽保护区网络成员单位。2002年被湿地国际秘书处列为国际重要湿地。2005年被国务院办公厅列为国家级自然保护区。2012年被上海

崇明东滩鸟类国家级自然保护区

市科学技术委员会命名为上海市科普教育基地。

名称：东平国家森林公园

编号：CM04

资源类型：FAD

单体资源等级：4

行政位置：东平镇北沿公路2188号

地理位置：31°40′37.44″N
　　　　　121°28′48.30″E

性质与特征：

东平国家森林公园的前身为东平林场，是华东地区规模较大的平原人造森林区，总面积为3.55平方千米。其中，具有"活化石"之称的水杉高大挺拔、树形优美，且种群相当庞大。水杉极少有病虫害，为东平国家森林公园的主要树种。

东平国家森林公园以"幽、静、秀、野"为特色，公园内森林茂密、湖水清澈，环境十分优美。东平国家森林公园集森林观光、康复疗养、休闲度假以及参与性娱乐活动等多种功能于一体，为崇明生态休闲旅游业的核心品牌。公园内设有森林小火车、彩弹射击、森林滑草、水上游乐、森林骑马、攀岩、快乐林卡丁车等多个旅游项目。公园内以崇明蟹造型设计建造的多功能会议中心为其标志性的景观建筑。

旅游区域及进出条件：

东平国家森林公园位于崇明岛中部，南靠北沿公路。公交南江专线、南东专线等线路可到达。

保护与开发现状：

对外开放。2002年被全国旅游景区质量等级评定委员会评为国家AAAA级旅游景区。2004年被国家旅游局命名为全国农业旅游示范点。2009年被上海市农业委员会、上海市旅游局共同评为上海农业旅游推荐单位。2012年被上海市科学技术委员会命名为上海市科普教育基地。

名称：长江口中华鲟自然保护区

编号：CM05

资源类型：CDA

单体资源等级：4

行政位置：崇明县

地理位置：31°29′57.49″N
　　　　　121°48′18.60″E

性质与特征：

长江口中华鲟自然保护区以中华鲟及其赖以栖息生存的自然生态环境为主要保护对象，保护区总面积576平方千米，2002年经上海市人民政府批准后成立。

中华鲟（*Acipenser sinensis*）是中国特有的珍稀鱼类，为硬骨鱼纲鲟形目鲟科鲟属，被列入国家一级保护动物名录、IUCN濒危级和CITES的附录Ⅱ，具有重要的科学研究价值。中华鲟是我国特有的暖温性大型溯河洄游鱼类。它是地球上现存的非常古老的脊椎动物，距今已有1.4亿年的历史了，目前仅在长江水域内有一定的数量。长江口中华鲟自然保护区是中华鲟集中产卵及其幼鱼生长的水域，也是其他鱼类洄游的

东平国家森林公园

明珠湖

重要通道及其索饵、产卵的重要场所，为重要的生态敏感区。

旅游区域及进出条件：

长江口中华鲟自然保护区位于长江入海口，北起八滧港，南起奚家港，包括由崇明东滩已围垦的外围大堤与吴淞标高负5米等深线围成的水域。尚无公共交通可到达。

保护与开发现状：

2002年被上海市人民政府列为上海市级自然保护区。2008年被国际湿地公约秘书处列为国际重要湿地。

名称：明珠湖
编号： CM06
资源类型： BBA
单体资源等级： 4
行政位置： 崇明县三华公路333号
地理位置： 31°43′41.82″N
　　　　　　121°14′46.38″E

性质与特征：

明珠湖是崇明岛上的天然淡水湖，湖面南北长约3 500米，东西宽500～700米，容水500万立方米，水域面积达200万平方米，20世纪70年代经人工筑堤而成。

在明珠湖岸，环湖而建的明珠湖水源涵养林中种植有香樟、广玉兰、桂花、雪松、水杉、燕生竹、无患子、红叶李、灯台树、红枫、枫香、红叶海棠等50多种植物近80万株，总面积约300万平方米。明珠湖边的绿林中百花吐蕊、鸟语花香，湖面上波光粼粼、鸥鹭高飞，潭深水清的明珠湖与曲径通幽的森林氧吧交相辉映。明珠湖景区内设有水上极速运动、湖滨美食、

长江口中华鲟自然保护区

休闲咖吧、湖边摇椅，以及童趣寻觅等多种生态旅游项目，还有垂钓、赏橘品橘等体验活动区。

旅游区域及进出条件：

明珠湖位于崇明岛西南端。公交崇明乡村6路、南牛线等线路可到达。

保护与开发现状：

对外开放。2007年被国家旅游局列为全国农业旅游示范点。2009年被上海市农业委员会、上海市旅游局共同评为上海农业旅游推荐单位。2011年被全国旅游景区质量等级评定委员会评为国家AAAA级旅游景区。2012年被上海市科学技术委员会命名为上海市科普教育基地。

名称：东滩湿地公园

编号：CM07

资源类型：BBB

单体资源等级：3

行政位置：崇明县东旺路

地理位置：31°30′57.19″N
　　　　　121°57′36.14″E

性质与特征：

东滩湿地公园毗邻崇明东滩鸟类国家级自然保护区，占地面积8.6平方千米，集自然保护、科普教育、生态旅游、休闲度假等多种功能于一体，为旅游者提供认识湿地、了解湿地生态环境的最佳场所。

东滩湿地公园从北向南分为耐盐植物园、雨水收集区、湿地涵养区、水禽栖息地、湿地景观区、湿地生境修复区等，主要旅游景点有浓缩湿地广场、访客中心、樱花岛、地震馆、观鹭台、雀鸣渡、莲花池、荷花池、漪水苑、苇车栈、扬子鳄活动区、芳草地、水生植物池、观海楼、登高点和竹海等。一直以来，东滩湿地公园内有百余种野生鸟类来此栖息，它是国家一级保护动物扬子鳄野生放养种群的重要栖息地。

旅游区域及进出条件：

东滩湿地公园毗邻崇明东滩鸟类国家级自然保护区。公交陈前线可到达。

保护与开发现状：

对外开放。

名称：前卫生态村

编号：CM08

资源类型：FAB

单体资源等级：3

行政位置：竖新镇前卫村

地理位置：31°43′07.43″N
　　　　　121°30′41.54″E

性质与特征：

前卫生态村是一个经济比较发达的生态村。全村总面积2.5平方千米，1969年围垦滩涂而成。

前卫生态村按照"经济的生态化"和"生态的经济化"原则，大力发展生态农业循环经济，注重建设生态社区，目前已经发展成为全国一流的农业旅游示范点、农业科技示范村和生态科普教育基地。前卫生态村内设有度假村，住宿条件优越，娱乐设施齐全。前卫生态村紧邻东平国家森林公园，因此生态环境十分优美。

旅游区域及进出条件：

前卫生态村位于崇明岛北部、东平国家森林公园北侧。公交南东专线可到达。

保护与开发现状：

对外开放。2004年被国家旅游局命名

东滩湿地公园

崇明县

前卫生态村

性质与特征：

瀛东生态村是以淡水养殖为主的村庄。崇明古称"瀛洲"，因而此地在1989年定名为"瀛东村"，意为最早迎来旭日的村庄。2001年，瀛东生态村大力开发"渔家乐"生态旅游项目，深受游客的青睐。

瀛东生态村位于崇明岛的东端、长江与东海交汇处，曾经是"潮来一片白茫茫，潮退遍地芦苇荡"的荒凉之地。自1985年起，全村村民先后6次向荒滩进军，围垦滩田2.67平方千米，因此在茫茫的荒滩上建起了一个现代化的海边小村。在瀛东生态村里，游客可以看到一些20世纪50～60年代农民居住的房屋，以及当时的生产、生活用具，如石臼、布机、脚踏水车、牛车等；也可以参观到规划整齐的农民别墅。瀛东生态村里有梨园、柑橘园、葡萄园、崇明山羊基地、绿化苗木基地等，还为游客安排了一些颇具地方特色的垂钓、捕蟹等活动。瀛东生态村那种"朝上海堤观日出，夕下芦荡捉螃蜞"的农家生活，令都市游客流连忘返。

旅游区域及进出条件：

瀛东生态村位于崇明岛东端，近瀛陈公路。公交陈白线可到达。

保护与开发现状：

对外开放。2005年被国家旅游局命名为全国农业旅游示范点。2009年被上海市农业委员会、上海市旅游局共同评为上海农业旅游推荐单位。2010年被全国旅游景区质量等级评定委员会评为国家AAAA级旅游景区。同年，被中国科学技术协会认定为全国科普教育基地。2012年被上海市科学技术委员会命名为上海市科普教育基地。

名称：瀛东生态村
编号：CM09
资源类型：FAB
单体资源等级：3
行政位置：陈家镇瀛东村
地理位置：31°27′51.42″N
121°50′30.60″E

瀛东生态村

为全国农业旅游示范点。2009年被全国旅游景区质量等级评定委员会评为国家AAA级旅游景区。同年，被上海市农业委员会、上海市旅游局共同评为上海农业旅游推荐单位。2012年被上海市科学技术委员会命名为上海市科普教育基地。

名称：**云林寺**
编号：CM10
资源类型：FAC
单体资源等级：3
行政位置：堡镇五滧登瀛村
地理位置：31°33′19.96″N
　　　　　121°37′21.80″E

性质与特征：

云林寺是崇明岛上最古老的寺院，有崇明岛佛教发源地之称，始建于清顺治年间（1644～1661年），乾隆皇帝曾为该寺题过"福"字。建筑面积3995平方米，有佛殿僧寮、关房、斋堂等建筑。1997年恢复宗教活动。

300多年来，云林寺高僧辈出，有善福法师、整觉法师、悟空法师、智圆法师、了道大师、正守法师等。了道大师是净宗十三祖印光法师的得意弟子，为崇明岛、启东市、海门市三地净土宗的创始人，生前曾多次到各地讲经说法，其弟子不下数万人，圆寂于1947年。

旅游区域及进出条件：

云林寺位于登瀛村，邻近五滧镇桥及合五公路。公交堡四线可到达。

保护与开发现状：
对外开放。

云林寺

名称：**世界河口沙洲水文化展示馆**
编号：CM11
资源类型：FAE
单体资源等级：3
行政位置：绿华镇崇西水闸北侧
地理位置：31°45′39.53″N
　　　　　121°11′39.76″E

世界河口沙洲水文化展示馆

性质与特征：

世界河口沙洲水文化展示馆是展示河口水文化的专业展馆，建筑面积约250平方米，2005年建成开放。

世界河口沙洲水文化展示馆主体建筑为一层钢结构建筑，层高5米，设38米高的观景平台。馆内设有8个展示区，采用多媒体手段来介绍世界典型的河口经济文化、风土人情，以及崇明岛的形成过程及其地质地貌特征等，并设有多媒体互动区域。

旅游区域及进出条件：

世界河口沙洲水文化展示馆位于崇明岛西南端、长江与环岛运河交汇处，近陈海公路。公交南牛线、南建专线等线路可到达。

保护与开发现状：
对外开放。

名称：长兴岛

编号：CM12

资源类型：AEA

单体资源等级：3

行政位置：长兴镇

地理位置：31°23′28.56″N
121°41′47.88″E

性质与特征：

长兴岛位于崇明县的东南部，是上海地区的第二大岛。

长兴岛是由长江泥沙在入海口沉积而形成的沙洲。清道光年间（1821～1850年），6个沙洲相继成陆，1972年长兴岛的6个沙洲连成一体。2005年，长兴乡从宝山区划归崇明县。2009年10月，上海市人民政府批准设立长兴镇（建制镇）。长兴岛东西长约31千米，南北宽2～4千米，现面积约88平方千米，其中青草沙水库面积约67平方千米。长兴镇人民政府下辖24个行政村。长兴岛内有人口约12万人，其中户籍人口约4万人。

长兴岛以柑橘种植为主，种植面积达20平方千米，被称为"柑橘之乡"。自2002年以来，长兴岛南岸先后有上海振华重工（集团）股份有限公司、中国船舶工业集团公司长兴造船基地一期工程、中海工业有限公司等大型国有企业落户发展。2009年10月，上海长江隧桥建成通车，长兴岛成为上海市区联系崇明三岛和苏北地区的"桥头堡"，距上海市中心仅30分钟车程。长兴岛上的景点主要有前卫农场万亩橘园、上海橘园度假村、橘洲穹庐等。此外，长兴岛还是水禽类的重要繁殖地和越冬地，在这一地区及附近的东海滩涂、长江滩涂有水禽类115种。

旅游区域及进出条件：

长兴岛位于长江入海口处，东邻横沙岛，北望崇明岛，西与宝杨路码头隔江相望。公交申崇四线、申崇五线、陈凤线等多条线路可到达。

保护与开发现状：

对外开放。

崇明县

名称：**横沙岛**

编号：CM13

资源类型：AEA

单体资源等级：3

行政位置：横沙乡

地理位置：31°20′26.12″N
　　　　　121°50′43.50″E

性质与特征：

横沙岛是长江口三岛中最小的一座岛屿，现陆域面积约56平方千米。

横沙岛由长江泥沙冲积而成，形状基本呈圆形，因横亘长江口，故名横沙岛，清咸丰年间（1851～1861年）始成沙洲，清光绪十二年（1886年）开始围垦。横沙岛三面环江，一面临海，位于宝山区东北部的长江口，与长兴岛相距1 000米。岛内地势平坦，河渠纵横。横沙岛上以淡水养殖业和海洋捕捞业为主，没有工业污染，因此有"天净、土净、水净、气净"之美誉，游客在岛上可品尝到长江刀鱼、凤尾鱼、中华绒螯蟹、白山羊、红鼻子鸭、糯田螺、土鸡、白扁豆、香芋艿、野茭白等当地土特产。横沙岛东端建有上海天使海滩度假村，临江濒海，绿树繁花，拥有40万平方米海滩和海滨浴场、沙滩排球场，10万平方米人工湖泊和赛艇、游艇、高尔夫水上练习场等，还有草地卡丁车道、网球场、多功能会议厅、风情别墅、"水上人家"等各类旅游设施。

旅游区域及进出条件：

横沙岛位于长江入海口最东端，西邻长兴岛，北邻崇明岛，西南邻浦东新区。公交横沙1路、横沙2路、横新线等多条线路可到达。

保护与开发现状：

对外开放。

名称：**崇明西沙湿地**

编号：CM14

资源类型：BBB

单体资源等级：3

行政位置：绿华镇

地理位置：31°43′45.12″N
　　　　　121°14′06.12″E

崇明西沙湿地

性质与特征：

崇明西沙湿地是上海地区具有自然潮汐现象的原生态自然湿地，总面积约300万平方米（2米线以上）。这里的土壤含水率高、土质较软，成陆速度较东滩湿地慢，有大小水塘60余个，水深1～2米，水位随潮汛的变化而有较大变化，东、南方向有潮沟与基地外湿地相通。动植物资源丰富，有种子植物46种、大型底栖动物12种、鸟类25种。高潮带上部植被以人工林为主，丰富的昆虫资源为林鸟提供了理想的饵料及栖息地，水塘中狐尾藻等沉水植物有利于鱼类生态的修复。

横沙岛

华东师范大学在此建立了生态修复基地，一期工程2005年启动，完成高架平台、木栈道（总长2 000米）、观鸟台（亭）等建设，二期工程2010年完成。该基地成为集湿地生态修复研究、生态科普教育、湿地生态功能展示、休闲观光于一体的综合性保护与利用示范区，由科普教育区、缓冲区和生态保育区这三大功能区组成，可观落日、候鸟、湿地生态之美景。

旅游区域及进出条件：

崇明西沙湿地位于绿华镇，邻近明珠湖。公交崇明乡村6路、南牛线、南建专线等线路可到达。

保护与开发现状：

对外开放，现为西沙国家湿地公园。2011年被上海市农业委员会、上海市旅游局共同评为上海农业旅游推荐单位。2011年被全国旅游景区质量等级评定委员会评为国家AAAA级旅游景区。2012年被上海市科学技术委员会命名为上海市科普教育基地。

高家庄园

名称：高家庄园

编号：CM15

资源类型：FAB

单体资源等级：3

行政位置：港西镇港东公路999号

地理位置：31°40′56.76″N
　　　　　121°25′18.54″E

性质与特征：

高家庄园是集旅游、休闲、度假、农业观光于一体的生态休闲农庄，2008年对外开放。

高家庄园充分利用崇明县独特的资源及其优越的生态环境，设计出的旅游休闲项目构思新颖、风格独特，其乡村俱乐部的建筑造型十分优美。目前已经建成科普教育实验基地、垂钓俱乐部、百果采摘园、葡萄园、渔人码头、日本庭院、鸟文化展示馆、蒙古包、瞭望台、古长城、竹文化展示等，整个庄园的设计是将其独特的生态资源与时尚理念完美地结合起来。

旅游区域及进出条件：

高家庄园位于港东公路，近三双公路。公交南跃线、南江专线等多条线路可到达。

保护与开发现状：

对外开放。2009年被全国旅游景区质量等级评定委员会评为国家AAA级旅游景区。同年，被上海市农业委员会、上海市旅游局共同评为上海农业旅游推荐单位。2012年被上海市科学技术委员会命名为上海市科普教育基地。

名称：堡镇古镇历史文化风貌区

编号：CM16

资源类型：FDC

单体资源等级：3

行政位置：堡镇

地理位置：31°32′08.52″N
　　　　　121°36′43.32″E

性质与特征：

堡镇古镇历史文化风貌区位于堡镇中心地带正大街和光明街区域，东起堡镇中路，西止堡兴路，南自体育场，北到工农路，面积16万平方米。堡镇是崇明历史上"四大古镇"之一，曾经是全县经济、商业中心。相传在350年前，堡镇附近居民为抵御沿海海盗的骚扰，在现堡镇民本中学附近堆土筑城，后来逐渐成为集镇，镇名也由此而来。

该风貌区约有200多年历史，以崇明

堡镇古镇历史文化风貌区

传统民居为主，其中历史建筑共有 11 处，包括位于光明街 73 号由清朝末代状元张謇于清光绪三十二年（1906 年）夏天题词的牌楼，牌楼下侧有岛上罕见的精致砖雕。在正大街有清朝时期的贞洁牌坊一座，还有建于 1923 年的实业家杜少如住宅，以及同一时期建在正大街 116 号的崇明县第一家私人创办的大同银行等。堡镇保存了较为完整的三进两场心，四进三场心等崇明地区颇具特色的民居建筑，百年以上的古宅共有 5 处。这里能见到颇具特色的旋转式木质楼梯、别致的阳台等西式建筑。

旅游区域及进出条件：

堡镇古镇历史文化风貌区位于堡镇，正大街和光明街位居镇中心。公交堡四线、堡七线、堡陈专线等多条线路可到达。

保护与开发现状：

对外开放。2005 年被上海市城市规划管理局（现上海市规划和国土资源管理局）划定为上海市郊区及浦东新区历史文化风貌区。

名称：瀛洲公园

编号： CM17

资源类型： FAD

单体资源等级： 2

行政位置： 城桥镇鳌山路 1 号

地理位置： 31°37′03.77″N
121°24′06.06″E

性质与特征：

瀛洲公园是集休闲、娱乐于一体的综合性公园，占地面积 4.39 万平方米，建成于 1983 年。

瀛洲公园以植物造景为主，适当配置园林建筑。公园中央有一个面积为 4 700 平方米的湖及湖中小岛，主路环湖而筑，沿湖建有临波亭、破浪桥等建筑。公园南部沿长江边有沁风亭、云蔚涵碧廊等。公园内主要景点有黑松山、沧海亭、临波亭、观鱼览胜、幽香亭、破浪桥、大假山、瀑布等。公园内有树木 120 种近 4 000 株。

旅游区域及进出条件：

瀛洲公园位于城桥镇，南濒长江，北与崇明县博物馆隔路相望。公交南同专线、南裕专线、崇明南新专线等多条线路可到达。

保护与开发现状：

对外开放。2011 年被上海市绿化和市容管理局评为上海市三星级公园。

瀛洲公园

金鳌山公园

名称：金鳌山公园

编号：CM18

资源类型：FAD

单体资源等级：2

行政位置：城桥镇鳌山路

地理位置：31°37′00.90″N
121°24′59.58″E

性质与特征：

金鳌山公园小巧玲珑、古色古香，占地面积1.2万平方米。

在宋代赵彦卫的《东巡记》中，对公园内的金鳌山有"海上本有金鳌山和栅浦相对，山上有祥符塔院"的描述。金鳌山山体由人工垒土而成，始筑于宋代，为当时的航海标志。清康熙七年（1668年）重筑，山有九峰，中峰最高，峰上建有镇海塔。清乾隆四十四年（1779年），知县范国泰捐资重修，增设桥、亭、台、楼、榭等，始成寿刹钟声、清远荷香、庭荫丛桂、鳌峰远眺、梅林积雪、绿水环亭、长堤新柳、后乐观鱼八大景观。后来，金鳌山建筑日益颓败，只剩下摇摇欲坠的镇海塔了。1949年后几度修缮，1995年底完成围墙、山门、绿水环亭、玉莲池、镇海塔、清凉洞、得月桥等的建设。

旅游区域及进出条件：

金鳌山公园位于城桥镇。公交南同专线可到达。

保护与开发现状：

对外开放。1981年被崇明县人民政府列为崇明县文物保护单位。

名称：唐一岑墓

编号：CM19

资源类型：FEB

单体资源等级：2

行政位置：城桥镇鳌山路

地理位置：31°40′37.44″N
121°28′48.30″E

性质与特征：

唐一岑墓占地面积1 332平方米，1986年动工修建，1990年竣工。唐一岑墓冢前立有中国佛教协会前会长赵朴初手书

唐一岑墓

"明唐一岑墓"石碑。墓地前有石牌坊，后有甬道、基石、风墙、墓穴和历代碑文，两旁植常青松柏。

唐一岑是明朝抗倭名将。明嘉靖三十三年（1554年），唐一岑在抗倭战斗中以身殉职。嘉靖帝敕封唐一岑为光禄寺丞，筑墓建祠于平洋沙旧城西南隅。清雍正九年（1731年），大学士樊鎏出资以石棺盛殓，迁葬于吴家沙蟠龙镇。清同治十二年（1873年），知县曹文焕在墓地植树建祠。1952年，江苏省人民政府拨款重修墓地。文革时期被毁。1986年在现址新建墓地。

旅游区域及进出条件：

唐一岑墓位于城桥镇南部，邻近瀛洲公园。公交南同专线、南裕专线等线路可到达。

保护与开发现状：

对外开放。1992年被上海市人民政府列为上海市文物保护单位。

名称：崇明县博物馆

编号：CM20

资源类型：FAE

单体资源等级：2

行政位置：城桥镇鳌山路696号

地理位置：31°37′13.32″N
　　　　　121°23′49.38″E

性质与特征：

崇明县博物馆前身为崇明学宫，占地面积1.55万平方米。崇明学宫始建于元泰定四年（1327年），现存的学宫建于明天启二年（1622年）。学宫内现有东西牌坊、棂星门、泮池、登云桥、东西官厅、戟门、名宦祠、乡贤祠、忠义孝悌祠、大成殿、东西两庑、尊经阁、崇圣祠、明伦堂、仪门等明清建筑群。

崇明县博物馆内现有崇明岛史与古船、崇明民俗这两个基本陈列室，内容翔实，展品丰富。崇明岛史与古船陈列室在学宫大成殿及东西两庑内，运用文物、模型、雕塑、沙盘、布景箱、图片和先进的视听手段以及简明通俗的文字说明，真实地反映了崇明岛的形成及其政治、经济、交通、水利、文化等方面的发展和建设。其中展出的两艘唐、宋古船，堪称镇馆之宝；还有我国四大船系之一的崇明沙船，以其独特的功能蜚声海内外。崇明民俗陈列室在尊经阁和崇圣祠内，再现了集镇、民间家庭居室等生动逼真的场景，给人以身临其境的真切感受。其中，既有19世纪末、20世纪初崇明老街商业景致的生动展示，又有崇明典型的传统民宅"四厅头宅沟"及其室内家居布置的逼真场景。农耕、纺织部分则展出了30余件功能各异的常用生产工具。

此外，崇明县博物馆内还有"黄丕谟艺术馆"等固定展览，展出了崇明籍著名版画家黄丕谟先生创作的60幅精美的版画作品。

旅游区域及进出条件：

崇明县博物馆位于城桥镇。公交南同专线、南裕专线、崇明南新专线等多条线路可到达。

保护与开发现状：

对外开放。1984年被上海市人民政府列为上海市文物保护单位。

崇明县博物馆

名称：**西来农庄**
编号：CM21
资源类型：FAB
单体资源等级：2
行政位置：绿华镇绿港村
地理位置：31°44′20.96″N
　　　　　121°13′14.33″E
性质与特征：

西来农庄是一个富有崇明地方特色的庭院式庄园，占地面积9.7万平方米，水域面积2.5万平方米。

西来农庄大院朝东的五间正屋，由原新河镇西大街26号建筑搬迁至此。坐北朝南，由门楼、东西厢房、天井、五间正屋和后风墙组成。据考证，此建筑为清嘉庆十七年（1812年）所建，其建筑风格属清朝中期。西来农庄所在地为20世纪70年代滩涂围垦而来，滩地泥沙为长江所夹带，可谓西来之土，故而得名。

西来农庄为"三面环山、一面临水"。这里所谓三面环山的"山"即指"杉"，农庄南、北、西三面均被已种植30余年、高约20余米的水杉树所环抱；"杉"与"山"谐音，水杉树亦能挡风，可视为"山"。所谓水是指农庄东临的西来湖。

旅游区域及进出条件：

西来农庄位于绿华镇，近明珠湖。公交崇明乡村6路、南牛线、南建专线等多条线路可到达。

保护与开发现状：

对外开放。2009年被上海市农业委员会、上海市旅游局共同评为上海农业旅游推荐单位。

名称：**澹园**
编号：CM22
资源类型：FAD
单体资源等级：2
行政位置：城桥镇北门路东门路口
地理位置：31°37′38.82″N
　　　　　121°23′54.24″E
性质与特征：

澹园是一座以休闲、游览为主的仿古园林，占地面积6 100平方米，1987年建成开放。古澹园原址在旧县署北首，建造年代已无从考证。

澹园园外有围墙围合，飞檐青瓦，朱汀金猷铜环。东西两侧有丰乐楼，重檐八角，一派古风。澹园以星湖为中心，环湖绿树成荫，建筑错落有致；环境幽静淡雅。园内建有宁静堂、卧波榭、清穆轩、映月桥、憩甘亭、画舫等仿古建筑。室内有红木桌椅、石鼓、瓷凳、画框和宫灯等陈设。园中植有银杏、桂树、腊梅、广玉兰、杨柳、紫竹、天竺等植物。

旅游区域及进出条件：

澹园位于城桥镇，近寒山寺。

公交南跃线、南东专线、南堡专线等多条线路可到达。

保护与开发现状：

对外开放。

名称：南门观光大堤

编号：CM23

资源类型：FGD

单体资源等级：2

行政位置：城桥镇南门港

地理位置：31°37′03.30″N
121°23′44.74″E

性质与特征：

南门观光大堤堤岸全长1 278米，堤宽6米，斜堤长12米，建成于2000年。

南门观光大堤正面为钢筋混凝土结构，堤上设3条光带线，彩砖铺地，并配置有休闲椅、电话亭等服务设施。大堤中段的标志性建筑是9个罗马式拱门，拱门正前方的堤岸上竖立着刻有崇明岛地形的石碑，碑西侧立有铁锚。大堤上设有集观光、休闲、娱乐于一体的活动场所，是人们散步、游览的理想之地。

旅游区域及进出条件：

南门观光大堤位于城桥镇，自南门码头东侧至瀛洲公园东门之间。公交南同专线、南江专线、南隆专线等多条线路可到达。

保护与开发现状：

对外开放。

名称：三星草棚村历史文化风貌区

编号：CM24

资源类型：FDC

单体资源等级：2

行政位置：三星镇草棚村

地理位置：31°44′31.08″N
121°17′44.75″E

性质与特征：

三星草棚村历史文化风貌区位于崇明县西部三星镇草棚村，以解放街为核心，面积约2万平方米。始建于19世纪中期，初时这些草棚屋多用稻草毡顶，四壁围以芦苇、竹片条编扎而成，因此这里被称为草棚镇。100多年来草棚镇逐步发展形成一条东西长400多米，街面宽4米，街道用小石块铺设，两边为小商店的古老集镇。20世纪中期，草棚镇一直为崇明西部主要的集镇。老街建筑与常见的江南水乡的建筑风格有所不同，它带有长江以北的建筑风格，民居建筑两边的山墙不是由单纯的青砖砌成，而是在中间夹着横排与竖排的木头柱子，起支撑作用。这些竖着的木柱最长可撑到屋顶的最高处，屋顶多为茅草

南门观光大堤

三星草棚村历史文化风貌区

铺就。这种建筑构造与江北如皋的民居建筑构造一样,被称为"如皋式"建筑构造法。

草棚村老街的空间尺度和形态特征随着历史发展而自然形成,目前还保留着在上海地区已经很难见到的以往商业街中上翻店门、全脱卸门框,以及张贴宣传标语和门牌店招等独特风貌,有鲜明的地方特色和时代特征,反映了 20 世纪 60～70 年代计划经济时期农村集镇的一种商业形态,体现了自然村落的商业街特色。

旅游区域及进出条件:

三星草棚村历史文化风貌区位于崇明岛西部。公交南牛线、南建专线等线路可到达。

保护与开发现状:

对外开放。2005 年被上海市城市规划管理局(现上海市规划和国土资源管理局)划定为上海市郊区及浦东新区历史文化风貌区。

名称:**广福寺**
编号:CM25
资源类型:FAC
单体资源等级:1
行政位置:中兴镇中兴村
地理位置:31°31′12.24″N
　　　　　121°44′50.58″E

性质与特征:

广福寺是崇明岛上规模较大的佛教寺庙,始建于清咸丰年间(1851～1861 年),原址在汲浜镇北,名武圣殿。1921 年,了道大师自外地参学返殿,改武圣殿为广福寺。1946 年,迁寺于中兴镇。1989 年,广福寺开办上海佛学院二部。1993 年起建大雄宝殿,以及教学和生活大楼等配套设施,1994 年修建完成。1998 年天王殿落成。

旅游区域及进出条件:

广福寺位于崇明岛东部,北靠陈彷公路、陈海公路。公交堡七线、堡陈专线、南裕专线等多条线路可到达。

保护与开发现状:

对外开放。

名称:**寿安寺**
编号:CM26
资源类型:FAC
单体资源等级:1
行政位置:城桥镇鳌山路
地理位置:31°36′59.10″N
　　　　　121°25′16.20″E

性质与特征:

寿安寺是崇明岛四大古刹之一,始建于南宋淳祐年间(1241～1252 年),名"富安院",元延祐五年(1318 年)朝廷赐额"永

广福寺

寿安寺

福寿安寺"，后屡遭损毁。1983年起陆续修缮扩建，重建天王殿、三圣殿，重塑香樟木释迦牟尼佛像、诸神彩塑金像，新建钟楼、鼓楼、方丈室、藏经楼、玉佛殿、功德堂、释迦牟尼宝塔等。现建筑面积7 333平方米。寺内存有历代碑刻铭文和文人骚客的墨迹，有赵朴初手书"如来无量寿，净土万年安"等。

旅游区域及进出条件：

寿安寺位于金鳌山公园南侧。公交南同专线可到达。

保护与开发现状：

对外开放。1981年被崇明县人民政府列为崇明县文物保护单位。

名称：崇明北湖
编号：CM27
资源类型：BBA
单体资源等级：1
行政位置：崇明县
地理位置：31°42′24.65″N
　　　　　121°34′38.22″E

性质与特征：

崇明北湖位于崇明岛北侧，原先是由长江口冲积半岛"黄瓜沙"与崇明岛主体部分合围而成的狭长形海湾。由于它独特的地理位置，年年吸引来不少候鸟栖息觅食。2003年7月，在"黄瓜沙"两侧人工筑坝合围，形成了一个与部分潮汐相通的半咸水湖泊。北湖及其滩涂东西长17千米，南北宽约2千米，湖泊面积约18平方千米，其中5米水深区域约为10平方千米。该湖泊盐度较高，水体湛蓝。浩瀚的湖水，成片的湿地，形成了大批候鸟春秋过境、冬季栖息的理想之地。

旅游区域及进出条件：

崇明北湖位于崇明岛北侧。自驾车沿

崇明北湖

北新公路往北可到达。
保护与开发现状：
　　对外开放。

名称：寒山寺
编号：CM28
资源类型：FAC
单体资源等级：1
行政位置：城桥镇东门路 21 号
地理位置：31°37′30.48″N
　　　　　121°23′51.30″E
性质与特征：
　　寒山寺已经有近 390 年的历史了，建筑面积 7 000 多平方米。
　　明天启四年（1624 年），杨军门夫人朱氏自苏州驾小船来到崇明岛剃发为尼，法名颠修，建寺名为"寒山寺"，寺中供奉寒山、拾得两像。原有鸳鸯宅寺房 32 间。相传崇明寒山寺与苏州寒山寺有"三同"，即名同、供奉同、钟声同。崇明寒山寺与苏州寒山寺分别有"瀛洲东门寒山寺，夜半钟声迎客船"和"姑苏城外寒山寺，夜半钟声到客船"这样两句争相媲美的诗句。文革期间，崇明寒山寺曾遭破坏。1995 年，经宗教事务部门批准，寒山寺重新对外开放。
旅游区域及进出条件：
　　寒山寺位于城桥镇。公交南海线、南风线、南同专线等多条线路可到达。
保护与开发现状：
　　对外开放。

未分区

上 海 旅 游 资 源 图 志

概况

未分区的旅游资源单体主要包括具有代表性和影响力的上海大型节事活动，以及被收录国家名录的非物质文化遗产。这类旅游资源单体是属于全市性的，是上海地域文化形象的重要载体，是认识和了解上海文化生活的重要窗口。

如果说非物质文化遗产反映出上海独具特征的历史发展过程，那么各类大型节事活动则是当代上海人民精神文化生活的盛宴。因此，上海大型节事活动和非物质文化遗产也是重要的旅游资源单体，可以反映上海旅游资源的独特性。

在上海大型节事活动中，除了传统文化节日外，还出现了众多的现代节庆活动，如上海旅游节、上海国际电影节等。上海是一个国际化的大都市，自改革开放以来，上海与世界各地的交流日益频繁，城市文化生活日益繁荣，因此大型节事活动成为上海与世界各地文化交流的重要纽带，成为展现国际文化发展的重要平台。除了国际性的大型节事活动外，不同区（县）、不同乡镇和街道依托当地乡土传统和现代经济社会的发展，也举办了多种地方性的节事活动，因其数量众多，在此不加收录。据统计，2012年度上海旅游节共吸引游客960万人次，同比增长7%。其中，花车巡游活动的观众达到200万人次，上海国际音乐烟花节的观众数达11万人次，景区打折活动吸引了70万人次。由此可见，大型节事活动广受欢迎，在上海城市文化生活和旅游发展中担任着越来越重要的角色。

上海地处南北交汇地区，自1843年开埠以来又成为华洋杂处之地，其本身的发展史就是一个移民城市的发展史，因此上海在文化领域内也是海纳百川、兼容并蓄。各地文化在进入上海以后，逐渐与上海当地的环境相融合，逐渐成为上海城市文化的一部分。

在先后公布的三批国家级非物质文化遗产名录中，上海共有50处，其中包括了民间音乐、民间文学、传统戏剧、民间美术、传统舞蹈、传统美术、传统音乐、传统技艺、传统医药、传统手工技艺、曲艺、民俗等，这中间既有从上海本地产生并发展的，也有逐渐从外部流传进入并扎根于上海的。在此仅收录那些与旅游活动相关的非物质文化遗产。2007年，上海发布的第一批非物质文化遗产名录共计88项；2009年，上海发布的第二批非物质文化遗产名录共计45项；2011年，上海发布的第三批非物质文化遗产名录共计37项。这三批名录合计170项。本图志收录了上述非物质文化遗产名录中可以反映上海历史、文化和艺术的具有代表性的国家级非物质文化遗产。这些非物质文化遗产的发生、发展直至流传，充分展示了上海城市文化的演变过程，体现出上海海纳百川的城市精神。

旅游资源列表

编号	名称	资源类型	单体资源等级	编号	名称	资源类型	单体资源等级
WF01	上海旅游节	HDA	5	WF20	淮剧	HCC	4
WF02	上海国际艺术节	HDB	5	WF21	琵琶艺术	HCC	4
WF03	上海国际电影节	HDB	5	WF22	豫园灯会	HDA	4
WF04	上海国际服装文化节	HDB	5	WF23	浦东说书	HCC	4
WF05	上海之春国际音乐节	HDB	5	WF24	顾绣	GAE	4
WF06	上海国际音乐烟花节	HDA	5	WF25	奉贤滚灯	HCC	4
WF07	上海F1（中国）大奖赛	HDD	5	WF26	龙华庙会	HCF	4
WF08	上海ATP1000网球大师赛	HDD	5	WF27	锣鼓书	HCC	4
WF09	世界斯诺克上海大师赛	HDD	5	WF28	罗店划龙船习俗	HCA	4
WF10	昆曲	HCC	5	WF29	独脚戏	HCC	4
WF11	京剧	HCC	5	WF30	嘉定竹刻	GAE	3
WF12	沪剧	HCC	5	WF31	徐行草编	GAE	3
WF13	越剧	HCC	5	WF32	上海灯彩	GAE	3
WF14	苏州评弹	HCC	5	WF33	上海港码头号子	HCC	3
WF15	江南丝竹	HCC	5	WF34	青浦田山歌	HBB	3
WF16	滑稽戏	HCC	5	WF35	舞草龙	HCC	3
WF17	上海电视节	HDB	4	WF36	泗泾十锦细锣鼓	HCC	3
WF18	世界沙滩排球巡回赛	HDD	4	WF37	道教音乐	HCC	3
WF19	环崇明岛女子国际公路自行车赛	HDD	4	WF38	上海面人赵	GAE	3
				WF39	上海剪纸	GAE	3
				WF40	黄杨木雕	GAE	3
				WF41	海派木偶戏	HCC	3
				WF42	海派玉雕	GAE	3

旅游资源单体

名称：上海旅游节
编号：WF01
资源类型：HDA
单体资源等级：5
性质与特征：

上海旅游节是每年一度的全市性大型节事活动，1990年开始举办。

上海旅游节以"走进美好与欢乐"为主题，以"人民大众的节日"为定位，通过观光、休闲、娱乐、会展、餐饮、购物等各种形式的特色旅游活动项目，集中展示了上海的都市风光、都市文化和都市商业。在2012年上海旅游节期间举办的主要活动项目包括开幕大巡游、花车巡游暨评比大奖赛、美食节、国际节庆旅游研讨会、摄影大赛、九子大赛、街舞大赛、购物节、

上海旅游节之一

上海旅游节之二

旅游纪念品设计大赛、帆船嘉年华、南京路双乐周、豫园中国丝绸文化节暨中秋游园会、玫瑰婚典、创意微电影节、"唐韵中秋"游园会、四川北路欢乐节、"上海人家"暨上海弄堂风情游、美兰湖音乐节等。

上海旅游节每年9月中旬至10月上旬举办。

保护与开发现状：

上海旅游节原名"黄浦旅游节"，1996年更名为"上海旅游节"。

名称：上海国际艺术节
编号：WF02
资源类型：HDB
单体资源等级：5
性质与特征：

上海国际艺术节是每年一度的大型国际节事活动，1999年开始举办。

上海国际艺术节以"艺术的盛会、人民的节日"为主题，以"吸引世界优秀文化，弘扬中华民族艺术，推动中外文化交

上海国际艺术节之一

流，繁荣文化市场"为办节宗旨。上海国际艺术节主要活动项目包括舞台艺术演出、文化艺术展览、群众文化活动，以及艺术品交易等。艺术节期间举办过的具体活动包括：中国敦煌艺术展、米罗艺术品展、齐白石精品展、中国西夏王国的文字世界展、工艺美术精品展、亚洲音乐节、俄罗斯文化周、巴金文学周、国际青年钢琴比赛、国际魔术节、韩国文化周、重庆文化周、钢琴比赛、魔术比赛、东方喜剧展等。

上海国际艺术节之二

上海国际艺术节每年10月至11月举办。

保护与开发现状：

上海国际艺术节2007年被评为中国最具国际影响力十大节庆活动之一。

名称：上海国际电影节

编号：WF03

资源类型：HDB

单体资源等级：5

性质与特征：

上海国际电影节是每年一度的大型国际节事活动，1993年开始举办。

上海国际电影节以"增进各国、各地区电影界人士之间的相互了解和友谊，促进世界电影艺术的繁荣"为宗旨。上海国际电影节期间的主要节事活动包括"金爵奖"评选、国际电影展映、国际电影交易

市场、金爵国际电影论坛暨亚洲新人奖的评选等。上海国际电影节所设奖项有：最佳影片奖、评委会大奖、最佳导演奖、最佳女演员奖、最佳男演员奖、最佳编剧奖、最佳摄影奖、最佳音乐奖、亚洲新人奖、观众奖等。上海国际电影节至今已经吸引了全球百余个国家和地区数千部影片报名参展。

上海国际电影节每年6月举办。

保护与开发现状：

经国际电影制片人协会认证，上海国际电影节被归类于国际A类电影节，跻身世界九大国际电影节之列。

名称：**上海国际服装文化节**
编号：WF04
资源类型：HDB
单体资源等级：5
性质与特征：

上海国际服装文化节是每年一度的大型国际节事活动，1995年开始举办。

上海国际服装文化节以"弘扬原创力量，助推自主品牌"为主题，以"人才"和"品牌"为支撑点，促进服装产业链的发展。上海国际服装文化节期间的主要节事活动包括开幕盛典、上海国际服装纺织品贸易博览会、"中华杯"国际服装设计大赛、中

上海旅游资源图志

上海国际服装文化节之二

国新力量服装设计师作品展、国际服装论坛、服装设计作品展演和大赛等。

上海国际服装文化节每年3月中旬至4月下旬举办。

保护与开发现状：

上海国际服装文化节从1995～2013年已经举办了19届。

名称：上海之春国际音乐节

编号： WF05

资源类型： HDB

单体资源等级： 5

性质与特征：

上海之春国际音乐节是每年一度的大型国际节事活动，2001年开始举办。

上海之春国际音乐节以"和平、友谊、交融、和谐"为宗旨。音乐节期间的主要节事活动包括音乐舞蹈新人新作展演、上海地区群众性合唱邀请赛、国际广播音乐节目"金编钟"奖展播及评选颁奖活动、国内广播音乐节目主持人大赛、国际及国内音乐舞蹈祝贺演出、国际音乐学术报告

上海国际服装文化节之一

863

会、全国部分地区新民乐汇演暨研讨会、"东方风云榜"十大金曲评选颁奖演唱会、国际音像制品博览会等。上海之春国际音乐节设有"金编钟奖",对参赛节目进行评选。

上海之春国际音乐节每年4月底至5月中旬举办。

保护与开发现状：

上海之春国际音乐节的前身为20世纪60年代的"上海之春"音乐舞蹈月和80年代的上海国际广播音乐节,后经合并而成。

名称：上海国际音乐烟花节
编号： WF06
资源类型： HDA
单体资源等级： 5
性质与特征：

上海国际音乐烟花节是亚洲地区具有影响力的年度性品牌节事项目,创始于2000年。

上海国际音乐烟花节开创了亚洲举办国际音乐烟花节之先河,具有上海特征、浦东特色。上海国际音乐烟花节已经成为上海旅游节期间的一项重要活动内容,每年吸引着世界各国的著名烟花公司汇聚上海,表演精彩绝伦的音乐烟花项目。2000年第一届上海国际音乐烟花节的活动包括日本专场"轻舞飞扬"、法国专场"美丽人生"和葡萄牙专场"烈焰狂花";2001年第二届上海国际音乐烟花节的活动包括澳大利亚专场"欢乐人生"、意大利专场"热情罗马"、日本专场"新世纪之旅"和中国专场"走向新时代";2002年第三届上海国际音乐烟花节的活动包括西班牙专场"西班牙之梦"、荷兰专场"河边"、加拿大专场"沙

漠玫瑰"等；2003年第四届上海国际音乐烟花节的活动包括意大利专场"精彩人生"、瑞典专场"七彩韵律"、德国专场"追梦"等；2004年第五届上海国际音乐烟花节的活动包括阿根廷专场"探戈之桥"、瑞士专场"星河梦境"、英国专场"欢乐人生"等；2005年第六届上海国际音乐烟花节的活动包括澳大利亚专场"激荡山河"、芬兰专场"北极幻境"、希腊专场"荣耀与生命的传承"等；2006年第七届上海国际音乐烟花节的活动包括意大利专场"意境漫步"、新西兰专场"大洋的呼唤"、法国专场"远古梦境"等；2010年第十一届上海国际音乐烟花节开演美国专场"天堂追梦"。

2011年第十二届上海国际音乐烟花节是在迈克尔·杰克逊的一曲《颤栗》中拉开了帷幕，优美的音乐环绕世纪公园的四周；五彩的烟花掀开夜空一角，倾泻而下，犹如星空精灵，踏着音乐的节奏，时而轻摇劲舞，时而上下翻腾，湖畔不时响起观众的欢呼声和赞叹声。随后是加拿大专场的表演，由13首加拿大乡村音乐串联起一部大自然的交响曲，伴随着一朵朵绚烂的烟花，天空中展现出一幅幅加拿大民俗风情的画卷。

上海国际音乐烟花节每年9月底至10月初在浦东新区世纪公园举办。

保护与开发现状：

上海国际音乐烟花节是上海旅游节品牌项目。

名称： 上海F1（中国）大奖赛

编号： WF07

资源类型： HDD

单体资源等级： 5

性质与特征：

上海F1（中国）大奖赛是国际汽车联合会世界一级方程式锦标赛（简称F1大奖赛，即FIA Formula 1 World Championship）的上海站赛事。它是当今世界最高水平的

上海国际音乐烟花节

赛车比赛，2004年开始落户上海。

近十年来，在上海举办的F1大奖赛获得空前成功。F1大奖赛是与奥林匹克运动会、世界杯足球赛齐名的世界三大体育赛事之一。参加F1大奖赛的赛车都是按照一定的规则进行制造的，其最高等级称为F1。每个F1赛季从每年的3月开始至10月底结束，在此期间，将在世界各地举行16～19站的激烈赛事。每场赛事都有20多位车手上场，全球有180多个国家和地区的上百亿人收看实况转播。著名的F1车队有红牛、迈凯轮、法拉利、雷诺等；著名的F1车手有舒马赫、维特尔、汉密尔顿、莱科宁、巴里切罗、阿隆索、雷克南、费斯切拉等。世界一级方程式锦标赛迄今为止已有60多年的历史了。

上海F1（中国）大奖赛每年4月在嘉定区上海国际赛车场举办。

保护与开发现状：

上海站是F1历史上的第63条赛道。

名称：**上海ATP1000网球大师赛**

编号： WF08

资源类型： HDD

单体资源等级： 5

性质与特征：

上海ATP1000网球大师赛是每年一度的男子职业网球协会大师系列赛（ATP Masters Series）上海站赛事，2009年开始落户上海。

上海ATP1000网球大师赛是ATP大师系列赛级别最高的赛事。自1990年起，ATP系列赛事每年在世界9个城市举办。2009年改为8站（印第安维尔斯、迈阿密、罗马、马德里、辛辛那提、加拿大、上海、巴黎）强制赛事，并命名为"ATP1000"（即冠军可获1000分赛事积分，并且排名世界前20位的选手必须参加）；同时保留了蒙特卡洛大师赛作为选择赛事，从而形成了"8+1"赛事系统。2009年上海ATP1000网球大师赛有80位世界顶级高手参加，在9

上海F1（中国）大奖赛

上海 ATP1000 网球大师赛

世界斯诺克上海大师赛

天的时间内举行了99场精彩比赛。

上海ATP1000网球大师赛每年10月中旬在闵行区旗忠森林体育城网球中心举办。

保护与开发现状：

上海ATP1000网球大师赛是上海重要的体育旅游资源。根据协议，自2009年起，上海永久拥有ATP1000网球大师赛举办权，成为亚洲第一个拥有ATP1000网球大师赛永久举办权的城市。

名称：**世界斯诺克上海大师赛**

编号：WF09

资源类型：HDD

单体资源等级：5

性质与特征：

世界斯诺克上海大师赛是每年一度由世界职业台球桌球协会主办的全球七大排名积分赛的上海站赛事，2007年开始落户上海。

世界斯诺克上海大师赛是在中国举办的两站顶级排名积分赛之一。从2007年起，上海大师赛已经圆满完成了第一个五年的赛事承办周期。五年来，上海大师赛拥有了稳定的观赛人群，其"国际"、"顶级"的赛事形象已经深入人心。2012年是赛事新的开篇之年，40位世界顶尖斯诺克大师齐聚申城，赛事总奖金达40万英镑。

世界斯诺克上海大师赛每年9月前后在上海大舞台举行。

保护与开发现状：

世界斯诺克上海大师赛获得国家体育总局颁发的最佳赛区称号。

名称：**昆曲**

编号：WF10

资源类型：HCC

单体资源等级：5

性质与特征：

昆曲是我国现存的历史悠久的戏曲形式，旧称昆山腔、昆腔，相传为元末明初江苏昆山人顾坚初创，明朝中期经魏良辅

昆曲

改革，形成曲调婉转，且以管笛伴奏为主的新风格，俗称"水磨腔"，受到广大观众的欢迎。明万历年间（1573～1619年）出现大批作家和作品，并以苏州地区为中心向长江南北广泛传播。

昆曲在上海地区的传播活动已绵延了近500年，上海为昆曲的传播与传承作出了具有深远意义的重要贡献。明万历前，松江一带已开始传唱昆山腔。明万历六年（1578年），青浦地区演出《浣纱记》，这是上海演出昆曲的最早记录。由明入清，上海地区昆曲已经相当繁盛，新的作品不断问世。清康熙四十三年（1704年），松江地区上演在京遭禁演的《长生殿》，在当地产生广泛影响。清咸丰元年（1851年），小东门县前街开设了戏园——三雅园。从此，昆曲演出从庙堂、会馆、酒肆、私家花园进入正式戏园。清同治二年至三年（1863～1864年），更由城内向租界拓展。清光绪元年（1875年），苏、沪两地共有昆曲艺人100余人。随着清朝末期江南四大昆班相继入沪，上海已经成为全国昆曲的演出中心。民国时期，身肩传承使命的"传"字辈昆曲演员在上海舞台上"继绝而出"。1953年，华东文化部决定由华东戏曲研究院筹建戏曲演员训练班，并于次年3月开办，其中昆曲学员60人，学制8年，由沈传芷、朱传茗、郑传鉴、华传浩等10余名"传"字辈老演员主教。一年后，训练班改建为上海市戏曲学校，学校对学员按"德、智、体"全面发展的教育方针进行严格培养。1959年，又招收第二班昆曲学员70人。1961年，成立了上海青年京昆剧团，后改名上海昆剧团，由京昆艺术大师俞振飞任首任团长，剧团成员大部分来自上海市戏曲学校的一、二、三班毕业生。他们所演的代表剧目《十五贯》、《牡丹亭》、《司马相如》、《班昭》等蜚声海内外，蔡正仁、王芝泉、华文漪、岳美缇、计镇华、梁谷音、刘异龙、张静娴、李雪梅（借调）等著名演员先后荣获"中国戏剧梅花奖"。1986年上海昆剧团进京演出，并荣获文化部振兴昆剧大奖。2001年昆曲被联合国教科文组织命名为首批世界"人类口头及非物质文化遗产代表作"，昆曲及其所代表的中国古典戏剧艺术成就和文化价值超越了国界，获得了全世界的公认。

上海昆剧团、逸夫舞台、东方艺术中心等都有昆曲表演。

保护与开发现状：

2006年被国务院列为国家级非物质文化遗产。

名称：京剧

编号：WF11

资源类型：HCC

单体资源等级：5

性质与特征：

京剧为中国国剧，起源于中国古老的地方戏曲秦腔、徽剧、昆曲和汉剧等，已经有200多年的历史了。因其行当全面、表演成熟而成为近代中国汉族戏曲的代表作，享誉海内外。清乾隆五十五年（1790年），三庆徽班进京奏艺，因其演出内容丰富、诸腔并奏，受到各方欢迎。之后，四喜、春台、和春（与三庆合称四大徽班）也相

京剧

继进京。徽班在北京长期的演出过程中，逐步吸收了京腔、梆子、昆剧、汉调的艺术特点，形成了新的声腔艺术。

清同治五年（1866年），上海英籍华人罗逸卿筹建仿京戏园——满庭芳，翌年派人赴津邀京角来沪演出。清同治六年（1867年），刘维忠建丹桂茶园，聘请北京三庆、四喜等班的名角来沪演出，"沪人初见，趋之若狂"，演出大获成功。之后，陆续有京角南来演出，如杨月楼、孙菊仙、谭鑫培等。清光绪二年（1876年），《申报》上出现"京剧"的称呼。从此，"京剧"遂作为剧种名称流传下来。清光绪二十六年（1900年），八国联军侵华，社会动荡不安，京津地区的名角纷纷南下，进一步促进了上海京剧演出市场的繁荣。至清光绪末年，上海地区以演京剧为主的茶园已近20家。

上海作为一座开放的大城市，其京剧艺术的发展深受西洋舞台艺术的影响。清光绪三十四年（1908年），在南市小东门首建新舞台。新舞台建有可以装置灯箱、布景的设施，以及转台等，还聘请专家担任布景绘画师，让观众大开眼界。随着文明大舞台等新式剧场的不断建造，上海的舞台建筑发生了历史性的转折。同时，京剧艺术也在不断革新。除了编演反映现实生活的剧目外，在表演方面强调唱、做、念、打并重，在人物造型方面对化妆、服装、头饰等也进行了改良。连台本戏结合运用机关布景是上海京剧的又一显明特点，深受观众欢迎。新舞台排演《济公活佛》全剧22本，连演4年；大舞台编演《西游记》达42本，连演8年（1935～1942年）。4家剧场（天蟾舞台、丹桂第一台、大舞台及大世界乾坤剧场）同时演出《狸猫换太子》，均告客满。可见当时海派京剧之盛况。正是在这一背景下，上海京剧表演流派纷呈，周信芳创始的麒派和盖叫天创始的盖派，形成了海派京剧的两大支柱。

上海京剧院是国家文化部评定的全国京剧重点院团，是我国著名的艺术表演团体。1955年，原华东实验剧院京剧团、人民京剧团合并，组建成上海京剧院，首任院长为京剧艺术大师周信芳先生。上海京剧院的著名表演艺术家有盖叫天、言慧珠、童芷苓、李玉茹、童祥苓、沈金波、黄桂秋、小王桂卿等。

逸夫舞台等文化场所都有京剧表演。

保护与开发现状：

2006年被国务院列为国家级非物质文化遗产。

名称：沪剧

编号：WF12

资源类型：HCC

单体资源等级：5

性质与特征：

沪剧是上海的代表性剧种，主要流行

沪剧

于上海、苏南及浙江的杭、嘉、湖地区。

沪剧起源于浦江两岸的田头山歌和民间俚曲，在流传中逐渐演变为说唱形式的"滩簧"。清道光年间（1821～1850年）有"对子戏"、"同场戏"之分。清光绪二十四年（1898年）开始固定于茶楼坐唱，称为"本滩"；1914年易名为"申曲"；1941年上海沪剧社成立，改称为"沪剧"。沪剧音乐委婉柔和，曲调优美动听，其唱腔既善于叙事又长于抒情。曲调主要分为"板腔体"和"曲牌体"两大类。"板腔体"唱腔包括以长腔长板为主的一些板式变化体唱腔，它代表了沪剧的风格，一般称为"基本调"。"曲牌体"唱腔多数是明清俗曲、民间说唱的曲牌和江浙俚曲。伴奏乐器以竹筒二胡为主，辅以琵琶、扬琴、三弦、笛、箫等。后来，人们将一些江南丝竹乐及广东乐曲的音调融入沪剧唱腔的过门中。沪剧的角色行当，在"对子戏"时期，一生、一旦居多；"同场戏"时期，有了生行、旦行（包头）的分别。随着沪剧表演向文明戏、话剧靠拢之后，其角色行当的分类日渐淡化，动作、念白均未形成行当程式，演唱都使用真声。

1982年1月，在上海沪剧团基础上建立了上海沪剧院。优秀传统剧目有《陆雅臣卖娘子》、《庵堂相会》、《杨乃武和小白菜》、《珍珠塔》、《孟丽君》、《双珠凤》、《秋海棠》、《家》、《雷雨》、《罗汉钱》、《少奶奶的扇子》、《红灯记》、《芦荡火种》、《金绣娘》、《明月照我心》和《今日梦圆》等。其中《红灯记》和《芦荡火种》被移植成京剧且蜚声海内外。《罗汉钱》获全国戏曲观摩演出演员一等奖、剧本奖和音乐奖。沪剧主要传承人有丁是娥、杨飞飞、王盘声、马莉莉、茅善玉等。

逸夫舞台等文化场所不定期有沪剧演出。

保护与开发现状：

2006年被国务院列为国家级非物质文化遗产。

名称：越剧

编号： WF13

资源类型： HCC

单体资源等级： 5

性质与特征：

越剧前身是浙江嵊县一带流行的说唱形式"落地唱书"。清光绪三十二年（1906年）春，开始演变为在农村草台演出的戏曲形式，曾称小歌班、的笃班、绍兴文戏等。艺人初始基本上是半农半艺的男性农民，故称男班。1925年9月17日上海《新闻报》演出广告中首次以"越剧"称之。

1917年5月13日，小歌班初次进入上海，在十六铺新化园（后称新舞台）演出，两年后在上海立足。自1920年起，小歌班集中了一批较知名的演员，编演了一些引人入胜的新剧目，如《梁山伯与祝英台》、《碧玉簪》、《孟丽君》等。这些剧目，适应了五四运动后争取男女平等的思想，受到广大观众的欢迎。此后，越剧开始有了专业伴奏乐队，并借鉴绍兴大班的板式初步建立起板腔体的音乐框架。同时，越剧还吸收京剧、绍剧的表演程式，向古装大戏发展。越剧的剧目则受"海派京剧"的影响，主要编演连台本戏，在大世界、新世界等游乐场所以及茶楼、旅社、小型剧场等演出。

1923年，在浙江嵊县出现了越剧女班，并进入上海演出。1928年女班蜂拥来沪，到了1941年，女班数增至36个。在当时，女子越剧的所有著名演员几乎都荟萃于上海，报纸评论称"上海的女子越剧风靡一时，

越剧

到近来竟有凌驾一切之势"。而越剧男班由于后继无人，最终被女班所取代。女子越剧在上海立足之后，为适应环境的变化和观众的需求，进行了较大的改革。20世纪40年代前期，袁雪芬演出的《香妃》和范瑞娟演出的《梁祝哀史》，都与琴师周宝才合作，创造出柔美哀怨的"尺调腔"和"弦下腔"。后来，这两种曲调发展成为越剧的主腔，逐渐形成了不同的流派。

1950年，成立了华东越剧实验剧团。1955年3月24日，上海越剧院正式成立。剧院荟萃了袁雪芬、尹桂芳、范瑞娟、傅全香、徐玉兰、王文娟等著名演员。优秀剧目《梁山伯与祝英台》、《西厢记》、《红楼梦》、《祥林嫂》等蜚声海内外，《情探》、《李娃传》、《追鱼》、《春香传》、《碧玉簪》、《孔雀东南飞》、《何文秀》、《彩楼记》、《打金枝》、《血手印》、《李秀英》等成为优秀保留剧目，其中《梁山伯与祝英台》、《情探》、《追鱼》、《碧玉簪》、《红楼梦》还被拍摄成电影，风靡大江南北。

逸夫舞台、艺海剧院等文艺场所不定期有越剧演出。

保护与开发现状：

2006年被国务院列为国家级非物质文化遗产。

名称：苏州评弹
编号：WF14
资源类型：HCC
单体资源等级：5
性质与特征：

苏州评弹是苏州评话与弹词的合称，是以苏州方言为主说唱的曲种。苏州评弹形成于明末，发源于苏州，流行于江苏、浙江与上海地区。苏州评话有说无唱，苏州弹词有说有唱，演员自操三弦、琵琶伴奏。苏州评弹的形式有一人的单档、两人的双档、三人的三个档。评弹以说、噱、弹、唱、演为基本表演手段，既有叙事体又有代言体。演出时，演员借用折扇、手帕、茶杯、

苏州评弹

茶壶等作为虚拟表演中的辅助道具，有时辅以口技。弹唱根据不同演员的艺术个性形成不同的艺术风格及多种艺术流派。主要长篇书目有评话《三国》、《水浒》、《隋唐》、《岳传》、《包公》等50余部；弹词有《三笑》、《玉蜻蜓》、《描金凤》、《白蛇传》、《珍珠塔》等70余部。

清朝初期至道光年间（1644～1850年），苏州评话和弹词自传入上海之后，成为上海地区的主要曲种，评弹艺人竞相来沪，书场兴起。在上海，逐步涌现出一批在艺术上颇有造诣、各具独特风格的艺术家。与此同时，流派唱腔也增添了不少。深受听众喜爱的书目有《西厢记》、《杨乃武》、《长生殿》、《啼笑因缘》、《包公》、《张

文祥刺马》等。

1951年11月，成立了上海市人民评弹工作团，之后又相继成立了长征评弹团、星火评弹团等。一方面对《玉蜻蜓》、《白蛇传》、《描金凤》等传统书目进行了认真的整理加工，另一方面又编演了《海上英雄》、《小二黑结婚》、《王孝和》、《青春之歌》、《芦苇青青》等反映现实生活的新书目。著名演员蒋月泉、刘天韵、张鉴庭、严雪亭等的表演艺术更臻成熟，出现了徐丽仙的"丽调"、朱雪琴的"琴调"等多种新流派。20世纪50～60年代，上海评弹团等先后赴北京、天津等地演出，扩大了评弹艺术在全国范围内的影响力。

乡音书苑、雅庐书场、美琪书场、东方书苑、龙珠书苑、玉兰书苑、长艺书苑和鲁艺书苑等都有苏州评弹的演出。

保护与开发现状：

2008年被国务院列为国家级非物质文化遗产。

名称： 江南丝竹

编号： WF15

资源类型： HCC

单体资源等级： 5

性质与特征：

江南丝竹是中国传统器乐中一个重要的乐种，主要流行于江南的苏、浙、沪地区，因而又名苏南丝竹、吴越丝竹。20世纪50年代初，为了与广东音乐、福建南音、潮州丝弦等南方丝竹音乐相区别，定名为江南丝竹。

江南丝竹常用的乐器分为丝弦类、竹管类和打击类。丝弦类有二胡、中胡、提琴、弦子、琵琶、扬琴、阮，有时也会用弦乐类的草胡或弹拨类的秦琴和月琴，竹管类有曲笛、箫、笙，打击类有板、板鼓、小鼓、木鱼、小钹、碰铃等。明嘉靖、隆庆年间（1522～1572年），以魏良辅为首的戏曲音乐家在太仓南码头创制昆曲水磨腔的同时，以张野塘为中坚人物组成了规模完整的丝竹乐队，用工尺谱演奏，后逐渐形成丝竹演奏的专职班社。明万历末期在吴中（苏州地区）形成了新的乐种"弦索"，距今已有400多年的历史。它与民俗活动密切结合，有着广泛的群众基础。

江南丝竹的演奏活动多以自娱为主，有时也作交流技艺或参加婚丧喜庆、节日庙会的演奏。延续至今，市区丝竹社团大多数仍以这种方式进行活动；在农村，则以"清客串"（又称"跑客串"）作为演奏活动方式。乐手们大多数是城镇、农村丝竹爱好者，他们自带乐器，为亲朋好友的喜事义务演奏，不取报酬，因此，"清客串"具有清高和宾客会串的意义。

江南丝竹的乐曲大都源于民间器乐小曲、古典乐曲及器乐曲牌，著名的传统乐曲有《三六》、《慢三六》、《中花六板》、《慢六板》、《行街》、《四合如意》、《云庆》、《欢乐歌》8首，一般称为"八大名曲"。江南丝竹的乐队组合、演奏曲目及演奏风格、特点等，在上海市区和郊区有所不同。在上海市区，丝竹演奏者文人居多，经常演奏的乐曲除"八大名曲"外，还有从古典

江南丝竹

乐曲移植过来的《霓裳曲》、《月儿高》、《春江花月夜》、《青莲乐府》、《高山流水》等，这些曲子旋律抒情优美，节奏明快流畅。上海市区主要演奏场所多在茶楼和私宅厅堂，乐器组合灵活多变，常常根据不同乐曲表现的需要及人员、环境等条件而定。常用的乐器有笛、箫、二胡、坤笙、琵琶、小三弦、秦琴、扬琴、鼓、板等。上海郊区的丝竹演奏者多为乡镇店员、手工业者及农民中的吹鼓手，经常演奏的曲目有《老六板》、《小六板》、《老清音》、《悦乐》等。由于上海郊区的演奏活动多在室外或者是在迎亲和节日庙会等行进途中，故其乐队的规模较大，多采用每种乐器成双成对组合，以增强乐队的音响效果。常用的乐器除笛、箫、笙、琵琶、小三弦、秦琴、二胡、板、木鱼等外，还采用欢胡（京胡）、板胡和彩盆、铃等发音清脆明亮的乐器，其演奏的乐曲旋律简洁、风格明朗，多以齐奏为主。

上海地区民间文艺活动及各类大型文艺演出中多可见江南丝竹的表演。

保护与开发现状：

2006年被国务院列为国家级非物质文化遗产。

名称：滑稽戏

编号： WF16

资源类型： HCC

单体资源等级： 5

性质与特征：

滑稽戏是中国地方戏曲，由上海的曲艺"独脚戏"接受了中外喜剧、闹剧和江南各地方戏曲的影响而逐步形成一种新兴戏曲剧种，流行于上海、江苏、浙江等地区，受到广大观众的欢迎。滑稽戏盛行于20世纪20～40年代初，当时在上海各游乐场、电台播音和堂会等地演出，苏南地区及浙江杭、嘉、湖地区也常有流动演出。1942年太平洋战争爆发，一些独脚戏艺人和文明戏演员纷纷进入或组成滑稽剧团，从此滑稽戏便开始成为具有影响力的地方戏曲。

滑稽戏

滑稽戏由一个或二至四人一档，多以上海话作为表演语言，同时大量模仿吴语，偶尔也有对北方话、粤语等的模仿。滑稽戏擅演喜剧和闹剧，以引人发笑为艺术特色，讲究情节滑稽、表演夸张，剧中人物杂用各地方言，音乐唱腔无本剧种特有的曲调。滑稽戏从喜剧艺术形式出发，对戏曲、曲艺、民歌小调、中外音乐兼收并用，其原有剧目大多取材于民间笑话、社会新闻，或改编的文明戏剧目。剧目大致可分五类：第一类是根据独脚戏的"段子"发展和改编成的，其中的《三毛学生意》、《七十二家房客》，因其思想性深刻、艺术性完整已成为滑稽戏优秀的传统保留剧目，并且被搬上了银幕。第二类是从文明戏移植而来的，主要有《方卿见姑娘》、《包公捉拿落帽风》、《济公》等。第三类是1949年后从话剧、戏曲、电影剧本移植、改编而来的，其中移植的地方戏剧目有《苏州二公差》、《好好先生》、《小九妹》、《万无一失》等。第四类是根据外国剧本改编而来的，如《活菩萨》等。第五类是新创作的剧目，如《样样管》、《满园春色》、《性命交关》和《一千零一天》等。1981年9月，在纪念鲁迅诞辰一百周年之时，滑稽戏《阿Q正传》被列为上海纪念演出的重点剧目之一。

滑稽戏的音乐沿用独脚戏的"九腔十八调",表演则以独脚戏、相声等曲艺为基础,又吸收了文明戏的表演形式。滑稽戏演员在"说"、"唱"和形体动作等方面都有许多明显的特点:其一,优秀的滑稽戏演员不但要学会多种戏曲唱腔、常用民间曲调或流行歌曲,而且还要学会各种流派的唱腔。其二,滑稽戏演员要口齿伶俐、反应敏捷,能讲一口流利的各地方言,如上海话、宁波话、绍兴话、杭州话、苏州话、无锡话、南京话、扬州话、山东话、四川话、广东话等,而且还要会讲混杂的方言,如带广东腔的上海话、带北京腔的四川话等等。滑稽戏演员有时还要根据剧情的需要学会说英语、日语等外国语言。其三,滑稽戏演员的形体动作是特别夸张的。上海著名滑稽演员有王无能、江笑笑、刘春山、严顺开、杨华生、周柏春、姚慕双、王汝刚、翁双杰等。上海滑稽剧团前身为上海蜜蜂滑稽剧团,1960年春划归上海人民艺术剧院,定名为上海人民艺术剧院滑稽剧团。1963年改名为上海市滑稽剧团。20世纪60~70年代被迫解散,1978年重新组建并定名为上海曲艺剧团。1985年更名为上海滑稽剧团至今。

人民大舞台、兰心大戏院、艺海剧院等文化场所多有滑稽戏演出活动。

保护与开发现状:

2011年被国务院列为国家级非物质文化遗产。

名称:上海电视节
编号: WF17
资源类型: HDB
单体资源等级: 4
性质与特征:

上海电视节是每年一度的大型国际节事活动,1986年开始举办。

上海电视节有三大活动板块:节目评奖、节目市场、设备展览。上海电视节期间的主要节事活动有:"白玉兰"奖国际电视节目评选、国际影视节目市场、国际新媒体与广播影视设备市场、"白玉兰"国际电视论坛、动画项目创投及真实中国导演

上海电视节

计划等。上海电视节设有4类奖项：白玉兰电视电影奖、白玉兰电视剧奖、白玉兰纪录片奖、白玉兰动画片奖。

上海电视节每年6月举办。

保护与开发现状：

上海电视节是中国最早创办的国际电视节，是亚洲地区颇具影响力的电视专业交流合作平台。

名称：世界沙滩排球巡回赛
编号：WF18
资源类型：HDD
单体资源等级：4

性质与特征：

世界沙滩排球巡回赛是每年一度由国际排球联合会主办的全球排球巡回赛上海站赛事，2004年开始落户上海。

世界沙滩排球巡回赛是仅次于奥运会和世锦赛的国际沙滩排球比赛。金山区在连续8年成功举办公开赛的基础上，2012年举办了级别更高的大满贯赛，这也是上海首次举办国际排联沙滩排球大满贯赛事。

世界沙滩排球巡回赛每年4月至5月在金山城市沙滩举行。

保护与开发现状：

上海站赛事至2012年已举办过9届。

世界沙滩排球巡回赛

环崇明岛女子国际公路自行车赛

名称：环崇明岛女子国际公路自行车赛
编号：WF19
资源类型：HDD
单体资源等级：4
性质与特征：

环崇明岛女子国际公路自行车赛是由中国自行车运动协会和上海市体育局主办、崇明县人民政府承办的国际性体育赛事，2003年开始举办。

崇明岛作为上海唯一的国家地质公园和生态示范区，地势平坦，气候温和，空气清新，林木茂盛，自然环境十分优美，为举办公路自行车比赛提供了理想的条件。被称为绿色运动的自行车运动，与崇明生态岛的定位相吻合。崇明岛丰富的生态旅游资源与激情飞扬的公路自行车赛有机结合，带动了全民健身运动的发展。

2010年环崇明岛女子国际公路自行车赛历时3天，分为个人计时赛（崇北段）、个人计时赛（崇西段）和城市绕圈赛三场比赛。同时，还举办国际自行车联盟女子公路世界杯系列赛。这是世界自行车公路赛高级别的赛事，总里程达138.6千米，由来自荷兰、德国、法国、意大利、中国香港等国家和地区的17支职业队和国家队参加比赛。经国际自行车联盟的批准，从2010年到2012年连续三年举行国际自行车联盟女子公路世界杯系列赛。

环崇明岛女子国际公路自行车赛每年举办一次，举办地位于崇明岛。

保护与开发现状：

环崇明岛女子国际公路自行车赛与环青海湖赛、环海南赛为我国三大自行车赛事品牌，截至2012年，已经成功举办了10届。

名称：淮剧
编号：WF20
资源类型：HCC
单体资源等级：4
性质与特征：

淮剧又称江淮戏，起源于江苏省盐城、阜宁、淮阴等地区，主要流行于江苏省、上海市和安徽省部分地区，有100多年的历史。淮剧是由田歌、民谣、民间说唱等，吸收了花鼓、莲湘、耍龙、跳狮等舞蹈而形成的地方小戏。

清光绪三十二年（1906年），淮河洪水泛滥，人们举家逃荒，纷纷涌向上海。大约在1912年，流落上海的淮戏艺人三五人自由组合演唱淮戏，在太阳庙路（现汉阳路）、太平桥、定海路等先后出现了"搭墩子"（四面无阻隔的露天土台）和"拉围子"（用芦席围成的演唱场地）的形式来演唱淮戏。1916年，上海有了首家表演淮剧的群乐戏园，从此淮剧表演逐步向剧场艺术过渡。20世纪20年代末期，有不少京剧演员开始与淮剧演员同台演出，京、淮演员各演各的折子戏。在演出《封神榜》等连台本戏时，京、淮演员各唱各的剧种，因而就有"京淮不分家"、"一台淮戏半台京"之说。由于"京夹淮"的演出形式，给淮剧带来了京剧的剧目、锣鼓点子、舞台美术等艺术特色，还有一批京剧演员先后改演了淮剧，从而提高了淮剧的艺术水平。抗日战争胜利后，许多淮剧艺人纷纷从苏北地区重返上海组班，形成了众多的班社。1946年，成立了上海江淮戏公会，这是淮剧同仁们的活动中心。

1951年，以筱文艳领衔的联谊剧团，与以马麟童领衔的麟童剧团合并，组成了民营公助的淮光淮剧团（后易名为上海淮剧团）。1953年该剧团成为国家剧团，更名为上海市人民淮剧团。在上海淮剧舞台上，无论是老一辈的演员如筱文艳、马麟童、何叫天、杨占魁、徐桂芳、何益山、筱惠春等，还是20世纪50年代崭露头角的周筱芳、武筱凤、马秀英、李神童、程少楠、陆少林、筱海红、武丽娟等，他们都是深受广大观众喜爱的淮剧演员。优秀剧目有《白蛇传》、《三女抢板》、《女审》、《蓝桥会》、《白虎堂》、《弄潮儿》、《党的女儿》、《海港的早晨》《哑女告状》和《金龙与蜉蝣》等。其中《蓝桥会》和《女审》被拍摄成戏曲影片。

艺海剧院、宛平剧场等不定期有淮剧

淮剧

琵琶艺术

演出。

保护与开发现状：

2008年被国务院列为国家级非物质文化遗产。

名称：琵琶艺术
编号： WF21
资源类型： HCC
单体资源等级： 4
性质与特征：

琵琶艺术至今已有2 000多年的历史。琵琶是东亚地区传统的弹拨乐器，南北朝时由印度经龟兹传入中国，盛行于北朝，至公元6世纪传入我国南方长江流域地区。唐朝时期，琵琶成为非常流行的乐器。宋朝以后，琵琶技艺逐渐隐入民间。明朝时期，琵琶已经发展为成熟的独奏乐器了。琵琶的声音穿透力强，高音区明亮而富有刚性，中音区柔和而具有润音，低音区则音质淳厚。琵琶的形制经历代演奏者的改进，如今已趋于统一，成为六相二十四品的四弦琵琶。琵琶的形体为木制，音箱呈半梨形，上装四弦，原先是用丝线，现在均改用钢丝或尼龙丝。其颈与面板上设有确定音位的"相"和"品"。演奏者竖抱琵琶，左手按弦，右手五指拨弦弹奏。琵琶是可以独奏、伴奏、重奏、合奏的乐器。

自明清以来，南北两大流派中的南派琵琶艺术有了较大发展，在上海地区尤为突出。在琵琶演奏中，上海地区的琵琶艺术家形成了自己独特的风格和流派，其中就有浦东派琵琶和瀛洲古调派琵琶。浦东派琵琶主要分布在上海市浦东新区（原南汇地区），创始人为清乾隆时期南汇人鞠士林，被称为"鞠琵琶"。浦东派琵琶的主要艺术特征为演奏武曲气势雄伟、演奏文曲沉静细腻。尤其是在弹奏武曲时，往往运用大琵琶，讲究音色饱满、力度强烈，保留并发展了一些富有海派特色的演奏方法。其传统曲目文套有《夕阳箫鼓》、《武林逸韵》和《月儿高》等，武套有《将军令》《十里》、《霸王卸甲》和《平沙落雁》等，大曲有《普庵咒》、《阳春白雪》和《灯月交辉》等。瀛洲古调派琵琶又称为崇明派琵琶，是瀛洲古调琵琶曲和演奏技法风格的总称。其创始人是清康熙年间（1662～1722年）寓居崇明县的贾公达。瀛洲古调派琵琶指法要求"捻法疏而劲，轮法密而清"，主张"慢而不断，快而不乱，雅正之乐，音不过高，节不可促"。尤其轮指以"下出轮"见长，故而音色细腻柔和，具有闲适、纤巧的情趣。同时轮指又以"重夹轻轮"，偏爱单音与夹弹，且认为"轮指虽易入耳，然多则犯低而失雅"。因此，其曲目多为文板小曲，著名的《飞花点翠》、《昭君怨》等慢板、文板乐曲，典雅而端正。如《鱼儿戏水》等小曲，则充满了生活的情趣。每首小曲都描写了一个场景或事物，与崇明风土民情息息相关，是典型的标题音乐，并通过琵琶演奏惟妙惟肖地表达出来。每个小曲可以独立演奏，也可以将不同的小曲组合起来连贯演奏，这是我国琵琶流派中绝无仅有的。瀛洲古调派琵琶取北派琵琶的刚劲雄伟、气势磅礴之长，收南派琵琶的优美柔和之精，隽永淳朴，清新绮丽，充满了上海地方特色，成为我国著名的琵琶流派之一。

上海地区民间文艺活动及各类大型文艺演出中都可欣赏到琵琶表演。

保护与开发现状：

2008年被国务院列为国家级非物质文化遗产。

名称：豫园灯会

编号：WF22

资源类型：HDA

单体资源等级：4

性质与特征：

豫园灯会是新春期间上海知名度高、影响力大的节庆活动之一，是代表上海人文传统的一项重要的文化活动。每年农历正月初一至十八在豫园举行。豫园灯会历史悠久，在清道光年间（1821～1850年）就有文献纪录。民国以后，豫园灯会逐渐

豫园灯会

衰落，文革期间停止。1979年，豫园重新举办元宵灯会。

豫园灯会以中国传统文化和豫园风情为主题，将传统灯展结合现代科技，利用九曲桥的九曲长龙形状及其特有的水面条件，以湖心亭与东方明珠广播电视塔遥相呼应为背景，创作了许多形象生动、市民喜闻乐见的大型主题灯彩，演绎中华传统文化。豫园灯会还安排具有浓郁民族特色的文化活动，与传统春节的庆祝活动融为一体，展现出700年来上海历史文化发展的今昔对比，寄托着新年的吉祥祝福。豫园灯会现已成为展示中华民族优秀文化遗产、展演优秀民俗民风的盛会，吸引了众多的海内外游客。

豫园灯会核心区位于豫园商城。

保护与开发现状：

2011年被国务院列为国家级非物质文化遗产。

名称：浦东说书

编号： WF23

资源类型： HCC

单体资源等级： 4

性质与特征：

浦东说书又称说因果、钹子书、农民书、沪书，是农闲时劳动者的一种文化娱乐形式。它吸收了浦东山歌、田歌等旋律，说书艺人大多为农民，因此浦东说书保持了质朴、清新的乡土艺术特色。单手击打钹子伴奏是浦东说书表演时的一大特色，为表现人物的情感或情节，浦东说书的节奏有轻、重、缓、急之分，并用醒木、扇子等道具来辅助表演；浦东说书表演中"闹场"的那些"花点子"更是具有其独特的乡土艺术风格。浦东说书艺人的表演刻画人物细致入微，描绘故事妙趣横生。浦东说书的曲调优美动听，加上浓重的乡音，构成了独特的艺术魅力。浦东说书的主要作品有《养猪阿奶》、《霍元甲》和《林海雪原》等，主要传承人有顾秀春、诸兰芳、

浦东说书

唐振良、傅炎泉、吴朝荣、陈建纬等。

浦东说书主要流行于黄浦江以东的原川沙、原南汇地区，以及奉贤、金山、松江、青浦等地，还有上海老城厢地区，并流传至苏、浙地区。

保护与开发现状：

2008年被国务院列为国家级非物质文化遗产。

名称：顾绣

编号： WF24

资源类型： GAE

单体资源等级： 4

性质与特征：

顾绣为明嘉靖三十八年（1559年）松江府进士顾名世家族缪氏、韩希孟（韩媛绣）、顾兰玉三位女眷所创，始于明代。20世纪20年代，松江慈善机构"全节堂"设"松筠女子职校顾绣班"，传顾绣技艺。1978年，松江工艺品厂设顾绣组恢复顾绣之研究、授艺与生产。清道光年间（1821~1850年）松江丁佩著有《绣谱》，今人戴明教著有《顾绣针法初探》。

顾绣以高雅脱俗的名画为蓝本，以技法精湛、形

式典雅、艺术高超而著称。其特点：第一，半绣半绘，以补色、借色见长；第二，用料奇特；第三，运用中间色化晕。所绣山水、人物、花鸟，气韵生动，形神兼备，造型夸张，用色古雅。顾绣刻意追摹画稿神韵，先以墨色丝线和滚针技法为基础绣出山水、人物、花鸟的轮廓，再以接针、松针、钉针、刻鳞针、鸡毛针等绣出各类形象，以传达原作的意趣。顾绣主要传承人有戴明教等。

顾绣主要流行于松江地区。

保护与开发现状：

2006年被国务院列为国家级非物质文化遗产。

名称：奉贤滚灯

编号：WF25

资源类型：HCC

单体资源等级：4

性质与特征：

奉贤滚灯起源于上海市奉贤区西部地区，流传至今已经有700多年的历史了。据记载，当年太平军来到奉贤地区时，当地百姓欢欣鼓舞，他们跳滚灯舞来表达自己对太平军的欢迎之情。滚灯是一种集舞蹈、杂技、体育于一体的传统民间艺术。

滚灯分为大、中、小三类。大型的滚灯直径为1.2米，中型的滚灯直径为0.8米，小型的滚灯直径为0.35米。它们都是用毛竹片编织的，大滚灯重约30千克。

奉贤滚灯传统的表演形态有3种：一是"傩"，人们戴上二郎神（水利神）面具来舞滚灯，以求降伏水患；二是"武灯"，当地抗倭驻军舞滚灯以强体尚武；三是"祭神"、"娱神"，每逢灯会、节庆之时以舞滚灯为乐。不同规格的奉贤滚灯皆由12根毛竹片条扎制而成，排列为六角形或三角形两种图案，有外球、内球（内胆）两部分。内球用红布包裹称"文灯"，用黑布包裹称"武灯"。内球用麻绳或铅丝固定在外球体内的中心位置，两端用铁质转销连接，使其转动自如；内球中间装有蜡烛。在大球的任意一处装有铁质转销一只，以便于"蜘蛛放丝"之用。男子服饰有古戏装，或穿着民间绿（黑）色对襟上衣和湖蓝色裤子，头扎白毛巾，脚穿老布鞋。女子服饰为蓝印花布无领短袖套衫，蓝色裤子或短裙，脚穿蓝布鞋，头上缠发或插花等。奉贤滚灯已经形成了独特的表演风格。传统大滚灯有腰缠、白鹤生蛋、鲤鱼卷水草、蜘蛛放丝、和合兔子等高难度表演，集中了跳、

奉贤滚灯

爬、窜、转、旋、腾、跃、甩等多种动作；中滚灯有彩云拱月、嫦娥盘头、大雁伸腰等；小滚灯有小花、大小甩手、打花、双叉抛球、大刀花等。大、中、小滚灯组合成了各种形式的民间滚灯舞。鼓乐伴奏加上音乐的烘托，是古老的奉贤滚灯舞融入现代社会的全新艺术形式。奉贤滚灯的主要传承人有吴友根、吴小兵、陈伯民、沈银章、徐思燕等。

　　奉贤滚灯主要流行于奉贤区西部地区。
保护与开发现状：
　　2008年被国务院列为国家级非物质文化遗产。

名称：龙华庙会
编号：WF26
资源类型：HCF
单体资源等级：4
性质与特征：
　　龙华庙会是华东地区历史悠久、规模较大的民俗盛会。
　　龙华庙会在龙华寺前的龙华古镇举办。龙华寺为弥勒菩萨道场，逢弥勒菩萨化身"布袋和尚"的圆寂日会举行隆重的纪念法会，教徒云集。庙会的发生期可追溯到唐代，在宋代具备雏形，明代进入发展期，并且由单一的礼佛庙会发展为集礼佛、商贸、娱乐于一体的综合性庙会，至今已有400多年的历史了。清代庙会正日由三月初三推至三月十五日，与赏桃花的习俗相结合，庙会由此进入全盛时期。1949年以后，龙华庙会改为都市庙会，集商品集市、民间信仰、民间娱乐于一体。每逢举办庙会之时，古寺内梵音悦耳，香烟袅袅，佛事兴旺；庙会上摊铺林立，游客可购物、赏艺、品尝小吃等。
　　龙华庙会每年农历三月十五日在龙华古镇举办。
保护与开发现状：
　　2008年被国务院列为国家级非物质文化遗产。

龙华庙会

名称：锣鼓书

编号：WF27

资源类型：HCC

单体资源等级：4

性质与特征：

　　锣鼓书（又称太保书、堂锣书、神鼓书）是由求保佑太平的活动衍化而成的民间音乐形式，源于汉末晋初，兴盛于宋代。

　　锣鼓书的前身"太卜"是为生者驱瘟逐疫的仪式，有道白、吟唱、独唱、对唱等表现形式，以后逐渐发展为单独的民间说唱。锣鼓书的基本表演形式为"说、表、唱、做、自击鼓，手、眼、身、法、步加舞"。早期为单人坐演，自20世纪50年代末期开始逐渐演变为双人、多人站立说唱或表演唱等，还有琵琶、扬琴等乐器伴奏。锣鼓书的乐曲有东乡、西乡，曲调有《金平调》等。锣鼓书演出多以长篇和中篇的传统书目为主，内容多取材于民间传说、演义小说、家庭伦理、历史故事等；主要作品有《王婆骂鸡》、《芦花荡里稻谷香》等短篇，《打盐局》、《林冲夜奔》等中篇，《十二月野花名》、《螳螂做亲》等开篇；主要传承人有徐连奎、胡善言、王俊发、顾秀春、诸兰芳、傅炎泉、吴朝荣、周文俊等。

　　锣鼓书主要流行于原南汇区东、西乡，以及浙江省嘉兴、平湖地区。

保护与开发现状：

　　2006年被国务院列为国家级非物质文化遗产。

锣鼓书

名称：罗店划龙船习俗

编号：WF28

资源类型：HCA

单体资源等级：4

性质与特征：

　　罗店划龙船习俗是宝山区罗店镇盛大的民间节事活动。历史上罗店常受风雨之

罗店划龙船习俗

害，因此岁时节令多举行避邪消灾活动。罗店划龙船习俗始于明，盛于清，至今已有400多年的历史。

传统的罗店端午划龙船习俗主要有祭祀仪式、船体装饰、水上表演3个部分。"划龙船"以端午正日为始，通常持续5～7天，举行立竿、出龙、点睛、接龙、送标、旺盆等祭祀仪式，意在驱除瘟疫病灾，洁净一方水土。船体装饰起源于本土的"滩船"，为平底、昂首、翘尾，小巧玲珑，能灵活行驶于曲折河道中。船首龙头用樟木雕刻，为"鳄嘴、虾眼、麒麟角，口含明珠，颚下长须飘拂，遍体鳞甲叠彩"。船首"台角"原为真人童子表演，留有明清罗店龙船痕迹。明朝中期，罗店为通商大邑，划龙船由崇神尊巫逐渐向"乐人"发展，"轻竞驶，重观赏"，汇聚了吹打、戏曲、雕刻、织绣等众多表演艺术，成为苏、沪地区龙船活动的特色。

改革开放以后，罗店的龙船文化活动重新兴起。1983年，在罗店镇举办民间艺术节期间，人们以旱船形式进行龙船表演。自1994年起，罗店镇开始举办上海罗店龙船文化节。

从2003年开始，上海罗店龙船文化节成为上海端午民俗活动之一，主要活动有龙船表演、水上舞台表演、游园活动、国际龙舟博览、摄影展、民俗文化展等。罗店划龙船习俗主要传承人有张福成等。

罗店划龙船习俗自2003年起固定在每年端午期间举行活动。

保护与开发现状：

2008年被国务院列为国家级非物质文化遗产。

名称：独脚戏

编号： WF29

资源类型： HCC

单体资源等级： 4

性质与特征：

独脚戏（又名滑稽）是富有地方特色的曲艺谐谑形式，发祥于上海地区，始于1912年。

独脚戏是以滑稽逗笑为特征的说唱形式，源头为梨膏糖商贩叫卖时说唱的滑稽段子，它是由卖口、小热昏、隔壁戏、苏滩等谐趣成分逐渐融汇而成的由一人饰演多种角色的喜剧表演形式。独脚戏是一门喜剧艺术，注重说表技巧，讲究张弛起落，引人入胜；常围绕喜剧情节挖掘笑料，具有强烈的喜剧色彩和娱乐性。独脚戏可分为两种类型：一种以说为主，说一个滑稽故事，讲一段笑话，其间也学讲各地方言等；另一种以唱为主，唱各种地方戏曲或民间小调，用以叙述一个滑稽故事。独脚戏表演主要分"说"（叙述故事、角色对白、绕

独脚戏

口令）、"学"（学说各地方言）、"做"（表情、手势、动作等虚拟表演）、"唱"（南腔北调）4种。独脚戏的主要剧目有《哭妙根笃爷》、《宁波空城计》、《七十二家房客》等。主要传承人有王无能、姚慕双、周柏春、绿杨、袁一灵、杨华生、王双庆、李九松、王汝刚、童双春等。

独脚戏主要流行于上海市、江苏省、浙江省。

保护与开发现状：

2008年被国务院列为国家级非物质文化遗产。

名称：嘉定竹刻

编号：WF30

资源类型：GAE

单体资源等级：3

性质与特征：

嘉定竹刻为明代朱鹤所创制，始于明正德至嘉靖年间（1506～1566年）。

嘉定竹刻创始人朱鹤将书画艺术融入竹刻艺术中，开创了以透雕、深雕为特征的"深刻技法"，使竹刻成为一门独立的观赏艺术；其子朱缨、其孙朱稚征继承了上辈的竹刻技艺，刀法神妙，风格精雅；祖孙三代奠定了嘉定竹刻艺术的基本风格，清初嘉定竹刻被作为贡品送入宫廷。晚清时期，嘉定城内作坊林立，店铺繁多，艺人以刀代笔，将书、画、诗、文、印融为一体，使嘉定竹刻获得了书卷气和金石品味，因而成为文人的雅玩。传世之作有朱鹤创作的"无量寿佛"、朱稚征创作的"饮生八仙"笔筒、吴之璠创作的"刘海戏蟾"、封锡禄创作的"竹根罗汉"等。嘉定竹刻的主要技法为浅刻、深刻、薄地阳文、浅浮雕、深浮雕、透雕、圆刻等，主要创作品种为笔筒、香筒（薰）、臂搁、插屏、抱对、竹根人物、山水、草木、走兽等。嘉定竹刻主要以家族、师徒授受方式传承，有朱氏浮雕透雕刻派、封氏圆雕派、吴氏薄地阳文派、周氏南宗画派等众多流派。主要传承人有范勋元、张迎尧、樊其昌、丁黎良、王威、王乐平、张伟忠、蒋玉铭、苏玉蓉、庄龙、周铿等。

嘉定竹刻主要流传于嘉定区。

保护与开发现状：

2006年被国务院列为国家级非物质文化遗产。1988年，嘉定博物馆成立"竹刻工艺部"，专事竹刻传人培养。

嘉定竹刻

名称：**徐行草编**

编号：WF31

资源类型：GAE

单体资源等级：3

性质与特征：

　　徐行草编是流行于徐行古镇的著名传统手工艺品，始于唐代，盛于明清。

　　徐行草编发源地徐行是江南著名的草编之乡。徐行黄草色泽淡雅，质地滑韧，并能染色，经起底、装模、编面、结口、缝边、装配件等步骤，缀以鲜艳纹案，即成纹理清晰、细密匀称、平整光洁、玲珑精致的精美生活用品。黄草织品为一方名产，有20个大类上千个品种，如拎包、果盆、杯套、盆垫、拖鞋等，充满乡土气息，兼具自然美、艺术美和实用价值。

　　徐行草编主要流行于嘉定徐行地区。

保护与开发现状：

　　2008年被国务院列为国家级非物质文化遗产。

名称：**上海灯彩**

编号：WF32

资源类型：GAE

单体资源等级：3

性质与特征：

　　上海灯彩集观赏性、艺术性、装饰性于一体，材质有麻、纱、丝绸、玻璃等；品种有撑棚灯、走马灯、宫灯、立体动物灯等。

　　上海灯彩艺术的代表是何克明灯彩艺术，由"江南灯王"何克明所创制。何克明12岁开始从事扎制灯彩的艺术生涯，20世纪30年代成名。他博采南北灯彩及西洋雕塑之精华，以民间故事中的吉祥动物骨架为造型，用铅丝缠绕皱纸，灵活应用搓、扎、剪、贴、裱、糊、描、画等工艺，创制出造型生动、姿态传神、色彩绚丽的何克明灯彩。其代表作品有双龙戏珠、龙舟、松鹤同春、金鸡三唱、孔雀开屏等。何克明灯彩珍品"百鸟朝凤"（毛泽东60寿辰

徐行草编

889

上海灯彩

上海港码头号子

贺礼）被国家历史博物馆收藏，"双龙戏珠"被国家民族文化宫收藏。何克明灯彩曾作为国礼赠予来访的多国领导人，曾到英国、美国、德国、日本等地展览。1985 年，"何克明灯彩艺术八十年纪念展览"在上海美术馆举行。1986 年，何克明被授予特级工艺美术大师的称号。其主要传承人有吕协庄、何伟福等。

上海灯彩主要创制于黄浦区（原卢湾区、原南市区）。

保护与开发现状：

2008 年被国务院列为国家级非物质文化遗产。

名称：上海港码头号子

编号：WF33

资源类型：HCC

单体资源等级：3

性质与特征：

上海港码头号子是黄浦江、苏州河沿岸码头工人的吟唱歌调。清道光二十三年（1843 年），上海被辟为"通商"口岸，清同治九年（1870 年）后发展为中国乃至远东地区的航运中心，那些来自五湖四海的货物全部压在了上海码头工人的肩上。因此，百余年来上海的码头工人传承下来了一种在搬运劳动时吟唱的歌调，称为码头号子。

上海港码头号子是一种艺术化的劳动指挥号令，一领一和，与劳动节奏相契合，可以指挥劳动者的动作步调一致、相互配合。吟者皆为男性，声音嘹亮、音域宽广，具有阳刚之美。其中以"苏北号子"和"湖北号子"最具代表性。上海港码头号子的传承方式是在劳动中传承。其主要传承人有陈桃林、杜德章、程年宛、陈庆华、韩纬国、吴竹喜、夏杏桥、蔡盛和、季传兴、吴阿红等。

上海港码头号子主要流行于浦东新区和杨浦区的黄浦江、苏州河沿岸地区。

保护与开发现状：

2008 年被国务院列为国家级非物质文化遗产。

名称：青浦田山歌

编号：WF34

资源类型：HBB

单体资源等级：3

性质与特征：

青浦田山歌是吴歌的一种类型，是青浦地区农民在耘稻、耥稻时用方言"一人领唱、众人轮流接唱"的一种田山歌形式，始于明代。

青浦田山歌的曲调旋律起伏较大，经常出现八度的大跳进，还有三度、五度的跳进。由于青浦田山歌是散板散唱，因此在曲调中形成较多的拖腔，在句逗结束处的旋律都有下行特征，段落结束音一般都落在调式的主音上。青浦田山歌基本上是单声部，但在各句逗连接时，后句逗常常采用侵入法，侵入到前乐句的结束音上，构成二乐句的重迭，被民歌手称为"迭起来"。由于青浦田山歌在演唱时形成前后乐句的重迭，就构成了两个声部的和声效果，产生了同度、八度、四度、五度等不同种的和声效果，有时也有二度、七度等不协和音程出现，产生了特殊的多声因素。赵巷"吆卖山歌"的演唱由头歌、前卖、前嚎、发长声、赶老鸦、后卖、后嚎、歇声等组成。练塘"落秧歌"分为头歌、买歌、嚎歌。练塘南泖浜"大头山歌"分为头歌、前铲、吆档、后铲。

青浦田山歌在上海市主要的传唱区域为青浦区的练塘镇、赵巷镇、金泽镇、商榻镇、朱家角镇等，同时也流传于松江区、金山区、奉贤区以及江苏省吴江区、浙江省嘉善县等邻近地区。

保护与开发现状：

2008 年被国务院列为国家级非物质文化遗产。

名称：舞草龙
编号： WF35
资源类型： HCC
单体资源等级： 3
性质与特征：

舞草龙源于草龙求雨的民间习俗。传说八仙韩湘子曾"吹箫召龙"，使其家乡的叶榭盐铁塘旱情得以缓解，乡民自此每年以黄草扎牛头、虎口、鹿角、蛇身、鹰爪、凤尾之草龙，祈求风调雨顺、五谷丰登，并逐渐形成草龙舞、滚灯舞、水族舞等民间音乐和舞蹈形式。舞草龙始于唐代。

舞草龙是一种村落的群体性祭祀活动，每年农历五月十三、九月十三"关帝庙会"时举行。届时供奉神箫（象征韩湘子）、青龙王牌位，进行祷告、行云、求

青浦田山歌

舞草龙

雨、取水、降雨、滚龙、返宫等仪式，庄严而隆重。供品为陈稻谷、麦、豆、浜瓜、鲤鱼等，以表达当地农民的感恩之情。在降雨仪式中，数名村姑跳起欢快的丰收舞，将盆中的水不断地泼向观众，曰"泼龙水"，象征对生命绵延的祈愿。舞草龙主要传承人有陈山华、陈金缘、孙岳贤、俞金、顾顺林、费土根等。

舞草龙主要流行于松江叶榭地区。

保护与开发现状：

2008年被国务院列为国家级非物质文化遗产。

名称：泗泾十锦细锣鼓

编号： WF36

资源类型： HCC

单体资源等级： 3

性质与特征：

泗泾十锦细锣鼓为松江地区的民间音乐形式，始于清代。1986年发现创作于清光绪十三年（1887年）的《十锦细锣鼓》工尺谱，被转换为简谱后由泗泾镇阳春堂民乐团排练并演出。

泗泾十锦细锣鼓的艺术特色主要是锣鼓。在演奏时，一个艺人要表演几种乐器，比如先敲短锣鼓点板，再拿起丝竹来演奏，

泗泾十锦细锣鼓

反复如此，交替进行演奏。流行于松江地区的"十样锦"等一些民间吹打乐的主要特色为以集锦的方式将各个不同的戏曲剧目中人物演唱的片段或句子，或伴奏（过门）音乐，以及当时流行的民歌小调有选择地集中起来，形成具有一定意韵的曲式和旋律进行演奏。阳春堂吹打班始建于清乾隆五十二年（1787年），其古戏乐《十锦》（因其中的锣鼓表演十分独特，故民间俗称"十锦细锣鼓"）是松江古戏乐的代表作。它是吹打艺人在昆腔基础上经过改良而成，吸收了南昆腔软、糯的特点，细腻、柔和、典雅又不失铿锵。松江古戏乐《十锦》等曲目为研究古代戏曲音乐的原初形态（包括曲牌）、音乐形式的配置、演唱方式甚至发声方法都提供了鲜活的范式，也为研究江南古代音乐元素的来源及其音乐体式的构成提供了活的标本。其主要传承人有刘德芳、刘浩云、刘洪生、彭景良等。

泗泾十锦细锣鼓主要流行于松江泗泾、佘山、叶榭、洞泾、新桥等地。

保护与开发现状：

2008年被国务院列为国家级非物质文化遗产。

名称：道教音乐

编号：WF37

资源类型：HCC

单体资源等级：3

性质与特征：

道教音乐融汇了各个乐种的艺术特色。上海的道教音乐具有江南地区的音乐风格和道教色彩的独特音乐形式，始于宋代。

在上海，道教音乐分为三大派。其一为"东乡道乐"，其音乐特色为热闹，演奏上注重粗锣鼓的打击乐，紧打慢唱，有时还用京胡作为主要的旋律乐器，具有清新、活泼、欢快、明朗的韵律和生活气息。其二为"西乡道乐"，以粗乐为主，打击乐套路与十番锣鼓相近，曲牌音乐多用昆曲和京剧，丰富了西乡道教音乐的曲目和形式。

其三为"市区道乐"，以市内本帮道士为主，注重音乐的文静、细腻，讲究演唱风格、曲调运用以及乐器配置的整体配合。主要乐曲有纯道教音乐《步虚》《祝香赞》《香偈》等，民间戏曲音乐《大开门》《朝天子》《小开门》等，宫廷音乐《迎仙客》《瑶坛谒》等。道教法事场面使用的音乐可分吟唱类、道曲类和器乐曲牌类三种。道教音乐的主要传承人有吉宏忠等。

道教音乐在上海主要分布于上海市区老城厢、浦东新区川沙、南汇地区以及嘉定区和宝山区。

保护与开发现状：

2008年被国务院列为国家级非物质文化遗产。

道教音乐

上海面人赵

名称：上海面人赵
编号：WF38
资源类型：GAE
单体资源等级：3
性质与特征：

"上海面人赵"面塑（又称江米人、捏面人）是一种从民间糕团装饰技艺演化而来的民间美术形式，上海面塑创始人为赵阔明（1899～1980年），人称"面人赵"。

上海面人赵创面塑"手掐八法"和"工具八法"，使面塑作品可以运用多种艺术手段来表现人物的相貌、形态等。上海面人赵作品特点：一是人物表情细腻传神；二是人物服饰飘逸，质感丰富；三是人物众多，场面宏大；四是形象逼真，具有雕塑效果。其主要面塑作品有《二进宫》、《关公夜读》、《民族大团结》、《友谊长城》、《三打白骨精》和《天女散花》等，主要传承人有周作端、郎邵安、吴宝棋、赵艳林、谢雅芬、乐兰君、赵凤林等。

上海面人赵主要由上海工艺美术研究所从事有关研究。

保护与开发现状：

2008年被国务院列为国家级非物质文化遗产。

名称：上海剪纸
编号：WF39
资源类型：GAE
单体资源等级：3
性质与特征：

上海剪纸是一种具有很强的装饰性和趣味性的民间工艺美术形式，在中国剪纸这一传统技艺中具有重要地位。

上海剪纸将写意山水画和民间剪纸相融合，既有传统剪纸细腻质朴的特点，又有现代艺术的粗犷元素，形成了独特的海派风格。一些逃难来沪的剪窗花艺人为灯彩、皮影、布鞋、服饰剪"花样"，以此来维持生计，这些"花样"经民间长期流传后逐渐形成上海剪纸艺术。早期的艺人先是在农闲时剪一些花样，背着方箱进城走街穿巷，设摊叫卖；后逐渐发展为开花样铺子进行零售、批发，如上海老城隍庙绿波廊的富华花样店等。上海剪纸的主要传承人有王子淦、林曦明等。

上海剪纸主要流传于八仙桥、提篮桥、玉佛禅寺、龙华寺等。

保护与开发现状：

2008年被国务院列为国家级非物质文化遗产。

上海剪纸

黄杨木雕

名称：**黄杨木雕**

编号：WF40

资源类型：GAE

单体资源等级：3

性质与特征：

　　黄杨木雕为传统的民间工艺美术形式。上海黄杨木雕源于浙江东阳木雕。徐宝庆是海派黄杨木雕的代表人物。他从小在土山湾孤儿院工艺院习艺，历经60余年的艺术实践，主要有"打玉米"、"撑骆驼"、"五子戏龟"、"玩皮娃娃"等代表作。目前，徐宝庆的许多作品为上海博物馆所收藏。

　　黄杨木雕用材为黄杨木，纹理细腻、紧密又坚韧，宜于雕刻，有"木中象牙"之美称。海派黄杨木雕艺术融合了西方素描线条和雕塑技巧，以及中国传统的雕刻技法，其刀法凝练，作品生动传神，主要有历史典故、民间故事、神话传说、文学人物、吉祥图案、民间游戏，以及各种动物题材。海派黄杨木雕的主要传承人有徐宝庆、侯志飞、奚小琴等。

　　黄杨木雕艺术在上海地区主要流传于徐汇区土山湾一带。土山湾设有早期的西洋美术机构即土山湾画馆。

保护与开发现状：

　　2008年被国务院列为国家级非物质文化遗产。

名称：**海派木偶戏**

编号：WF41

资源类型：HCC

单体资源等级：3

性质与特征：

　　海派木偶戏以其独特的艺术表演风格传承和发展了中国传统的木偶艺术。20世纪初，随着上海城市经济的发展，以传统戏曲为主的提线木偶戏和布袋木偶戏来到上海，声舞台、鸣舞台、新舞台、芳舞台、文舞台、大舞台和义舞台等戏班在楼外楼、七重天、新世界、秀云天等娱乐场所演出木偶戏。20世纪30年代，左翼文化人士

海派木偶戏

将外国儿童文学作品改编后搬上了中国的木偶戏舞台，使木偶戏从内容到形式，从创作机制到服务对象都发生了很大的变化，为海派木偶戏风格的形成以及后来的发展奠定了重要的基础。

20世纪50年代后，海派木偶戏引进并吸收了来自苏浙地区的3个杖头木偶剧团和5个提线木偶剧团的艺术表演风格。如来自江苏泰兴的红星木偶京剧团，其前身为清末年间的一个杖头木偶戏班，1917年更名为同福堂，1932年更名为全福堂，1953年更名为"上海红星木偶京剧团"，该团以其精良的艺术表演形式受到上海观众的喜爱。1960年，上海市文化局在上海红星木偶京剧团的基础上正式成立了上海木偶皮影剧团，1964年更名为上海木偶剧团。

几十年来，上海木偶剧团博采中外舞台艺术之特长，继承和发扬了中国传统木偶的艺术特色，发展出独具特色的海派木偶艺术，在传统的杖头木偶的基础上，创造出许多新的木偶品种，如横挑木偶、布料铁枝木偶、海派特技杖头木偶、折纸杖头木偶、杖头橡胶木偶、绒线木偶、线条木偶、人形木偶和巨型木偶等，并且以独树一帜的舞台表演风格创作出了一大批深受广大观众欢迎的剧目。其中，《高大的伊万》中人和木偶同台表演，《孙悟空三打白骨精》中木偶表演的特色和技巧被发挥得淋漓尽致，《迷人的雪顿节》则探索了舞台多空间的运用和表演区域的拓展。海派木偶代表作《卖火柴的小女孩》等，在编、导、演及其木偶设计、舞台灯光等各个方面对传统木偶表演艺术进行了重大的改进和突破。这些剧目在国内外木偶艺术节上曾多次获得最高艺术奖项。

上海木偶剧场定期有海派木偶戏演出。

保护与开发现状：

2011年被国务院列为国家级非物质文化遗产。

名称：海派玉雕
编号：WF42
资源类型：GAE
单体资源等级：3
性质与特征：

海派玉雕作为以上海为中心地区形成和发展的玉石雕刻艺术形式，经历了一个比较漫长的形成过程。

清道光二十三年（1843年）上海开埠通商后，逐渐成为全国重要的贸易港口，苏州、扬州及其周边地区的玉器制品开始通过上海口岸向外输出，同时也为上海发展玉器雕刻行业提供了广阔的空间。此时，苏州、扬州地区的雕刻艺人大量涌入上海，

他们在上海不断吸收新的文化，逐渐形成海派玉雕的风格。19世纪末20世纪初，上海玉器作坊、店铺达200多家。20世纪30年代，上海玉雕摆件类作品已具有相当高的艺术水准，"翡翠珍珠塔"在巴拿马国际博览会上获得最高奖，"翡翠大宝塔"被美国旧金山博物馆长期收藏。

海派玉雕有炉瓶器皿、人物佛像、花鸟、走兽和天然瓶五大品种，其特色为雕琢细腻、造型古雅，所雕刻的炉瓶器皿十分精致，人物鸟兽生动传神。炉瓶器皿类是海派玉雕最具标志性的作品，以其稳重典雅的造型、古朴精美的纹饰及浓厚的青铜器趣味在中国玉雕行业中享有盛誉。三脚香炉、四喜炉、五亭炉、天鸡瓶、端炉、羊尊、犀牛尊、百佛炉等，都是海派玉雕久负盛名的代表作品。海派玉雕中的精品"墨碧玉周仲驹彝"、"青玉兽面壶"等，被中国工艺美术馆所收藏。由著名海派雕刻大师刘纪松设计制作的"翡翠百佛炉"，在高19厘米、直径20厘米的炉瓶上雕刻有100尊造型不同、神态各异的佛像。这件作品1980年9月在日本横滨举办的中国上海工艺品展览会上曾经引起轰动。

近年来，海派玉雕推陈出新，兼容并蓄，在苏浙地区玉雕艺人所特有的雕刻艺术风格的基础上，融汇了扬帮、苏帮、南帮和北京宫廷玉雕的艺术风格，继承了中国明清时期玉雕的精华，博采众长，突出细腻的特点。此外，海派玉雕善于运用各类玉石的天然形状和不同色泽，因料制宜、因材施"艺"，因此其玉雕作品的造型挺秀，形成了俊俏飘逸的海派艺术风格。目前，海派玉雕与北京宫廷玉雕等几大流派共同形成了当代中国玉器的主流风格。

上海地区的工艺品展览会和各大商店多有海派玉雕的展出和销售。

保护与开发现状：

2011年被国务院列为国家级非物质文化遗产。

海派玉雕

附录

上 海 旅 游 资 源 图 志

1.《上海旅游资源图志》旅游资源单体汇总表

编号	名称	分类	等级	A	B	C	D	E	F	G	H	I	J	K	L	M	N	O	P	Q	R	S	T	U
PD01	东方明珠广播电视塔	FCZ	5					●							●						●	●		
PD02	洋山深水港	FFC	5																			●			
PD03	东海大桥	FFA	5																			●			
PD04	张闻天故居	FDD	5	●											●							●	●	●	
PD05	上海科技馆	FAE	5					●		●					●	●						●	●		
PD06	世博会中国馆	FAE	5																						
PD07	上海环球金融中心	FCZ	5					●																	
PD08	上海野生动物园	FAH	5					●								●						●	●		
PD09	上海磁浮列车示范运营线	FFZ	5																			●	●		
XH01	龙华塔	FCA	5	●	●																	●	●		
XH02	上海交通大学历史建筑群	FAA	5				●																		
XH03	上海南站	FFB	5																						
XH04	宋庆龄故居纪念馆	FDD	5	●											●							●	●	●	
XH05	徐家汇藏书楼	FCC	5				●																		
XH06	黄道婆墓	FEB	5			●																●	●		
XH07	徐家汇天主堂	FAC	5			●	●															●	●		
XH08	徐光启墓	FEB	5	●										●	●		●								
XH09	衡山路-复兴路历史文化风貌区	FDC	5										●										●		
CN01	宋庆龄墓	FEB	5	●				●							●							●	●	●	
CN02	西郊宾馆	FDD	5				●																		
CN03	虹桥经济技术开发区	FAF	5																						
PT01	玉佛禅寺	FAC	5				●															●	●		

注：关于表头字母A~U的说明见第940页。

续表

编号	名称	分类	等级	A	B	C	D	E	F	G	H	I	J	K	L	M	N	O	P	Q	R	S	T	U
ZB01	四行仓库抗日纪念地	FDD	5		●	●																●		
ZB02	上海铁路博物馆	FAE	5													●	●					●	●		
HK01	上海邮政总局大楼	FDD	5	●		●									●	●						●	●		
HK02	浦江饭店	FDD	5			●																			
HK03	瞿秋白寓所旧址	FDD	5		●	●																			
HK04	上海犹太难民纪念馆	FAE	5			●			●													●	●		
HK05	鲁迅墓	FEB	5	●	●																	●			
HK06	鲁迅故居	FDD	5		●	●																●			
HK07	1933 老场坊	FAZ	5							●												●			
YP01	杨树浦水厂	FAF	5		●	●																●	●		
YP02	杨树浦煤气厂	FAF	5			●																			
YP03	上海国际时尚中心	FAZ	5																						
YP04	复旦大学历史建筑群	FAA	5			●																			
YP05	杨浦大桥	FFA	5																						
YP06	杨树浦发电厂	FAF	5			●																●			
HP01	外滩历史文化风貌区	FDC	5	●								●										●	●		
HP02	南京东路	FDB	5																			●	●		
HP03	黄浦江	BAA	5																			●			
HP04	苏州河	BAA	5																			●			
HP05	淮海路	FDB	5																			●	●		
HP06	上海博物馆	FAE	5				●	●							●	●						●	●		
HP07	和平饭店	FDD	5			●																			

续表

编号	名称	分类	等级	A	B	C	D	E	F	G	H	I	J	K	L	M	N	O	P	Q	R	S	T	U
HP08	国际饭店	FDD	5	●		●															●			
HP09	上海文化广场	FBC	5																					
HP10	上海音乐厅	FBC	5		●	●																		
HP11	上海海关大楼	FDD	5			●																		
HP12	中山东一路12号大楼	FDD	5			●																		
HP13	外白渡桥	FFA	5			●															●			
HP14	大世界旧址	FDD	5		●	●															●			
HP15	豫园	FAD	5	●					●						●		●				●	●		
HP16	中山东一路2号大楼	FDD	5			●																		
HP17	上海市第一百货商店	FAG	5		●	●																		
HP18	大光明电影院	FBC	5		●	●																		
HP19	南浦大桥	FFA	5																					
HP20	人民广场历史文化风貌区	FDC	5										●											
HP21	十六铺	FFC	5																					
HP22	中共一大会址纪念馆	FDD	5	●					●						●						●	●	●	
HP23	孙中山故居	FDD	5	●											●						●	●		
HP24	江南造船厂旧址	FDD	5			●											●							
HP25	锦江饭店	FDD	5		●	●																		
HP26	8号桥创意产业园区	FAZ	5							●											●	●		
JA01	静安寺	FAC	5																		●	●		
JA02	上海展览中心	FBC	5			●																●		
JA03	马勒别墅	FDD	5	●		●															●	●		

续表

编号	名称	分类	等级	A	B	C	D	E	F	G	H	I	J	K	L	M	N	O	P	Q	R	S	T	U
BS01	吴淞口国际邮轮港	FFC	5																					
BS02	上海淞沪抗战纪念馆	FAE	5												●						●	●		
BS03	环区生态步道	FAD	5																					
MH01	虹桥综合交通枢纽	FFY	5																					
JD01	上海国际赛车场	FBD	5																		●	●		
JD02	上海大众汽车有限公司	FAF	5							●					●						●	●		
JD03	安亭新镇	FDC	5																					
JS01	金山农民画	GAE	5									●												
JS02	枫泾古镇历史文化风貌区	FDC	5					●				●	●								●	●		
JS03	中国农民画村	FAB	5					●		●					●									●
SJ01	佘山国家旅游度假区	FAB	5																					
SJ02	佘山天主教圣母大堂	FAC	5		●	●															●			
SJ03	辰山植物园	FAH	5													●								
QP01	陈云故居暨青浦革命历史纪念馆	FDD	5	●				●	●						●						●	●	●	
QP02	朱家角古镇历史文化风貌区	FDC	5					●				●	●								●	●		
QP03	放生桥	FFA	5	●																				
QP04	崧泽古文化遗址	EAB	5	●																	●	●		
FX01	上海海湾国家森林公园	FAD	5					●								●					●	●		
FX02	奉贤华亭海塘	FGD	5	●																	●	●		

续表

编号	名称	分类	等级	A	B	C	D	E	F	G	H	I	J	K	L	M	N	O	P	Q	R	S	T	U
CM01	崇明岛国家地质公园	AEA	5																		●			
CM02	上海长江隧桥	FFA	5																					
CM03	崇明东滩鸟类国家级自然保护区	CDC	5													●				●	●	●		
WF01	上海旅游节	HDA	5																					
WF02	上海国际艺术节	HDB	5																					
WF03	上海国际电影节	HDB	5																					
WF04	上海国际服装文化节	HDB	5																					
WF05	上海之春国际音乐节	HDB	5																					
WF06	上海国际音乐烟花节	HDA	5																					
WF07	上海F1（中国）大奖赛	HDD	5																					
WF08	上海ATP1000网球大师赛	HDD	5																					
WF09	世界斯诺克上海大师赛	HDD	5																					
WF10	昆曲	HCC	5				●							●										
WF11	京剧	HCC	5				●							●										
WF12	沪剧	HCC	5				●							●										
WF13	越剧	HCC	5				●							●										
WF14	苏州评弹	HCC	5				●							●										
WF15	江南丝竹	HCC	5				●							●										
WF16	滑稽戏	HCC	5				●							●										
PD10	金茂大厦	FCZ	4						●													●	●		
PD11	浦东国际机场	FFD	4																					

续表

编号	名称	分类	等级	A	B	C	D	E	F	G	H	I	J	K	L	M	N	O	P	Q	R	S	T	U
PD12	黄炎培故居	FDD	4		●										●						●	●		
PD13	世纪公园	FAD	4					●										●			●	●		
PD14	上海鲜花港	FAH	4					●		●						●					●	●		●
PD15	梅赛德斯-奔驰文化中心	FBC	4																					
PD16	上海桃花节	HDA	4																					
PD17	吴昌硕纪念馆	FDD	4																		●	●		
PD18	浦东滨江大道	FAK	4																●			●		
PD19	上海国际会议中心	FBC	4																			●		
PD20	唐墓桥露德圣母堂	FAC	4			●																		
PD21	上海滨江森林公园	FAD	4												●		●							
PD22	东方艺术中心	FBC	4																		●	●		
PD23	汤臣高尔夫球场	FBD	4																					
PD24	外滩观光隧道	FFZ	4																		●	●		
PD25	中国航海博物馆	FAE	4					●							●	●								
PD26	新场古镇历史文化风貌区	FDC	4					●				●	●								●	●		
PD27	高桥古镇历史文化风貌区	FDC	4									●	●								●			
XH10	龙华历史文化风貌区	FDC	4										●									●		
XH11	国际礼拜堂	FAC	4		●	●															●			
XH12	龙华寺	FAC	4		●																●	●		
XH13	徐家汇观象台旧址	FAA	4			●																		

续表

编号	名称	分类	等级	A	B	C	D	E	F	G	H	I	J	K	L	M	N	O	P	Q	R	S	T	U
XH14	上海交通大学校史博物馆	FAE	4												●		●				●			
XH15	徐家汇	FAG	4																			●	●		
XH16	邹容墓	FEB	4			●																			
XH17	丁香花园	FDD	4				●																		
XH18	巴金故居	FDD	4				●																		
XH19	龙华革命烈士纪念地	FEA	4	●																			●		●
XH20	太原别墅	FDC	4				●																		
XH21	百代小红楼	FDD	4				●																	●		
XH22	武康大楼	FDA	4				●																		
XH23	衡山路	FDB	4																●		●				
XH24	爱庐旧址	FDD	4				●																		
XH25	上海大舞台	FBC	4																						
XH26	普希金塑像	FCK	4																						
XH27	聂耳塑像	FCK	4																						
XH28	徐汇中学历史建筑	FAA	4				●																		
XH29	汾阳路150号花园住宅	FDA	4																						
XH30	襄阳南路388弄25号花园住宅	FDA	4																						
XH31	凯文公寓	FDA	4				●																		
XH32	中国铁路工人纪念塔	FCH	4																						
XH33	黄兴旧居	FDD	4				●																		
XH34	淮海中路1131号花园住宅	FDA	4				●																		

续表

编号	名称	分类	等级	A	B	C	D	E	F	G	H	I	J	K	L	M	N	O	P	Q	R	S	T	U
XH35	美童公学旧址	FAA	4			●																			
XH36	徐家汇圣母院旧址	FDD	4			●																			
XH37	武康路	FDB	4																						
XH38	土山湾博物馆	FAE	4												●										
CN04	刘海粟美术馆	FAE	4														●					●	●		
CN05	虹桥路历史文化风貌区	FDC	4										●											●		
CN06	新华路历史文化风貌区	FDC	4										●											●		
CN07	复旦中学历史建筑	FAA	4			●																				
CN08	兴国宾馆	FDD	4		●	●																				
CN09	上海动物园	FAH	4				●			●						●		●					●	●		
CN10	龙柏饭店历史建筑	FDD	4		●	●																				
CN11	长宁区少年宫历史建筑	FDD	4		●	●																		●		
CN12	邬达克旧居	FDD	4			●																				
CN13	中山公园	FAD	4			●												●					●	●		
PT02	真如寺	FAC	4	●																				●	●		
PT03	曹杨新村	FDC	4																						
PT04	长风公园	FAD	4				●			●						●		●					●	●		
PT05	上海造币博物馆	FAE	4				●										●					●			
ZB03	大宁灵石公园	FAD	4						●									●					●	●		
ZB04	吴昌硕故居	FDD	4		●																				
ZB05	宋教仁墓	FEB	4		●																		●	●		
HK08	鲁迅纪念馆	FDD	4					●						●									●	●	●	
HK09	上海大厦	FDD	4			●																				

续表

编号	名称	分类	等级	A	B	C	D	E	F	G	H	I	J	K	L	M	N	O	P	Q	R	S	T	U
HK10	多伦路	FDB	4																●		●	●		
HK11	朱屺瞻艺术馆	FAE	4																		●	●		
HK12	上海港国际客运中心	FFC	4																					
HK13	中国左翼作家联盟成立大会会址纪念馆	FDD	4			●									●						●	●		●
HK14	鲁迅公园	FAD	4					●									●				●			
HK15	多伦路250号花园住宅	FDA	4		●	●																		
HK16	沈尹默故居	FDD	4																		●	●		
HK17	犹太难民纪念碑	FCH	4																		●			
HK18	山阴路历史文化风貌区	FDC	4										●									●		
HK19	提篮桥历史文化风貌区	FDC	4										●									●		
HK20	河滨公寓	FDA	4				●																	
HK21	精武体育会	FBD	4											●								●		
YP07	江湾历史文化风貌区	FDC	4										●									●		
YP08	飞机楼	FDD	4				●																	
YP09	旧上海特别市政府大楼旧址	FDD	4		●	●																		
YP10	共青森林公园	FAD	4					●			●						●				●	●		
YP11	同济大学历史建筑群	FAA	4			●									●									
HP27	人民广场	FCI	4																		●	●		
HP28	中国银行大楼	FDD	4				●																	
HP29	中山东一路1号大楼	FDD	4				●																	

续表

编号	名称	分类	等级	A	B	C	D	E	F	G	H	I	J	K	L	M	N	O	P	Q	R	S	T	U
HP30	永安百货公司	FAG	4		●	●																		
HP31	上海市第一食品商店	FAG	4		●	●																		
HP32	上海时装商店	FAG	4		●	●																		
HP33	上海大剧院	FBC	4												●							●	●		
HP34	上海杜莎夫人蜡像馆	FAE	4																				●			
HP35	上海城市规划展示馆	FAE	4					●			●				●	●						●	●		
HP36	上海美术馆	FAE	4		●	●																	●	●		
HP37	黄浦公园	FAD	4																				●			
HP38	老城厢历史文化风貌区	FDC	4										●										●			
HP39	外滩气象信号台	FDD	4			●																				
HP40	外滩陈毅塑像	FCK	4																							
HP41	董家渡天主堂	FAC	4		●	●																	●			
HP42	汉口路193号大楼	FDD	4			●																				
HP43	中山东一路19号大楼	FDD	4			●																				
HP44	西藏南路123号大楼	FDD	4		●	●																				
HP45	中山东一路33号花园住宅	FDD	4			●																				
HP46	徐光启故居	FDD	4	●																						
HP47	上海新天地	FDB	4																	●			●			
HP48	卢浦大桥	FFA	4																							
HP49	花园饭店	FDD	4			●																				
HP50	韬奋纪念馆	FDD	4	●											●								●	●	●	

续表

编号	名称	分类	等级	A	B	C	D	E	F	G	H	I	J	K	L	M	N	O	P	Q	R	S	T	U
HP51	大韩民国临时政府旧址	FDD	4																		●	●		
HP52	周公馆	FDD	4		●										●						●	●	●	
HP53	瑞金宾馆	FDD	4		●	●																		
HP54	复兴公园	FAD	4														●				●	●		
HP55	步高里	FDC	4		●	●																		
HP56	兰心大戏院	FBC	4			●																		
HP57	科学会堂历史建筑	FAA	4			●																		
HP58	《新青年》编辑部旧址	FDD	4	●																				
HP59	陕南邨	FDC	4			●																		
HP60	淮海坊	FDC	4			●																		
HP61	玫瑰婚典	HDA	4																					
HP62	思南公馆	FDD	4			●																		
JA04	毛泽东旧居	FDD	4		●										●						●		●	
JA05	蔡元培故居	FDD	4		●										●						●	●		
JA06	中共上海地下组织斗争史陈列馆	FDD	4		●										●						●	●	●	
JA07	美琪大戏院	FBC	4		●	●																		
JA08	百乐门舞厅	FBE	4			●																●		
JA09	中共二大会址纪念馆	FDD	4		●					●											●		●	
JA10	中国福利会少年宫历史建筑	FDD	4		●	●											●				●	●		
JA11	圆明讲堂	FAC	4																		●	●		
JA12	爱神花园	FDD	4			●																		
JA13	南京西路历史文化风貌区	FDC	4										●									●		

续表

编号	名称	分类	等级	A	B	C	D	E	F	G	H	I	J	K	L	M	N	O	P	Q	R	S	T	U
JA14	涌泉坊	FDC	4		●	●																		
JA15	四明邨	FDC	4			●																		
JA16	陕西北路369号花园住宅	FDA	4			●																		
BS04	罗店新镇	FDC	4																			●			
BS05	美兰湖高尔夫球场	FBD	4																						
BS06	宝山钢铁股份有限公司	FAF	4							●					●							●			
BS07	上海宝山国际民间艺术博览馆	FAE	4												●										
BS08	顾村公园	FAD	4												●										
BS09	吴淞炮台湾湿地森林公园	FAD	4												●							●			
BS10	海军上海博览馆	FAE	4						●						●	●	●					●	●		
BS11	陈化成纪念馆	FDD	4		●										●							●	●		
BS12	陶行知纪念馆	FDD	4												●							●	●		
BS13	罗店古镇历史文化风貌区	FDC	4										●												
MH02	旗忠森林体育城网球中心	FBD	4																			●			
MH03	七宝老街	FDB	4																			●			
MH04	七宝古镇历史文化风貌区	FDC	4										●					●				●			
JD04	嘉定孔庙	FAC	4		●										●		●					●	●		
JD05	嘉定古城墙	EBF	4																						
JD06	秋霞圃	FAD	4		●													●				●	●		
JD07	古猗园	FAD	4					●								●	●					●	●		
JD08	顾维钧生平陈列室	FAE	4																						

911

续表

编号	名称	分类	等级	A	B	C	D	E	F	G	H	I	J	K	L	M	N	O	P	Q	R	S	T	U
JD09	嘉定古城州桥历史文化风貌区	FDC	4									●	●					●			●			
JD10	汇龙潭公园	FAD	4															●			●	●		
JD11	马陆葡萄艺术村	FAB	4					●	●					●										●
JS04	东林寺	FAC	4		●																			
JS05	金山城市沙滩	AAD	4					●													●	●		
JS06	金山三岛海洋生态自然保护区	AEA	4																●					
JS07	朱学范生平陈列馆	FAE	4																					
JS08	丁聪漫画陈列馆	FAE	4																					
SJ04	上海方塔园	FAD	4	●				●								●					●	●		
SJ05	佘山国家森林公园	AAA	4					●													●	●		
SJ06	上海欢乐谷	FAB	4					●																
SJ07	护珠塔	FCA	4			●																		
SJ08	夏允彝、完淳父子墓	FEB	4			●																●		
SJ09	泰晤士小镇	FDC	4																			●		
SJ10	天马山	AAA	4																		●	●		
SJ11	上海佘山国际高尔夫俱乐部	FBD	4																					
SJ12	醉白池公园	FAD	4															●			●	●		
SJ13	松江唐经幢	FCK	4	●																	●	●		
SJ14	松江大学城	FAA	4																		●	●		
QP05	金泽古镇历史文化风貌区	FDC	4												●						●	●		
QP06	淀山湖	BBA	4																		●			
QP07	上海大观园	FAD	4					●										●			●	●		

续表

编号	名称	分类	等级	A	B	C	D	E	F	G	H	I	J	K	L	M	N	O	P	Q	R	S	T	U
QP08	东方绿舟	FAB	4					●							●	●					●	●		
QP09	福泉山古文化遗址	EAB	4	●				●							●						●	●		
QP10	普济桥	FFA	4			●																		
QP11	泖塔	FCA	4			●																		
FX03	奉贤菜花节	HDA	4																					
FX04	都市菜园	FAB	4					●		●					●						●	●		●
FX05	万佛阁	FAC	4																		●	●		
FX06	碧海金沙水上乐园	AAD	4					●														●		
FX07	上海旅游高等专科学校校园	FAA	4																					
CM04	东平国家森林公园	FAD	4					●		●					●						●	●		●
CM05	长江口中华鲟自然保护区	CDA	4																●					
CM06	明珠湖	BBA	4					●		●					●						●	●		●
WF17	上海电视节	HDB	4																					
WF18	世界沙滩排球巡回赛	HDD	4																					
WF19	环崇明岛女子国际公路自行车赛	HDD	4																					
WF20	淮剧	HCC	4				●							●										
WF21	琵琶艺术	HCC	4				●							●										
WF22	豫园灯会	HDA	4				●							●										
WF23	浦东说书	HCC	4				●							●										
WF24	顾绣	GAE	4				●							●										
WF25	奉贤滚灯	HCC	4				●							●										
WF26	龙华庙会	HCF	4				●							●										

续表

编号	名称	分类	等级	A	B	C	D	E	F	G	H	I	J	K	L	M	N	O	P	Q	R	S	T	U
WF27	锣鼓书	HCC	4				●							●									
WF28	罗店划龙船习俗	HCA	4				●							●									
WF29	独脚戏	HCC	4				●							●									
PD28	老宝山城遗址	EBF	3		●																		
PD29	川沙古城墙	EBF	3																				
PD30	陆家嘴中心绿地	FAD	3														●					●		
PD31	钦赐仰殿	FAC	3																			●		
PD32	张江高科技园区	FAF	3																					
PD33	孙桥现代农业开发区	FAF	3							●	●					●						●	●		●
PD34	上海海洋水族馆	FAH	3					●								●						●	●		
PD35	南汇桃花村	FAB	3					●	●													●	●		●
PD36	滴水湖	BBA	3																			●	●		
PD37	大团桃园	FAB	3					●																	●
PD38	法华学问寺	FAC	3																						
PD39	上海滨海高尔夫俱乐部	FBD	3																			●	●		
PD40	庆云寺	FAC	3																						
PD41	上海滨海森林公园	FAD	3					●														●	●		
PD42	浦东清真寺	FAC	3																						
PD43	东方明珠塔元旦迎新登高活动	HCD	3																						
PD44	川沙古镇历史文化风貌区	FDC	3										●									●			
PD45	南汇东滩野生动物禁猎区	BBB	3																						
PD46	上海地质科普馆	FAE	3					●	●							●						●	●		

续表

编号	名称	分类	等级	A	B	C	D	E	F	G	H	I	J	K	L	M	N	O	P	Q	R	S	T	U
PD47	九段沙湿地自然保护区	BBB	3																	●				
PD48	极地科普馆	FAE	3								●					●					●			
PD49	渔乐湾生态园	FAB	3					●																●
PD50	美特斯邦威服饰博物馆	FAE	3							●												●		
PD51	川沙公园	FAD	3														●							
XH39	上海植物园	FAH	3					●								●					●	●		
XH40	董浩云航运博物馆	FAE	3													●					●			
XH41	东平路11号花园住宅	FDA	3			●																		
XH42	上海工艺美术博物馆	FAE	3		●	●											●				●			
XH43	桂林公园	FAD	3														●				●	●		
XH44	徐家汇公园	FAD	3														●				●	●		
XH45	上海体育场	FBD	3																					
XH46	上海自然科学研究所旧址	FAA	3			●																		
XH47	东湖宾馆	FDD	3			●																		
XH48	淮中大楼	FDA	3			●																		
XH49	淮海大楼	FDA	3			●																		
XH50	逸邨	FDC	3			●																		
XH51	衡山宾馆	FDD	3			●																		
XH52	永嘉新村	FDC	3			●																		
XH53	新乐路82号花园住宅	FDA	3																					
XH54	徐光启塑像	FCK	3																					
XH55	田汉塑像	FCK	3																					

续表

编号	名称	分类	等级	A	B	C	D	E	F	G	H	I	J	K	L	M	N	O	P	Q	R	S	T	U
XH56	襄阳公园	FAD	3															●			●	●		
XH57	汾阳路45号花园住宅	FDA	3		●	●																		
XH58	衡山公园	FAD	3																						
XH59	淮海公寓	FDA	3			●																			
XH60	汾阳路158号花园住宅	FDA	3			●																			
CN14	上海城市雕塑艺术中心	FAE	3																			●	●		
CN15	泰安路花园住宅	FDC	3		●	●																			
CN16	路易·艾黎故居	FDD	3			●																		●	
CN17	达华宾馆	FDD	3			●																			
CN18	新虹桥中心花园	FAD	3															●							
CN19	虹桥公园	FAD	3															●							
CN20	新华路211弄、329弄花园住宅	FDC	3			●																			
CN21	新华路179号花园住宅	FDA	3			●																			
CN22	新华路200号花园住宅	FDA	3			●																			
CN23	兆丰别墅	FDC	3			●																			
PT06	M50创意园	FAZ	3						●	●													●	●		
PT07	苏州河梦清园环保主题公园	FAD	3												●		●					●	●		
PT08	沪西工人文化宫	FAE	3											●									●	●		
PT09	上海长风游艇游船馆	FAE	3													●										
PT10	上海纺织博物馆	FAE	3											●	●											
PT11	沪西清真寺	FAC	3																							

续表

编号	名称	分类	等级	A	B	C	D	E	F	G	H	I	J	K	L	M	N	O	P	Q	R	S	T	U
PT12	上海商标火花收藏馆	FAE	3													●								
PT13	上海长风视觉艺术馆	FAE	3																					
PT14	沈寿昌墓址纪念碑	FCH	3																		●			
PT15	淞沪抗战十九路军军部遗址	FDD	3																		●			
PT16	宜川公园	FAD	3																					
PT17	苏州河十八湾	BAA	3																					
PT18	长寿公园	FAD	3															●						
PT19	曹杨公园	FAD	3																					
ZB06	宝华寺	FAC	3																		●	●		
ZB07	上海马戏城	FBC	3																		●	●		
ZB08	上海辽西古生物化石科普馆	FAE	3													●								
ZB09	闸北公园	FAD	3																●		●			
HK22	中国共产党在虹口史料陈列馆	FAE	3			●															●	●		
HK23	内山书店旧址	FDD	3		●	●																		
HK24	和平公园	FAD	3					●													●			
HK25	淞沪铁路江湾站旧址	EBE	3																					
HK26	四川北路	FDB	3																		●			
HK27	甜爱路	FDB	3																					
HK28	新亚大酒店	FDD	3			●																		
HK29	霍山公园	FAD	3																					
HK30	上海益民食品一厂历史展示馆	FAE	3												●									

续表

编号	名称	分类	等级	A	B	C	D	E	F	G	H	I	J	K	L	M	N	O	P	Q	R	S	T	U
HK31	下海庙	FAC	3																		●	●		
YP12	创智天地	FAZ	3																			●		
YP13	江湾体育中心	FBD	3		●	●															●	●		
YP14	新江湾城湿地公园	BBB	3																		●			
YP15	和平之后圣母堂	FAC	3																					
YP16	中国烟草博物馆	FAE	3												●	●	●				●			
YP17	上海海洋大学博物馆	FAE	3													●					●			
YP18	上海印刷博物馆	FAE	3												●	●	●				●	●		
YP19	黄兴公园	FAD	3							●														
YP20	复旦大学博物馆	FAE	3														●				●	●		
YP21	中国武术博物馆	FAE	3													●								
HP63	光明中学历史建筑	FAA	3				●																	
HP64	人民公园	FAD	3																●		●			
HP65	上海老城隍庙	FAC	3		●																●			
HP66	江西中路200号大楼	FDD	3		●	●																		
HP67	南京西路150号大楼	FDD	3		●	●																		
HP68	沐恩堂	FAC	3		●	●															●			
HP69	文庙	FAC	3		●																●	●		
HP70	圣三一堂	FAC	3		●	●																		
HP71	古城墙和大境道观	FAC	3		●																●			
HP72	金门大酒店	FDD	3		●	●																		

续表

编号	名称	分类	等级	A	B	C	D	E	F	G	H	I	J	K	L	M	N	O	P	Q	R	S	T	U
HP73	中山东一路3号大楼	FDD	3																				
HP74	中山东一路5号大楼	FDD	3			●																	
HP75	中山东一路6号大楼	FDD	3			●																	
HP76	中山东一路7号大楼	FDD	3			●																	
HP77	中山东一路9号大楼	FDD	3												●								
HP78	中山东一路15号大楼	FDD	3			●																	
HP79	中山东一路16号大楼	FDD	3			●																	
HP80	中山东一路17号大楼	FDD	3			●																	
HP81	中山东一路18号大楼	FDD	3			●																	
HP82	中山东一路24号大楼	FDD	3			●																	
HP83	中山东一路26号大楼	FDD	3			●																	
HP84	中山东一路27号大楼	FDD	3			●																	
HP85	中山东一路28号大楼	FDD	3																				
HP86	中山东一路29号大楼	FDD	3			●																	
HP87	福州路文化用品街	FDB	3																●				
HP88	乍浦路桥	FFA	3			●																	

续表

编号	名称	分类	等级	A	B	C	D	E	F	G	H	I	J	K	L	M	N	O	P	Q	R	S	T	U
HP89	延安东路143号大楼	FDD	3			●																		
HP90	广场公园	FAD	3															●						
HP91	沉香阁	FAC	3	●																	●			
HP92	三山会馆旧址	FDF	3		●										●						●	●	●	
HP93	小桃园清真寺	FAC	3			●															●			
HP94	逸夫舞台	FBC	3																					
HP95	东台路	FDB	3																					
HP96	田子坊	FAZ	3					●													●			
HP97	中国社会主义青年团中央机关旧址	FDD	3	●	●				●						●						●	●		
HP98	国泰电影院	FBC	3			●																		
HP99	江南造船博物馆	FAE	3						●						●	●					●			
HP100	中华职业教育社旧址	FDD	3		●																			
HP101	丰子恺旧居	FDD	3			●																		
HP102	绍兴路	FDB	3																●					
HP103	尚贤坊	FDC	3		●	●																		
HP104	万宜坊	FDC	3			●																		
HP105	重庆公寓	FDA	3			●																		
HP106	申报馆	FDD	3			●																		
HP107	太平桥绿地	FAD	3																					
HP108	淮海公园	FAD	3															●						
HP109	福佑路清真寺	FAC	3																		●			
HP110	茂名南路	FDB	3															●						
HP111	法租界公董局旧址	FDD	3			●																		

续表

编号	名称	分类	等级	A	B	C	D	E	F	G	H	I	J	K	L	M	N	O	P	Q	R	S	T	U
HP112	金谷邨	FDC	3			●																			
HP113	历峰双墅	FDD	3			●																			
HP114	中国科学社暨明复图书馆旧址	FDD	3			●																			
HP115	培文公寓	FDA	3			●																			
HP116	南昌大楼	FDA	3			●																			
HP117	长乐邨	FDC	3			●																			
HP118	法租界霞飞路巡捕房旧址	FDD	3			●																			
HP119	南园滨江绿地	FAD	3															●						
JA17	沁园邨	FDC	3			●																			
JA18	小德肋撒天主堂	FAC	3																				●	●		
JA19	静安公园	FAD	3															●					●	●		
JA20	同乐坊	FAZ	3																							
JA21	中国劳动组合书记部旧址陈列馆	FAE	3	●											●								●	●		●
JA22	吴江路	FDB	3																●							
JA23	常德公寓	FDA	3			●																			
JA24	枕流公寓	FDA	3			●																			
JA25	静安别墅	FDC	3			●																			
JA26	愚谷邨	FDC	3			●																			
JA27	愚园路历史文化风貌区	FDC	3										●										●			
JA28	上海佛教居士林	FAC	3			●																	●	●		
JA29	华业公寓	FDA	3		●	●																				
JA30	裕华新村	FDC	3		●	●																				
JA31	模范邨	FDC	3			●																				
JA32	静安宾馆	FDD	3			●																				

续表

编号	名称	分类	等级	A	B	C	D	E	F	G	H	I	J	K	L	M	N	O	P	Q	R	S	T	U
JA33	上海美术电影制片厂动画艺术长廊	FAE	3																					
BS14	临江公园	FAD	3															●			●			
BS15	罗店龙船文化展示馆	FAE	3																					
BS16	花神堂	FBB	3																					
BS17	罗店红十字纪念碑	FCH	3		●																●	●		
BS18	一·二八淞沪抗战无名英雄纪念碑	FCH	3		●																●	●		
BS19	太平禅寺	FAC	3																					
BS20	淞沪铁路吴淞镇站旧址	EBE	3																					
BS21	东方假日田园	FAB	3					●								●					●			●
BS22	卫斯嘉闻道园	FAB	3													●								●
BS23	宝山寺	FAC	3																		●	●		
MH05	锦江乐园	FAB	3					●													●	●		
MH06	热带风暴水上乐园	FAB	3																		●	●		
MH07	闵行体育公园	FAD	3													●	●				●	●		
MH08	浦江召楼老街历史文化风貌区	FDC	3					●					●								●			
MH09	七宝教寺	FAC	3																		●			
MH10	上海航宇科普中心	FAE	3									●				●	●							
MH11	张充仁纪念馆	FDD	3												●							●		
MH12	十尚坊休闲餐饮街	FDB	3																●					
MH13	莘庄公园	FAD	3															●			●			

续表

编号	名称	分类	等级	A	B	C	D	E	F	G	H	I	J	K	L	M	N	O	P	Q	R	S	T	U
JD12	安亭老街	FDB	3						●										●					
JD13	华亭人家	FAB	3						●		●											●		●
JD14	毛桥村	FAB	3						●		●											●		
JD15	嘉定城隍庙	FAC	3																					
JD16	嘉定古城西门历史文化风貌区	FDC	3									●	●									●		
JD17	南翔古镇双塔历史文化风貌区	FDC	3									●	●									●		
JD18	南翔古镇古猗园历史文化风貌区	FDC	3									●	●									●		
JD19	上海相东佛像艺术馆	FAE	3																					
JD20	陆俨少艺术院	FAE	3																					
JD21	吴兴寺	FAC	3																					
JD22	古银杏树公园	FAD	3																					
JD23	州桥	FFA	3						●															
JD24	永安塔	FCA	3																					
JD25	法华塔	FCA	3		●																●	●		
JD26	南翔寺砖塔	FCA	3		●																	●		
JD27	上海汽车博物馆	FAE	3													●	●					●		
JD28	菩提寺	FAC	3																					
JD29	云翔寺	FAC	3																					
JD30	娄塘古镇历史文化风貌区	FDC	3										●									●		
JS09	廊下生态园	FAF	3						●							●								●
JS10	金山农村新天地	FAB	3							●												●		
JS11	中华村农家乐	FAB	3							●												●		
JS12	华严塔	FCA	3	●																				

续表

编号	名称	分类	等级	A	B	C	D	E	F	G	H	I	J	K	L	M	N	O	P	Q	R	S	T	U
JS13	金山农民画院	FAE	3																		●	●		
JS14	张堰镇历史文化风貌区	FDC	3									●	●									●		
JS15	金枫酒事馆	FAE	3													●									
JS16	松隐禅寺	FAC	3																						
JS17	万寿寺	FAC	3																			●	●		
JS18	"吴根越角"枫泾水乡婚典	HCA	3																						
JS19	南社纪念馆	FDD	3					●							●										
JS20	金山卫城南门侵华日军登陆处遗址	EBB	3	●											●										
JS21	漕泾休闲水庄	FAB	3																				●		
JS22	枫泾历史文化陈列馆	FAE	3																						
JS23	人民公社旧址	FDD	3																						
JS24	程十发祖居	FDD	3																						
JS25	三百园	FAE	3																						
JS26	致和桥	FFA	3																						
SJ15	泗泾下塘历史文化风貌区	FDC	3												●								●		
SJ16	上海影视乐园	FAB	3					●		●												●	●		
SJ17	上海天马高尔夫乡村俱乐部	FBD	3																						
SJ18	陈子龙墓	FEB	3	●																					
SJ19	西林塔	FCA	3	●																			●	●		
SJ20	砖刻照壁	FCK	3	●																						
SJ21	上海天文博物馆	FAA	3	●							●			●	●							●	●		
SJ22	中央公园	FAD	3																						

续表

编号	名称	分类	等级	A	B	C	D	E	F	G	H	I	J	K	L	M	N	O	P	Q	R	S	T	U
SJ23	松江清真寺	FAC	3		●																●	●		
SJ24	小昆山	AAA	3																					
SJ25	月湖雕塑公园	FAD	3					●													●	●		
SJ26	云间第一楼	FCC	3																					
SJ27	云间第一桥	FFA	3																					
SJ28	程十发艺术馆	FAE	3																					
SJ29	九峰禅寺	FAC	3																					
SJ30	大仓桥	FFA	3																					
SJ31	马相伯故居	FDD	3																					
SJ32	颐园	FAB	3																					
SJ33	上海天马赛车场	FBD	3																					
SJ34	史量才故居	FDD	3																					
SJ35	秀道者塔	FCA	3		●																●			
SJ36	松江古城仓城历史文化风貌区	FDC	3										●								●			
QP12	课植园	FAD	3																		●			
QP13	珠溪园	FAD	3																					
QP14	朱家角城隍庙	FAC	3																					
QP15	报国寺	FAC	3																		●	●		
QP16	太阳岛	FAB	3					●													●	●		
QP17	万寿塔	FCB	3																					
QP18	淀山湖梅园	FAD	3																		●			
QP19	青浦古镇历史文化风貌区	FDC	3										●								●			
QP20	曲水园	FAD	3															●			●	●		
QP21	青龙寺	FCA	3		●																●	●		
QP22	万安桥	FFA	3																					

续表

编号	名称	分类	等级	A	B	C	D	E	F	G	H	I	J	K	L	M	N	O	P	Q	R	S	T	U
QP23	练塘古镇历史文化风貌区	FDC	3									●	●									●		
QP24	朱家角镇北大街	FDB	3																●					
QP25	青浦博物馆	FAE	3												●	●	●					●	●		
QP26	迎祥桥	FFA	3																					
QP27	颐浩禅寺	FAC	3																				●		
FX08	包畹蓉中国京剧服饰艺术馆	FAE	3																				●		
FX09	申隆生态园	FAB	3							●						●						●	●		●
FX10	神仙酒城	FAF	3							●													●		
FX11	奉贤现代农业园区	FAF	3																			●	●		
FX12	奉贤海湾旅游区	FAB	3																			●	●		
FX13	庄行古镇历史文化风貌区	FDC	3											●									●		
FX14	奉浦餐饮娱乐休闲街	FDB	3																●					
FX15	古华园	FAD	3																●			●	●		
FX16	玉穗绿苑	FAB	3					●		●						●						●			●
FX17	庄行伏羊节	HDA	3																					
FX18	庄行乡村旅游景区	FAB	3					●																
FX19	奉城古镇历史文化风貌区	FDC	3										●										●		
CM07	东滩湿地公园	BBB	3																					
CM08	前卫生态村	FAB	3					●		●	●					●						●	●		●
CM09	瀛东生态村	FAB	3						●	●						●	●					●	●		●
CM10	云林寺	FAC	3																					

续表

编号	名称	分类	等级	A	B	C	D	E	F	G	H	I	J	K	L	M	N	O	P	Q	R	S	T	U
CM11	世界河口沙洲水文化展示馆	FAE	3																			●		
CM12	长兴岛	AEA	3																					
CM13	横沙岛	AEA	3																					
CM14	崇明西沙湿地	BBB	3					●								●								●
CM15	高家庄园	FAB	3					●								●								●
CM16	堡镇古镇历史文化风貌区	FDC	3										●											
WF30	嘉定竹刻	GAE	3				●							●										
WF31	徐行草编	GAE	3				●							●										
WF32	上海灯彩	GAE	3				●							●										
WF33	上海港码头号子	HCC	3				●							●										
WF34	青浦田山歌	HBB	3				●																	
WF35	舞草龙	HCC	3				●							●										
WF36	泗泾十锦细锣鼓	HCC	3				●							●										
WF37	道教音乐	HCC	3				●							●										
WF38	上海面人赵	GAE	3				●							●										
WF39	上海剪纸	GAE	3				●							●										
WF40	黄杨木雕	GAE	3				●							●										
WF41	海派木偶戏	HCC	3				●																	
WF42	海派玉雕	GAE	3				●							●										
PD52	张家楼耶稣圣心堂	FAC	2																					
PD53	潮音庵	FAC	2																					
PD54	世纪广场	FCI	2																					
PD55	福泉古寺	FAC	2																					
PD56	玫瑰圣母堂	FAC	2																					

续表

编号	名称	分类	等级	A	B	C	D	E	F	G	H	I	J	K	L	M	N	O	P	Q	R	S	T	U
PD57	大自然野生昆虫馆	FAE	2													●					●	●		
PD58	银行博物馆	FAE	2												●	●	●				●	●		
PD59	上海中医药博物馆	FAE	2					●			●					●	●				●	●		
PD60	华夏公园	FAD	2																					
PD61	太平天国烈士墓	FEB	2		●																			
PD62	崇福道院	FAC	2																					
PD63	南汇博物馆	FAE	2												●						●			
PD64	古钟园	FAD	2															●			●	●		
PD65	南汇嘴观海公园	FAD	2																		●	●		
PD66	会龙寺	FAC	2																					
PD67	大团古镇历史文化风貌区	FDC	2										●								●			
PD68	航头下沙老街历史文化风貌区	FDC	2										●								●			
PD69	康桥横沔历史文化风貌区	FDC	2										●								●			
PD70	六灶古镇历史文化风貌区	FDC	2										●								●			
PD71	上海林克司乡村俱乐部	FBD	2																					
PD72	临沂公园	FAD	2															●						
PD73	高桥公园	FAD	2															●						
PD74	蔓趣公园	FAD	2															●						
PD75	长青公园	FAD	2																					
PD76	济阳公园	FAD	2																					
XH61	上海公安博物馆	FAE	2								●				●	●					●			
XH62	尚街LOFT	FAZ	2																					

续表

编号	名称	分类	等级	A	B	C	D	E	F	G	H	I	J	K	L	M	N	O	P	Q	R	S	T	U
XH63	黄母祠	FBB	2		●																			
XH64	天钥桥路休闲餐饮街	FDB	2																●					
XH65	上海音乐学院历史建筑	FDD	2			●																		
XH66	康健园	FAD	2														●							
XH67	漕河泾新兴技术开发区	FAF	2							●											●			
CN24	长宁区革命文物陈列馆	FAE	2		●																●	●	●	
CN25	上海儿童博物馆	FAE	2							●						●	●							
CN26	水霞公园	FAD	2														●							
CN27	凯桥绿地	FAD	2														●							
CN28	华山绿地	FAD	2														●							
CN29	天山公园	FAD	2																					
PT20	梅川路文化时尚休闲街	FDB	2															●			●			
PT21	兰溪青年公园	FAD	2																					
PT22	怒江路圣母圣心天主堂	FAC	2																					
PT23	甘泉公园	FAD	2															●						
PT24	沪太公园	FAD	2															●						
PT25	顾正红纪念馆	FDD	2												●									
PT26	中华书局印刷所澳门路厂旧址	FDD	2				●																	
PT27	清涧公园	FAD	2															●						
PT28	普陀公园	FAD	2															●						
PT29	海棠公园	FAD	2															●						
ZB10	闸北堂	FAC	2																					

续表

编号	名称	分类	等级	A	B	C	D	E	F	G	H	I	J	K	L	M	N	O	P	Q	R	S	T	U
ZB11	七浦路	FDB	2																					
ZB12	三泉公园	FAD	2															●						
ZB13	湖州会馆	FDF	2			●																		
ZB14	不夜城绿地	FAD	2															●						
HK32	空间188创意产业园	FAZ	2							●												●		
HK33	景灵堂	FAC	2			●															●			
HK34	李白烈士故居	FDD	2		●	●									●						●	●		●
HK35	梅亭	FDD	2																					
HK36	曲阳公园	FAD	2															●						
HK37	鸿德堂	FAC	2			●															●			
HK38	多伦路66号花园住宅	FDA	2																					
HK39	多伦路85号花园住宅	FDA	2																					
HK40	多伦路93号花园住宅	FDA	2																					
HK41	多伦路208号花园住宅	FDA	2																					
HK42	多伦路210号花园住宅	FDA	2				●																	
HK43	多伦路240号花园住宅	FDA	2																					
YP22	杨浦公园	FAD	2															●			●			
YP23	沪东工人文化宫	FAE	2																				●	
YP24	杨浦区城市规划展示馆	FAE	2									●					●				●		●	
YP25	内江公园	FAD	2															●						
YP26	延春公园	FAD	2															●						

续表

编号	名称	分类	等级	A	B	C	D	E	F	G	H	I	J	K	L	M	N	O	P	Q	R	S	T	U
YP27	民星公园	FAD	2															●						
YP28	江浦公园	FAD	2															●						
YP29	沪东堂	FAC	2																					
YP30	国歌展示馆	FAE	2												●	●								
HP120	五卅运动纪念碑	FCH	2																					
HP121	上海科技馆自然博物分馆	FAE	2			●										●	●							
HP122	上海市工人文化宫	FAE	2			●																		
HP123	四明公所牌楼	FDD	2																					
HP124	《中国青年》编辑部旧址	FDD	2		●																●		●	
HP125	若瑟堂	FAC	2			●															●			
HP126	清心堂	FAC	2			●																		
HP127	老码头创意园	FAZ	2					●											●					
HP128	上海老街	FDB	2																●		●			
HP129	四川路桥	FFA	2			●																		
HP130	新城饭店	FDD	2			●																		
HP131	蓬莱公园	FAD	2															●						
HP132	古城公园	FAD	2															●				●		
HP133	海上白云观	FAC	2																		●			
HP134	诸圣堂	FAC	2			●																		
JA34	怀恩堂	FAC	2			●															●	●		
JA35	新恩堂	FAC	2			●															●	●		
JA36	平民女校旧址	FDD	2	●																				
JA37	八路军驻沪办事处旧址	FDD	2	●	●																			
JA38	静安雕塑公园	FAD	2																					

续表

编号	名称	分类	等级	A	B	C	D	E	F	G	H	I	J	K	L	M	N	O	P	Q	R	S	T	U
JA39	陕西北路中华老字号街	FDB	2																●					
BS24	诺贝尔科技公园	FAD	2																					
BS25	吴淞开埠纪念广场	FCI	2																					
BS26	永清公园	FAD	2															●						
BS27	永福庵	FAC	2																					
BS28	友谊公园	FAD	2															●						
BS29	基督教吴淞堂	FAC	2																					
BS30	百鼓陈列馆	FAE	2																					
BS31	月浦公园	FAD	2															●						
BS32	上海战役月浦攻坚战纪念碑	FCH	2																		●	●	●	
BS33	宝山烈士陵园	FEA	2																		●	●	●	
BS34	泗塘公园	FAD	2															●						
BS35	上海国际节能环保园	FAF	2							●						●								
BS36	宝山气象科普馆	FAE	2							●														
BS37	汶水路动漫街	FDB	2																●					
BS38	汽车梦工场	FAE	2																					
BS39	上海玻璃博物馆	FAE	2				●									●								
MH14	韩湘水博园	FAB	2																		●	●		●
MH15	闵行公园	FAD	2															●						
MH16	吴泾公园	FAD	2															●						
MH17	红园	FAD	2															●						
JD31	上海益力多乳品有限公司	FAF	2							●						●					●			
JD32	德富桥	FFA	2																					

续表

编号	名称	分类	等级	A	B	C	D	E	F	G	H	I	J	K	L	M	N	O	P	Q	R	S	T	U
JD33	聚善桥	FFA	2																					
JD34	外冈腊梅园	FAB	2																					
JD35	天恩桥	FFA	2																					
JD36	百佛园	FAB	2																		●	●		
JD37	浏河岛	AEA	2																					
JD38	上海汽车博览公园	FAD	2																		●			
JS27	上海农业科普馆金山馆	FAE	2													●								
JS28	金山区城市规划展示馆	FAE	2													●								
JS29	金山区博物馆	FAE	2														●							
JS30	上海电线电缆博物馆	FAE	2													●								
JS31	荟萃园	FAD	2															●						
JS32	金山公园	FAD	2															●						
JS33	车镜公园	FAD	2																					
JS34	火政会	FAE	2																					
JS35	芳心园	FAB	2																		●			●
JS36	滨海公园	FAD	2														●							
JS37	亭林公园	FAD	2																					
JS38	古松园	FAD	2																					
SJ37	青青旅游世界	FAB	2																		●	●		●
SJ38	春申君祠	FBB	2																					
SJ39	上海五厍农业休闲观光园	FAB	2							●							●				●	●		●
SJ40	西部渔村	FAB	2																					●
SJ41	东岳庙	FAC	2																					

续表

编号	名称	分类	等级	A	B	C	D	E	F	G	H	I	J	K	L	M	N	O	P	Q	R	S	T	U
SJ42	松江博物馆	FAE	2													●	●				●			
SJ43	李塔	FCA	2		●																●			
SJ44	叶榭马桥农家乐	FAB	2																					
SJ45	上海高博特生物保健品有限公司	FAF	2							●											●			
SJ46	松江古城府城历史文化风貌区	FDC	2										●								●			
SJ47	华亭老街	FDB	2																●					
SJ48	二陆草堂	FDD	2																					
QP28	大千生态庄园	FAB	2																		●	●		
QP29	凯博休闲农庄	FAB	2																					●
QP30	金泽放生桥	FFA	2																					
QP31	重固古镇历史文化风貌区	FDC	2										●								●			
QP32	青浦人文纪念公园	FEA	2																					
QP33	如意桥	FFA	2																					
QP34	联怡枇杷乐园	FAB	2													●								
QP35	徐泾蟠龙古镇历史文化风貌区	FDC	2										●								●			
QP36	白鹤古镇历史文化风貌区	FDC	2										●								●			
QP37	圆津禅院	FAC	2																					
QP38	福星桥	FFA	2																					
FX20	南桥天主堂	FAC	2																					
FX21	龙腾阁	FCC	2																					
FX22	海湾观光大道	FGD	2																					
FX23	二严寺	FAC	2																		●			

续表

编号	名称	分类	等级	A	B	C	D	E	F	G	H	I	J	K	L	M	N	O	P	Q	R	S	T	U
FX24	青村古镇历史文化风貌区	FDC	2										●									●		
FX25	中共奉贤县委旧址	FDD	2																					●	
FX26	奉贤博物馆	FAE	2																							
FX27	上海菇菌科普馆	FAE	2													●									
FX28	上海百枣园	FAB	2													●							●		●
FX29	上海农垦博物馆	FAE	2													●						●			
FX30	渔人码头	FAB	2																							
FX31	青村世外桃源	FAB	2																				●		●
FX32	江南渔村农家园	FAB	2																							
FX33	海湾国际风筝放飞场	FBD	2																							
CM17	瀛洲公园	FAD	2																●				●			
CM18	金鳌山公园	FAD	2																				●	●		
CM19	唐一岑墓	FEB	2		●																					
CM20	崇明县博物馆	FAE	2		●											●							●	●		
CM21	西来农庄	FAB	2																					●		●
CM22	澹园	FAD	2																							
CM23	南门观光大堤	FGD	2																					●		
CM24	三星草棚村历史文化风貌区	FDC	2										●													
PD77	书院人家	FAB	1					●		●														●		●
PD78	南汇古城墙遗址	EBF	1																							
PD79	川沙天主堂	FAC	1																							
PD80	上南公园	FAD	1																●							
PD81	塘桥公园	FAD	1																●							
PD82	金桥公园	FAD	1																●							

续表

编号	名称	分类	等级	A	B	C	D	E	F	G	H	I	J	K	L	M	N	O	P	Q	R	S	T	U
PD83	梅园公园	FAD	1																				
PD84	南浦广场公园	FAD	1																				
PD85	泾东公园	FAD	1																				
PD86	泾南公园	FAD	1																				
PD87	朱家店抗日之战纪念碑	FCH	1																				
XH68	东安公园	FAD	1															●					
XH69	上海特别市市政府旧址	FDD	1			●																	
XH70	漕溪公园	FAD	1															●					
XH71	漕河泾开发区公园	FAD	1																				
CN30	曹家渡圣弥额尔天神堂	FAC	1																				
CN31	沪西礼拜堂	FAC	1																				
CN32	天原公园	FAD	1																				
CN33	华山儿童乐园	FAD	1																				
CN34	新泾公园	FAD	1																				
CN35	虹桥河滨公园	FAD	1																				
PT30	真光公园	FAD	1																				
PT31	祥和公园	FAD	1																				
PT32	清涧园	FAD	1																				
PT33	管弄公园	FAD	1															●					
PT34	梅川公园	FAD	1															●					
PT35	未来岛公园	FAD	1																				
PT36	武宁公园	FAD	1																				
ZB15	交通公园	FAD	1																				
ZB16	岭南公园	FAD	1																				

续表

编号	名称	分类	等级	A	B	C	D	E	F	G	H	I	J	K	L	M	N	O	P	Q	R	S	T	U
ZB17	彭浦公园	FAD	1															●						
HK44	四川北路公园	FAD	1															●						
HK45	昆山公园	FAD	1																					
HK46	淞沪铁路天通庵站遗址	EBE	1																					
HK47	虹口耶稣圣心堂	FAC	1																		●			
HK48	凉城公园	FAD	1																					
HK49	江湾公园	FAD	1																					
YP31	惠民公园	FAD	1																					
YP32	平凉公园	FAD	1																					
YP33	波阳公园	FAD	1																					
YP34	复兴岛公园	FAD	1																					
YP35	松鹤公园	FAD	1															●						
YP36	工农公园	FAD	1															●						
YP37	四平科技公园	FAD	1															●						
YP38	法善庵	FAC	1																		●			
HP135	九子公园	FAD	1															●						
HP136	法藏讲寺	FAC	1																		●		●	
HP137	丽蒙绿地	FAD	1															●						
HP138	绍兴公园	FAD	1															●						
HP139	圣伯多禄天主堂	FAC	1																		●			
HP140	君王堂	FAC	1																					
HP141	惠中堂	FAC	1																					
JA40	西康公园	FAD	1																					
JA41	静安寺广场	FCI	1																				●	
BS40	上海智力产业园	FAZ	1																					

续表

编号	名称	分类	等级	A	B	C	D	E	F	G	H	I	J	K	L	M	N	O	P	Q	R	S	T	U
BS41	侵华日军罗泾大烧杀遇难同胞纪念碑	FCH	1																		●	●		
BS42	罗溪公园	FAD	1															●						
BS43	大华行知公园	FAD	1																					
BS44	上海动漫衍生产业园	FAZ	1																					
BS45	淞南公园	FAD	1																					
BS46	上海国际工业设计中心	FAF	1																					
BS47	创邑·幸福湾	FAZ	1																					
BS48	半岛1919	FAZ	1																					
MH18	老外街101	FDB	1					●											●					
MH19	华漕公园	FAD	1																					
MH20	航华公园	FAD	1																					
MH21	闵联生态公园	FAD	1															●						
MH22	七宝天主堂	FAC	1																					
JD39	钱氏宗祠	FBB	1																					
JD40	安亭市民广场	FCI	1																					
JD41	娄塘抗战纪念坊	FCK	1																					
JD42	紫藤公园	FAD	1																					
JD43	竹刻博物馆	FAE	1																					
JD44	塔厅书场	FAE	1																					
JD45	上海市少年儿童浏河活动营地	FAB	1												●									
JD46	外冈游击队纪念馆	FAE	1																					
JS39	枫溪公园	FAD	1																					

938

续表

编号	名称	分类	等级	A	B	C	D	E	F	G	H	I	J	K	L	M	N	O	P	Q	R	S	T	U
JS40	张堰公园	FAD	1															●					
SJ49	永恩堂	FAC	1																				
SJ50	大方庵	FAC	1																				
SJ51	邱家湾耶稣圣心堂	FAC	1																				
SJ52	福田净寺	FAC	1																				
SJ53	荷花公社	FAB	1																				
SJ54	金泖渔村	FAB	1																				●
SJ55	思贤公园	FAD	1														●						
SJ56	天妃宫	FAC	1																				
SJ57	松江城市规划展示馆	FAE	1												●						●		
SJ58	松江美术馆	FAE	1																				
SJ59	庙前街	FDB	1																				
SJ60	上海地震科普馆	FAE	1								●					●					●		
SJ61	市民广场	FCI	1																				
SJ62	泗泾公园	FAD	1																				
SJ63	安方塔	FCA	1																				
QP39	金家生态村	FAB	1					●															●
QP40	青浦城隍庙	FAC	1																				
QP41	朱家角耶稣升天堂	FAC	1																				
QP42	上海四季百果园	FAB	1												●						●		●
QP43	人然合一现代农业生态园	FAB	1						●							●							●
QP44	大清朱家角邮局旧址	FAE	1																				
FX34	东海观音寺	FAC	1																				

续表

编号	名称	分类	等级	A	B	C	D	E	F	G	H	I	J	K	L	M	N	O	P	Q	R	S	T	U
FX35	上真道院	FAC	1																					
FX36	人民南路服饰街	FDB	1																●					
FX37	洪福寺	FAC	1																					
FX38	保境禅寺	FAC	1																					
CM25	广福寺	FAC	1																					
CM26	寿安寺	FAC	1																			●	●	
CM27	崇明北湖	BBA	1																					
CM28	寒山寺	FAC	1																					

表头字母说明：

A：全国重点文物保护单位；B：上海市文物保护单位；C：上海市优秀历史建筑；D：国家级非物质文化遗产；E：国家A级旅游景区；F：全国爱国主义教育示范基地；G：全国工（农）业旅游示范点；H：全国科普教育基地；I：中国历史文化名镇；J：上海市历史文化风貌区；K：上海市非物质文化遗产；L：上海市爱国主义教育基地；M：上海市科普教育基地；N：上海市博物馆、展览馆、陈列馆；O：上海市星级公园；P：上海特色商业街；Q：上海自然保护区；R：上海市旅游景区景点（一）；S：上海市旅游景区景点（二）；T：上海红色旅游景点；U：上海农业旅游推荐单位

2.《上海旅游资源图志》旅游资源单体收录参考资料

序号	名称	发布日期	发布单位	资料来源	类项及数量
1	全国重点文物保护单位（上海）	1961～2006年	国务院	国家文物局网站	19处
2	上海市文物保护单位	1977～2002年	上海市人民政府	上海市文物局网站、《上海市历史文化风貌区和保护建筑地图》	163处
3	上海市优秀历史建筑	1989～2005年	上海市人民政府	上海市规划和国土资源管理局网站、《上海市历史文化风貌区和保护建筑地图》	632处
4	国家级非物质文化遗产（上海）	2006～2011年	国务院	中央人民政府门户网站	50项
5	国家A级旅游景区（上海）	2001～2012年	全国旅游景区质量等级评定委员会	国家旅游局网站、上海市旅游局	75处（5A级3处、4A级35处、3A级37处）
6	全国爱国主义教育示范基地（上海）	1997～2009年	中共中央宣传部	中国共产党新闻网	12处
7	全国工（农）业旅游示范点（上海）	2004～2007年	国家旅游局	国家旅游局网站	31处（工业旅游示范点15处、农业旅游示范点16处）
8	全国科普教育基地（上海）	2010年	中国科学技术协会	中国科学技术协会网站	19处
9	中国历史文化名镇（上海）	2005～2010年	国家建设部、国家文物局	国家文物局网站	8个
10	上海市历史文化风貌区	2003～2005年	上海市城市规划管理局（现上海市规划和国土资源管理局）	上海市规划和国土资源管理局网站、《上海市历史文化风貌区和保护建筑地图》	44片（中心城区12片、郊区及浦东新区32片）

续表

序号	名称	发布日期	发布单位	资料来源	类项及数量
11	上海市非物质文化遗产	2007～2011年	上海市人民政府	上海市门户网站	第一批83项、第一批扩展5项、第二批45项、第三批29项、第三批扩展8项
12	上海市爱国主义教育基地	—	上海市委宣传部、市教委、团市委	上海市爱国主义教育基地网站	86个
13	上海市科普教育基地	2012年	上海市科学技术委员会	上海市科学技术委员会网站	275个
14	上海市博物馆、展览馆、陈列馆	2007年	—	上海旅游年鉴（2007）	40处
15	上海市星级公园	2002～2011年	上海市绿化和市容管理局	上海市绿化和市容管理局网站	94座（五星级15座、四星级24座、三星级42座、二星级13座）
16	上海特色商业街	2007～2010年	上海市商务委员会	上海市商务委员会网站	50条
17	上海自然保护区	1992～2005年	国务院办公厅、上海市人民政府	中央政府门户网站、上海市绿化和市容管理局网站	4个（国家级2个，市级2个）
18	上海市旅游景区景点（一）	2007年	国家旅游局	《中国旅游景区景点大辞典》	282处
19	上海市旅游景区景点（二）	2007～2008年	—	上海旅游年鉴（2007）、上海旅游年鉴（2008）	378处（2007年51处、2008年327处）
20	上海红色旅游景点	2005年	上海市旅游事业管理委员会	上海市旅游局网站	40个（红色纪念馆10个、名人故居7个、烈士陵园14个、革命遗址遗迹9个）
21	上海农业旅游推荐单位	2009～2010年	上海市农业委员会、上海市旅游局	上海农业委员会网站	40个

3. 全国重点文物保护单位名单（上海）

编号	名称	时期	公布日期	批次	资料来源
1	上海中山故居	1919年	1961年	1	
2	中国社会主义青年团中央机关旧址	1920～1921年	1961年	1	
3	中国共产党第一次全国代表大会会址	1921年	1961年	1	
4	鲁迅墓	1956年迁葬于此	1961年	1	
5	宋庆龄墓	1981年	1982年	2	
6	豫园（沉香阁归入）	明至清	1982年（1996年）	2	
7	龙华革命烈士纪念地	1927～1937年	1988年	3	全国重点文物保护单位由国务院公布，参考网址：国家文物局网站 www.sach.gov.cn
8	松江唐经幢	唐	1988年	3	
9	徐光启墓	明	1988年	3	
10	兴圣教寺塔	北宋	1996年	4	
11	真如寺大殿	元	1996年	4	
12	上海外滩建筑群	1906～1937年	1996年	4	
13	上海邮政总局	1924年	1996年	4	
14	福泉山遗址	新石器时代	2001年	5	
15	上海宋庆龄故居	1948～1981年	2001年	5	
16	张闻天故居	近代	2001年	5	
17	龙华塔	宋	2006年	6	
18	马勒住宅	民国	2006年	6	
19	国际饭店	民国	2006年	6	

4. 上海市文物保护单位名单

序号	名称	时期	公布日期	资料来源
1	上海人民反对帝国主义扩张"租界"的斗争——四明公所血案地点	近代	1977年	
2	太平天国烈士墓	近代	1977年	
3	"五四"以来上海革命群众集会场所——南市公共体育场	1919年	1977年	
4	中国共产党第一次全国代表大会宿舍旧址	1921年	1977年	
5	中国劳动组合书记部旧址	1921年	1977年	
6	中国共产党第二次全国代表大会旧址	1922年	1977年	
7	第一次国共合作时期国民党上海执行部旧址	1924年	1977年	上海市文物保护单位由上海市人民政府公布,参考网址:上海市文物局网站(wgj.sh.gov.cn) 参考资料:《上海市历史文化风貌区和保护建筑地图》
8	上海茂名路毛泽东旧居	1924年	1977年	
9	《中国青年》编辑部旧址	1924年	1977年	
10	上海总工会第四办事处遗址	1925年	1977年	
11	"五卅"运动爱国群众流血牺牲地点	1925年	1977年	
12	上海总工会秘密办公机关遗址	1925～1927年	1977年	
13	"四·一二"惨案 革命群众流血牺牲地点	1927年	1977年	
14	1927年中共江苏省委旧址	1927年	1977年	
15	上海工人第三次武装起义发布命令地点	1927年	1977年	
16	上海工人纠察队总指挥部遗址(东方图书馆)	1927年	1977年	
17	上海总工会旧址(湖州会馆)	1927年	1977年	
18	彭湃烈士在沪革命活动地点	1929年	1977年	
19	韬奋故居	1930～1936年	1977年	
20	鲁迅存书室旧址	1933年	1977年	
21	鲁迅故居	1933～1936年	1977年	

续表

序号	名称	时期	公布日期	资料来源
22	八路军驻沪办事处（兼新四军驻沪办事处）旧址	1937年	1977年	
23	中国共产党代表团驻沪办事处（周公馆）	1946~1947年	1977年	
24	《新青年》编辑部旧址陈独秀旧居	1920~1922年	1980年	
25	上海大学旧址	1924~1925年	1980年	
26	"五卅"运动初期的上海总工会遗址	1925年	1980年	
27	内山书店旧址	1927年	1980年	
28	上海工人第三次武装起义工人纠察队沪南总部——三山会馆	1927年	1980年	
29	中共"六大"以后党中央政治局机关旧址	1928~1931年	1980年	上海市文物保护单位由上海市人民政府公布，参考网址：上海市文物局网站（wgj.sh.gov.cn） 参考资料：《上海市历史文化风貌区和保护建筑地图》
30	中国左翼作家联盟成立大会旧址	1930年	1980年	
31	邹容墓	1905年	1981年	
32	宋教仁墓	1914年	1981年	
33	吴淞炮台抗日遗址	1932年	1984年	
34	无名英雄纪念墓	1936年	1984年	
35	金山卫城侵华日军登陆地点	1937年	1984年	
36	金山卫城侵华日军杀人塘	1937年	1984年	
37	小川沙侵华日军登陆地点	1937年	1984年	
38	罗店红十字纪念碑	1946年	1984年	
39	平民女校旧址	1921~1932年	1984年	
40	《布尔塞维克》编辑部旧址	1927年	1984年	
41	瞿秋白寓所旧址	1933年	1984年	
42	蔡元培故居	1937年	1984年	
43	1920年毛泽东寓所旧址	1920年	1985年	
44	四行仓库抗日纪念地	1937年	1985年	
45	吴昌硕故居	1913年	1985年	

续表

序号	名称	时期	公布日期	资料来源
46	李白烈士故居	1945 年	1985 年	
47	中国社会主义青年团中央机关遗址	1922 年	1987 年	
48	上海大学遗址	1923 年	1987 年	
49	沪西工友俱乐部遗址	1925 年	1987 年	
50	上海工商学联合会遗址	1925 年	1987 年	
51	中国共产党第四次全国代表大会遗址	1925 年	1987 年	
52	"五卅"烈士墓遗址	1926 年	1987 年	
53	中共淞浦特委办公地点旧址	1928 年	1987 年	
54	上海人民保安队总指挥部旧址	1949 年	1987 年	
55	圣三一堂	1869 年	1989 年	上海市文物保护单位由上海市人民政府公布,参考网址:上海市文物局网站(wgj.sh.gov.cn)参考资料:《上海市历史文化风貌区和保护建筑地图》
56	杨树浦水厂	1881 年	1989 年	
57	盛宣怀住宅	1900 年	1989 年	
58	汾阳路 79 号住宅	1905 年	1989 年	
59	徐家汇天主堂	1910 年	1989 年	
60	公共租界工部局	1913 年	1989 年	
61	俄罗斯领事馆	1914 年	1989 年	
62	先施公司	1915 年	1989 年	
63	老、新永安公司	1918～1933 年	1989 年	
64	嘉道理爵士住宅	1919 年	1989 年	
65	瑞金二路住宅(瑞金宾馆 1 号楼)	20 世纪 20 年代	1989 年	
66	新新公司	1923 年	1989 年	
67	大世界游乐场	1924 年	1989 年	
68	多伦路 250 号住宅	1924 年	1989 年	
69	国际礼拜堂	1924 年	1989 年	
70	华安人寿保险公司、金门饭店	1924 年	1989 年	
71	尚贤坊	1924 年	1989 年	

续表

序号	名称	时期	公布日期	资料来源
72	金城银行	1925年	1989年	
73	佘山天主教堂	1925年	1989年	
74	宏恩医院	1926年	1989年	
75	西侨青年会	1928年	1989年	
76	八仙桥基督教青年会	1929年	1989年	
77	华懋公寓	1929年	1989年	
78	南京大戏院	1929年	1989年	
79	孙科住宅	1929年	1989年	
80	步高里	1930年	1989年	
81	虹桥路2310号住宅	1930年	1989年	
82	王伯群住宅	1930年	1989年	上海市文物保护单位由上海市人民政府公布,参考网址：上海市文物局网站（wgj.sh.gov.cn）
83	修道院公寓	1930年	1989年	
84	旧上海特别市政府大楼	1931年	1989年	
85	大上海大戏院	1932年	1989年	
86	汾阳路45号住宅	1932年	1989年	
87	沙逊别墅	1932年	1989年	参考资料:《上海市历史文化风貌区和保护建筑地图》
88	大光明大戏院	1933年	1989年	
89	跑马总会	1933年	1989年	
90	大新公司	1934年	1989年	
91	华业公寓	1934年	1989年	
92	江湾体育场	1934年	1989年	
93	新康花园	1934年	1989年	
94	峻岭公寓、茂名公寓	1935年	1989年	
95	兴国路住宅（兴国宾馆1号楼）	1935年	1989年	
96	涌泉坊	1936年	1989年	
97	裕华新村	1938年	1989年	
98	美琪大戏院	1941年	1989年	
99	淮阴路姚氏住宅	1948年	1989年	

续表

序号	名称	时期	公布日期	资料来源
100	泰安路115弄住宅	1948年	1989年	
101	黄炎培故居	近代	1992年	
102	吴淞炮台遗址	近代	1992年	
103	同盟会中部总会秘密接洽机关遗址	1911年	1992年	
104	上海书店遗址	1923～1926年	1992年	
105	路易·艾黎故居	1932年	1992年	
106	山海工学团遗址	1932年	1992年	
107	姚子青营抗日牺牲处	1937年	1992年	
108	张元济故居	1946年	1992年	
109	刘长胜故居	1946～1949年	1992年	上海市文物保护单位由上海市人民政府公布,参考网址:上海市文物局网站(wgj.sh.gov.cn) 参考资料:《上海市历史文化风貌区和保护建筑地图》
110	刘晓故居	1946～1949年	1992年	
111	中共中央上海局机关旧址	1947～1949年	1992年	
112	董家渡天主堂	1847年	1993年	
113	慕尔堂	1929年	1993年	
114	提篮桥监狱关押、审判和处决日本战犯处	1946年	1997年	
115	陈云故居	近代	2002年	
116	佘山天文台	1900年	2002年	
117	中华职业教育社旧址	1930年	2002年	
118	柘林古文化遗址	新石器时代	1977年	
119	寺前村古文化遗址	新石器时代、商、周	1977年	
120	崧泽古文化遗址	新石器时代、商、周	1977年	
121	亭林古文化遗址	新石器时代、商、周	1977年	
122	查山古文化遗址	新石器时代、商、周	1977年	

续表

序号	名称	时期	公布日期	资料来源
123	金山坟古文化遗址	新石器时代、春秋、战国	1977年	
124	马桥古文化遗址	新石器时代、晚期春秋、战国	1977年	
125	汤庙村古文化遗址	新石器时代、秦汉	1977年	
126	平原村古文化遗址	商、周	1977年	
127	刘夏古文化遗址	西周—战国	1977年	
128	戚家墩古文化遗址	春秋、战国、西汉	1977年	
129	招贤浜古文化遗址	新石器时代、商、周	1984年	上海市文物保护单位由上海市人民政府公布，参考网址：上海市文物局网站（wgj.sh.gov.cn） 参考资料：《上海市历史文化风貌区和保护建筑地图》
130	广富林古文化遗址	新石器时代、春秋、战国	1984年	
131	老宝山城遗址	清	1984年	
132	夏允彝、夏完淳父子墓	明	1980年	
133	黄道婆墓	元代始建，现代重建	1987年	
134	陈子龙墓	清代始建，现代重建	1987年	
135	唐一岑墓	明	1992年	
136	黄淳耀墓	明代始建，现代重建	1992年	
137	龙华塔（龙华寺）	北宋（塔）清（寺）	1977年	
138	南翔寺砖塔	五代—北宋	1980年	
139	松江清真寺	元、明	1980年	
140	泖塔	明	1980年	
141	嘉定孔庙	明、清	1980年	

续表

序号	名称	时期	公布日期	资料来源
142	青龙塔	北宋	1982 年	
143	西林塔	明	1982 年	
144	护珠塔	南宋	1983 年	
145	徐光启故居（九间楼）	明	1983 年	
146	秋霞圃	明、清	1984 年	
147	上海古城墙和大境道观	明、清	1984 年	
148	崇明学宫	清	1984 年	
149	普济桥	北宋	1987 年	上海市文物保护单位由上海市人民政府公布，参考网址：上海市文物局网站（wgj.sh.gov.cn）参考资料：《上海市历史文化风貌区和保护建筑地图》
150	放生桥	明	1987 年	
151	砖刻照壁	明	1987 年	
152	东林寺大殿	清	1987 年	
153	黄母祠	清	1987 年	
154	商船会馆	清	1987 年	
155	书隐楼	清	1987 年	
156	秀道者塔	北宋	2002 年	
157	法华塔	明	2002 年	
158	华严塔	明	2002 年	
159	李塔	明	2002 年	
160	奉贤华亭海塘	清	2002 年	
161	孔庙大成殿	清	2002 年	
162	上海文庙	清	2002 年	
163	上海城隍庙	民国	2002 年	

5. 上海市优秀历史建筑名单

编号	原名	现名	地址	公布日期	批次	资料来源
1	沙逊别墅	龙柏饭店	虹桥路 2409 号	1989 年	1	
2	王伯群住宅	长宁区少年宫	愚园路 1136 弄 31 号	1989 年	1	
3	淮阴路姚氏住宅	西郊宾馆 4 号楼	淮阴路 200 号	1989 年	1	
4	孙科住宅	上海生物制品研究所办公楼	延安西路 1262 号	1989 年	1	
5	虹桥路 2310 号住宅	海南置地上海公司	虹桥路 2310 号	1989 年	1	
6	泰安路 115 弄花园里弄住宅	住宅	泰安路 115 弄 1～8 号	1989 年	1	上海市优秀历史建筑由上海市人民政府公布，参考网址：上海市规划和国土资源管理局网站（www.shgtj.gov.cn）参考资料：《上海市历史文化风貌区和保护建筑地图》
7	兴国路住宅	兴国宾馆 1 号楼	兴国路 72 号	1989 年	1	
8	百老汇大厦	上海大厦	北苏州河路 2 号	1989 年	1	
9	俄罗斯领事馆 / 苏联领事馆	俄罗斯领事馆	黄浦路 20 号	1989 年	1	
10	上海邮政总局	上海邮政局	北苏州河路 250～276 号	1989 年	1	
11	多伦路 250 号住宅（孔公馆）	住宅	多伦路 250 号	1989 年	1	
12	汇丰银行大楼	上海浦东发展银行	中山东一路 10～12 号	1989 年	1	
13	沙逊大厦、华懋饭店	和平饭店北楼	中山东一路 20 号	1989 年	1	
14	中国银行	中国银行上海分行	中山东一路 23 号	1989 年	1	
15	江海关	上海海关	中山东一路 13 号	1989 年	1	
16	上海总会	东风饭店	中山东一路 2 号	1989 年	1	
17	汇中饭店	和平饭店南楼	中山东一路 19 号	1989 年	1	
18	四行储蓄会大楼	国际饭店	南京西路 170 号	1989 年	1	

续表

编号	原名	现名	地址	公布日期	批次	资料来源
19	跑马总会	上海美术馆	南京西路 325 号	1989 年	1	
20	大光明大戏院	大光明电影院	南京西路 216 号	1989 年	1	
21	华安、人寿保险公司	金门饭店	南京西路 104 号	1989 年	1	
22	先施公司	上海时装公司、东亚饭店	南京东路 690 号	1989 年	1	
23	老新永安公司	华联商厦、华侨商店	南京东路 627～635 号	1989 年	1	
24	新新公司	上海第一食品商店	南京东路 720 号	1989 年	1	上海市优秀历史建筑由上海市人民政府公布，参考网址：上海市规划和国土资源管理局网站（www.shgtj.gov.cn）参考资料：《上海市历史文化风貌区和保护建筑地图》
25	大新公司	上海第一百货商店	南京东路 830 号	1989 年	1	
26	公共租界工部局	老市政府大楼	江西中路 215 号、209 号；汉口路 193 号、223 号、239 号；福州路 198 号、200 号	1989 年	1	
27	南京大戏院	上海音乐厅	延安东路 523 号	1989 年	1	
28	金城银行	交通银行上海分行	江西中路 200 号	1989 年	1	
29	大上海大戏院	大上海电影院	西藏中路 520 号	1989 年	1	
30	八仙桥基督教青年会	青年会宾馆	西藏南路 123 号	1989 年	1	
31	圣三一基督教堂	黄浦区政府礼堂	九江路 219 号	1989 年	1	
32	亚细亚大楼	中国太平洋保险公司、上海银行	中山东一路 1 号	1989 年	1	
33	怡和洋行	市对外贸易局	中山东一路 27 号	1989 年	1	
34	东方汇理银行	中国光大银行	中山东一路 29 号	1989 年	1	

续表

编号	原名	现名	地址	公布日期	批次	资料来源
35	西侨青年会	上海体育总会、市体委	南京西路150号	1989年	1	
36	大世界游乐场	大世界游乐场	西藏南路1号	1989年	1	
37	基督教慕尔堂	沐恩堂	西藏中路316号	1989年	1	
38	董家渡天主堂	董家渡天主堂	董家渡路715号	1989年	1	
39	宏恩医院	华东医院南楼	延安西路221号	1989年	1	
40	嘉道理爵士住宅	上海市少年宫	延安西路64号	1989年	1	
41	美琪大戏院	美琪大戏院	江宁路66号	1989年	1	上海市优秀历史建筑由上海市人民政府公布，参考网址：上海市规划和国土资源管理局网站（www.shgtj.gov.cn）参考资料：《上海市历史文化风貌区和保护建筑地图》
42	涌泉坊	涌泉坊	愚园路395弄1~24号	1989年	1	
43	裕华新村	裕华新村	富民路182弄1~32号	1989年	1	
44	华懋公寓	锦江宾馆北楼	长乐路109号	1989年	1	
45	峻岭公寓、茂名公寓	锦江宾馆中、西楼	茂名南路65~125号	1989年	1	
46	马勒住宅	团市委	陕西南路30号	1989年	1	
47	步高里	步高里	陕西南路287号	1989年	1	
48	华业公寓	华业大楼	陕西北路175号	1989年	1	
49	瑞金二路住宅	瑞金宾馆1号楼	瑞金二路18号	1989年	1	
50	尚贤坊	尚贤坊	淮海中路50号	1989年	1	
51	佘山天主教堂	佘山天主教堂	佘山镇西佘山	1989年	1	
52	徐家汇天主堂	徐家汇天主堂	蒲西路158号	1989年	1	
53	汾阳路79号住宅	上海工艺美术研究所	汾阳路79号	1989年	1	
54	盛宣怀住宅	日本领事馆	淮海中路1517号	1989年	1	
55	汾阳路45号住宅	上海海关招待所	汾阳路45号	1989年	1	

续表

编号	原名	现名	地址	公布日期	批次	资料来源
56	新康花园	新康花园	淮海中路1273号	1989年	1	
57	国际礼拜堂	国际礼拜堂	衡山路58号	1989年	1	
58	修道院公寓	湖南街道办事处	复兴西路62号	1989年	1	
59	旧上海特别市政府	体育学院办公楼	清源环路650号	1989年	1	
60	上海市体育场	江湾体育场	国和路346号	1989年	1	
61	杨树浦水厂	杨树浦自来水制水有限公司	杨树浦路830号	1989年	1	上海市优秀历史建筑由上海市人民政府公布，参考网址：上海市规划和国土资源管理局网站（www.shgtj.gov.cn）参考资料：《上海市历史文化风貌区和保护建筑地图》
62	住宅	安徽省驻沪办事处招待所	新华路185弄1号	1994年	2	
63	住宅	市一商局疗养院	新华路315号	1994年	2	
64	住宅	住宅	新华路329弄17号	1994年	2	
65	西园大厦	西园公寓	愚园路1396号	1994年	2	
66	住宅	比利时驻沪总领事馆	武夷路127号	1994年	2	
67	圣约翰大学（校政厅、怀施堂、思颜堂、思孟堂、科学堂、西门堂）	华东政法学院	万航渡路1175号	1994年	2	
68	卫乐园	卫乐园	泰安路120号	1994年	2	
69	中西女中	市三女中	江苏路155号东楼、北楼	1994年	2	
70	住宅	武警总队	虹桥路2275号（已拆）	1994年	2	
71	安息堂	安息堂	虹桥路2381号	1994年	2	
72	住宅	住宅	愚园路754号	1994年	2	
73	日本领事馆、联合国救济总署	商业置地公司	黄浦路106号	1994年	2	

续表

编号	原名	现名	地址	公布日期	批次	资料来源
74	河滨公寓	河滨公寓	北苏州河路340号	1994年	2	
75	鸿德堂	鸿德堂	多伦路59号	1994年	2	
76	雷氏达工学院	上海市海员医院	东长治路505号	1994年	2	
77	北方局	上海远洋运输公司	东大名路378号	1994年	2	
78	高阳大楼	高阳大楼	东大名路817号	1994年	2	
79	新亚酒楼	新亚大酒店	天潼路422号	1994年	2	
80	四行大楼	九州商厦	四川北路1274号	1994年	2	上海市优秀历史建筑由上海市人民政府公布，参考网址：上海市规划和国土资源管理局网站（www.shgtj.gov.cn）参考资料：《上海市历史文化风貌区和保护建筑地图》
81	中国银行大楼	工商银行	四川北路894号	1994年	2	
82	景灵堂	景灵堂	昆山路135号	1994年	2	
83	虹口救火会	虹口消防队	哈尔滨路2号	1994年	2	
84	上海监狱	提篮桥监狱	长阳路147号	1994年	2	
85	法国邮船大楼	住总公司机电设计院	中山东二路9号	1994年	2	
86	有利银行	上海建筑设计院	中山东一路4号	1994年	2	
87	中国通商银行	华夏银行	中山东一路6号	1994年	2	
88	大北电报局	盘谷银行上海分行	中山东一路7号	1994年	2	
89	华俄道胜银行	中国外汇交易中心	中山东一路15号	1994年	2	
90	台湾银行	工艺品进出口公司	中山东一路16号	1994年	2	
91	字林西报大楼	丝绸进出口公司上海通联实业总公司	中山东一路17号	1994年	2	
92	麦加利银行	上海家用纺织品进出口公司	中山东一路18号	1994年	2	

续表

编号	原名	现名	地址	公布日期	批次	资料来源
93	横滨正金银行	工商银行纺织控股集团公司	中山东一路24号	1994年	2	
94	英国领事馆	市机管局	中山东一路33号 1#、8#楼	1994年	2	
95	外滩信号台	外滩史陈列室	中山东二路1号甲	1994年	2	
96	外白渡桥	外白渡桥	外滩	1994年	2	
97	乍浦路桥	乍浦路桥	乍浦路	1994年	2	
98	四川路桥	四川路桥	四川中路	1994年	2	上海市优秀历史建筑由上海市人民政府公布，参考网址：上海市规划和国土资源管理局网站（www.shgtj.gov.cn）参考资料：《上海市历史文化风貌区和保护建筑地图》
99	格林邮船大楼	上海广播电台	北京东路2号	1994年	2	
100	洋行	海运局服务公司	滇池路100号	1994年	2	
101	洋行	电视社杂志社	滇池路120号	1994年	2	
102	洋行	圆明园酒家	北京东路81号	1994年	2	
103	国华银行大楼	黄浦区税务局	北京东路342号	1994年	2	
104	广学大楼	上海市文体进出口公司	虎丘路128号	1994年	2	
105	光陆大戏院	外贸会堂	虎丘路146号	1994年	2	
106	银行公会大楼	爱建公司	香港路59号	1994年	2	
107	洋行	上海广告公司	圆明园路97号	1994年	2	
108	女青年会大楼	上海市政设计院	圆明园路133号	1994年	2	
109	真光大楼	真光大楼	圆明园路209号	1994年	2	
110	迦陵大楼	嘉陵大楼	南京东路99号	1994年	2	
111	慈淑大楼	东海商都	南京东路353号	1994年	2	
112	麦家圈医院	仁济医院	山东中路145号	1994年	2	
113	正广和公司	机要局	福州路44号	1994年	2	
114	总巡捕房	上海市公安局	福州路185号	1994年	2	
115	美国花旗总会	高级法院	福州路209号	1994年	2	

续表

编号	原名	现名	地址	公布日期	批次	资料来源
116	大来大楼	锦江集团财务公司证券经营部、建设银行三支行	广东路51号、59号	1994年	2	上海市优秀历史建筑由上海市人民政府公布，参考网址：上海市规划和国土资源管理局网站（www.shgtj.gov.cn）参考资料：《上海市历史文化风貌区和保护建筑地图》
117	永年人寿保险公司	上海巴黎国际银行、轻工业局老干部大学	广东路93号	1994年	2	
118	申报馆	三环房产公司	汉口路309号	1994年	2	
119	吉祥里	吉祥里	河南路531~541号	1994年	2	
120	礼记洋行	鲤鱼门酒家	江西中路255号	1994年	2	
121	汉弥登大楼	福州大楼	江西中路170号	1994年	2	
122	都城饭店	新城饭店	江西中路180号	1994年	2	
123	建设大厦	上海市冶金工业局	江西中路181号	1994年	2	
124	浙江第一商业银行	华东建筑设计研究院	汉口路151号	1994年	2	
125	大陆银行	上海信托投资公司	九江路111号	1994年	2	
126	物资供应站	上海医药供应公司	九江路89号	1994年	2	
127	上海公库	建设银行分行	九江路50号	1994年	2	
128	中华邮政储金汇业局	九江路邮电局	九江路36号	1994年	2	
129	若瑟堂	若瑟堂	四川南路36号	1994年	2	
130	企业大楼	上海市轻工业局	四川中路33号	1994年	2	
131	卜内门大楼	上海时运物业集团、上海市新华书店	四川中路133号	1994年	2	
132	汇丰大楼	上海浦东国际机场公司	四川中路220号	1994年	2	
133	四行储蓄大楼	化轻公司	四川中路261号	1994年	2	

续表

编号	原名	现名	地址	公布日期	批次	资料来源
134	东方饭店	上海市工人文化宫	西藏中路120号	1994年	2	上海市优秀历史建筑由上海市人民政府公布，参考网址：上海市规划和国土资源管理局网站（www.shgtj.gov.cn）参考资料：《上海市历史文化风貌区和保护建筑地图》
135	德士古大楼（会德丰大楼）	上海黄浦房地产股份有限公司	延安东路110号	1994年	2	
136	中汇大楼	中汇大楼	延安东路143号	1994年	2	
137	华商纱布交易所	上海市自然博物馆	延安东路260号	1994年	2	
138	中法学堂	光明中学	淮海东路70号	1994年	2	
139	三井洋行	毛表七厂办公楼	四川中路175号	1994年	2	
140	江南制造局	江南造船厂	高雄路2号（总办公楼、2号船坞、指挥楼、飞机车间）	1994年	2	
141	慈修庵	慈修庵	秦岭街15号	1994年	2	
142	小桃园清真寺	小桃园清真寺	小桃园街52号	1994年	2	
143	清心堂	清心堂	大昌街30号	1994年	2	
144	犹太人总会、黄河皮鞋店	联谊俱乐部统战部，市皮革公司商厦	南京西路702号、722号	1994年	2	
145	德义大楼	德义大楼	南京西路778号	1994年	2	
146	中国银行	中国工商银行	南京西路801号	1994年	2	
147	MEDHURST大楼	泰兴大楼	南京西路934号	1994年	2	
148	静安别墅	静安别墅（里弄住宅）	南京西路1025弄	1994年	2	
149	花园住宅	上海市外办、对外友协	南京西路1418号	1994年	2	
150	模范村	模范村里弄住宅	延安中路877弄	1994年	2	
151	住宅	住宅	延安中路931~979号	1994年	2	

续表

编号	原名	现名	地址	公布日期	批次	资料来源
152	意大利总会	市文联	延安西路238号	1994年	2	上海市优秀历史建筑由上海市人民政府公布，参考网址：上海市规划和国土资源管理局网站（www.shgtj.gov.cn）参考资料：《上海市历史文化风貌区和保护建筑地图》
153	百乐门舞厅	百乐门影剧院	愚园路218号	1994年	2	
154	愚谷村	愚谷村里弄住宅	愚园路361弄	1994年	2	
155	（陈炳谦）住宅	第二工业大学（已报市政府注销）	威海卫路771号	1994年	2	
156	怀恩堂	怀恩堂	陕西北路375号	1994年	2	
157	西摩路会堂	上海市教育局礼堂	陕西北路500号	1994年	2	
158	花园住宅	城市规划设计研究院	铜仁路333号	1994年	2	
159	花园住宅	中信公司	北京西路1301号	1994年	2	
160	大胜胡同	大胜胡同	华山路229~285弄	1994年	2	
161	海格大楼	静安宾馆	华山路400号	1994年	2	
162	美国学校	中国福利会儿童艺术剧院、马可波罗俱乐部	华山路643号、639号	1994年	2	
163	枕流公寓	枕流公寓	华山路731号	1994年	2	
164	景华新村	景华新村	巨鹿路820号	1994年	2	
165	爱登公寓	常德公寓	常德路195号	1994年	2	
166	望德堂	住宅	北京西路1220弄2号	1994年	2	
167	雷氏德医学研究院	上海医学工业研究院	北京西路1320号	1994年	2	
168	花园住宅	上海市仪表局	延安中路816号	1994年	2	
169	法公董局	综合办公楼	淮海中路375号	1994年	2	
170	培文公寓	培文公寓	淮海中路449号	1994年	2	
171	永业大楼	永业大楼	淮海中路481号	1994年	2	
172	国泰大戏院	国泰电影院	淮海中路870号	1994年	2	

续表

编号	原名	现名	地址	公布日期	批次	资料来源
173	法国总会	花园饭店	茂名南路58号	1994年	2	
174	兰心大戏院	兰心大戏院	茂名路57号	1994年	2	
175	ASTRID公寓	南昌大楼	茂名南路143号	1994年	2	
176	法国总会（老）	科学会堂（一号楼）	南昌路47号	1994年	2	
177	梵尔登花园	里弄住宅	陕西南路39弄1～103号	1994年	2	
178	陕南村	陕南村	陕西南路157～187号	1994年	2	上海市优秀历史建筑由上海市人民政府公布，参考网址：上海市规划和国土资源管理局网站（www.shgtj.gov.cn）参考资料：《上海市历史文化风貌区和保护建筑地图》
179	花园住宅	花园住宅	思南路51～95号	1994年	2	
180	震旦大学图书馆教学大楼	第二医科大学十二号楼	重庆南路280号	1994年	2	
181	东正教堂	幸运城大酒店	皋兰路16号	1994年	2	
182	中国造币厂	上海造币厂	光复西路17号	1994年	2	
183	玉佛寺	玉佛寺	安远路170号	1994年	2	
184	花园住宅	东湖宾馆七号楼	淮海中路1110号	1994年	2	
185	亨利公寓	淮中大楼、中波轮船公司	淮海中路1160～1164号	1994年	2	
186	盖司康公寓	淮海公寓	淮海中路1202号	1994年	2	
187	上方花园	上方花园	淮海中路1285弄	1994年	2	
188	皇家公寓	淮海大楼、美美百货	淮海中路1300～1326号	1994年	2	
189	花园住宅	法国领事馆	淮海中路1431号	1994年	2	
190	花园住宅	美国领事馆	淮海中路1469号	1994年	2	
191	逸村	逸村	淮海中路1610弄3号	1994年	2	
192	花园住宅	上海市科技情报所	淮海中路1634号	1994年	2	

续表

编号	原名	现名	地址	公布日期	批次	资料来源
193	中南新村	中南新村	淮海中路1670弄	1994年	2	上海市优秀历史建筑由上海市人民政府公布，参考网址：上海市规划和国土资源管理局网站（www.shgtj.gov.cn）参考资料：《上海市历史文化风貌区和保护建筑地图》
194	花园住宅	花园住宅	淮海中路1754弄2号	1994年	2	
195	东美特公寓	武康大楼	淮海中路1842~1858号	1994年	2	
196	丁香花园	丁香花园	华山路849号	1994年	2	
197	住宅	工商业联合会	华山路893号	1994年	2	
198	南洋公学	上海交通大学	华山路1954号	1994年	2	
199	道斐南公寓	建国公寓	建国西路394号	1994年	2	
200	建业里	建业里	建国西路440弄2号	1994年	2	
201	懿园	懿园	建国西路506弄3号	1994年	2	
202	住宅	波兰驻沪总领事馆	建国西路618号	1994年	2	
203	美童公学	七〇四所	衡山路10号	1994年	2	
204	华盛顿公寓	西湖公寓	衡山路303号	1994年	2	
205	毕卡迪公寓	衡山宾馆	衡山路534号	1994年	2	
206	住宅	德国驻沪领事馆	永福路151号	1994年	2	
207	花园住宅	老干部局	岳阳路145号	1994年	2	
208	永嘉新村	永嘉新村	永嘉路580号	1994年	2	
209	永康新村	永康新村	永康路580号	1994年	2	
210	花园住宅	一〇三所	岳阳路110号	1994年	2	
211	花园住宅	里弄住宅	岳阳路200弄	1994年	2	
212	中央研究院	中国科学院生理研究所	岳阳路320号	1994年	2	
213	徐汇公学	徐汇中学	虹桥路68号	1994年	2	
214	徐家汇圣母院	徐家汇圣母院	漕溪北路45号	1994年	2	

续表

编号	原名	现名	地址	公布日期	批次	资料来源
215	藏书楼	上海市图书馆	漕溪北路80号	1994年	2	上海市优秀历史建筑由上海市人民政府公布，参考网址：上海市规划和国土资源管理局网站（www.shgtj.gov.cn）参考资料：《上海市历史文化风貌区和保护建筑地图》
216	中山医院	中山医院	医学院路136号	1994年	2	
217	国立上海医学院	第一医科大学	医学院路138号	1994年	2	
218	正广和大班住宅	住宅	武康路99号	1994年	2	
219	密丹公寓	密丹公寓	武康路115号	1994年	2	
220	丽波花园东主楼	上海市体育研究所	吴兴路87号	1994年	2	
221	朱敏堂住宅	住宅	乌鲁木齐南路151号	1994年	2	
222	自由公寓	自由公寓	五原路258号	1994年	2	
223	高安公寓	高安公寓	高安路14号	1994年	2	
224	东正教堂	建设银行	新乐路55号	1994年	2	
225	会乐精舍	会乐公寓	复兴西路34号	1994年	2	
226	克莱门公寓	克莱门公寓	复兴中路1363弄4号	1994年	2	
227	住宅	住宅	汾阳路9弄3号	1994年	2	
228	住宅	音乐学院附校甲、乙楼	东平路9号	1994年	2	
229	赛华公寓	瑞华公寓	常熟路209号	1994年	2	
230	住宅	结核病防治中心	延庆路130号	1994年	2	
231	杨树浦电厂	杨树浦电厂	杨树浦路2800号（铁皮车间）	1994年	2	
232	沪江大学	华东工业大学	军工路516号礼堂、试验楼	1994年	2	
233	旧市博物馆	第二军医大学（主楼）	长海路174号	1994年	2	
234	旧市图书馆	同济中学	黑山路181号	1994年	2	
235	四行仓库	仓库	光复路21号	1994年	2	
236	震旦大学博物馆	昆虫研究所	重庆南路225号	1994年	2	

续表

编号	原名	现名	地址	公布日期	批次	资料来源
237	海底电缆登陆局房	东海船厂	逸仙路3901号	1999年	3	
238	黄家花园	崇明县中心医院	城桥镇南门港街25号	1999年	3	
239	兆丰别墅	兆丰别墅	长宁路712弄	1999年	3	
240	新华村	长宁区政府11号楼	愚园路1320号	1999年	3	
241	新华村	长宁区政府12号楼	愚园路1320号	1999年	3	上海市优秀历史建筑由上海市人民政府公布,参考网址:上海市规划和国土资源管理局网站(www.shgtj.gov.cn)参考资料:《上海市历史文化风貌区和保护建筑地图》
242	新华村	长宁区政府14号楼	愚园路1320号	1999年	3	
243	新华村	长宁区政府15号楼	愚园路1320号	1999年	3	
244	亦村	亦村	泰安路76弄	1999年	3	
245	住宅	工商银行愚园路分理处等	愚园路1294号	1999年	3	
246	沪西别墅	沪西别墅	愚园路1210弄东侧	1999年	3	
247	住宅	住宅	愚园路1112弄4号、20号	1999年	3	
248	私立妇孺医院	长宁区妇产科医院	延安西路934号	1999年	3	
249	住宅	汉语大词典出版社	新华路200号	1999年	3	
250	住宅	住宅	新华路231号	1999年	3	
251	住宅	住宅	新华路329弄32号乙	1999年	3	
252	住宅	住宅	新华路329弄36号	1999年	3	

续表

编号	原名	现名	地址	公布日期	批次	资料来源
253	住宅	住宅	新华路236号、248号,272弄2号、6号,294弄1号	1999年	3	上海市优秀历史建筑由上海市人民政府公布,参考网址:上海市规划和国土资源管理局网站(www.shgtj.gov.cn)参考资料:《上海市历史文化风貌区和保护建筑地图》
254	住宅	兴国宾馆2号楼	兴国路72号	1999年	3	
255	住宅	兴国宾馆6号楼	兴国路72号	1999年	3	
256	梅泉别墅	梅泉别墅	新华路593弄	1999年	3	
257	住宅	办公楼(空置)	新华路483号	1999年	3	
258	住宅	新华路警署	新华路179号	1999年	3	
259	住宅	上海市信息中心一号楼及西侧花园住宅群	华山路1076号及1100弄、1120弄	1999年	3	
260	海格园	花园住宅群	华山路1006弄	1999年	3	
261	住宅	上海市工人疗养院	延安西路2558号(1~4号楼)	1999年	3	
262	住宅	住宅	新华路211弄2号	1999年	3	
263	哥伦比亚总会	上海生物制品研究所	延安西路1262号	1999年	3	
264	大理石亭	大理石亭	长宁路中山公园内	1999年	3	
265	弗兰克林住宅、中央银行俱乐部	空军455医院	淮海西路338号	1999年	3	
266	西区污水处理厂水泵房	上海市城市排水管理技工学校	天山路30号	1999年	3	
267	达华公寓	达华宾馆	延安西路918~928号	1999年	3	
268	丁香别墅	丁香别墅	华山路922号	1999年	3	
269	真如中学	延安中学北楼	延安西路601号	1999年	3	

续表

编号	原名	现名	地址	公布日期	批次	资料来源
270	大陆新村、文华新村	住宅	山阴路30、44、64、112、124、132、144、156、168、180、192、208、210弄，甜爱路59号、40号，山阴路2弄1~43号，四川北路2044~2058号	1999年	3	
271	长春公寓	长春公寓	长春路304号	1999年	3	上海市优秀历史建筑由上海市人民政府公布，参考网址：上海市规划和国土资源管理局网站（www.shgtj.gov.cn）参考资料：《上海市历史文化风貌区和保护建筑地图》
272	住宅	住宅	溧阳路1084弄2~11号、1114弄1~21号、1156弄1~19号、1208弄1~12号、1219号、1221号、1235号、1237号、1251号、1253号、1267号、1269号、1281号、1283号、1295号、1297号、1311号	1999年	3	
273	住宅	住宅	武进路206~296号	1999年	3	
274	礼查饭店	浦江饭店	黄浦路15号	1999年	3	
275	公寓	公寓	昆山路227号、277号，昆山花园路1~10号	1999年	3	
276	住宅	住宅	蟠龙街1~13号	1999年	3	
277	西本愿寺	梦幻柔情舞厅	乍浦路455号	1999年	3	
278	上海市第七百货商店	上海市第七百货商店	四川北路875~895号（海宁路口）	1999年	3	
279	住宅	上海纺织老干部活动室	多伦路215号	1999年	3	

续表

编号	原名	现名	地址	公布日期	批次	资料来源
280	祥德路住宅	祥德路住宅	祥德路2弄	1999年	3	
281	扬子大楼	中国农业银行上海分行外汇营业部大楼	中山东一路26号	1999年	3	
282	交通银行	市总工会大楼	中山东一路14号	1999年	3	
283	日清大楼	锦都大楼	中山东一路5号	1999年	3	
284	普益大楼	上海电气集团总公司	四川中路106~110号	1999年	3	
285	大北电报局	上海长途电信科技发展公司、上海市城市交通管理局	延安东路34号	1999年	3	上海市优秀历史建筑由上海市人民政府公布，参考网址：上海市规划和国土资源管理局网站（www.shgtj.gov.cn）参考资料：《上海市历史文化风貌区和保护建筑地图》
286	中南大楼	爱建金融大楼	汉口路110号	1999年	3	
287	美伦大楼	上海晒图厂等	南京东路151~171号	1999年	3	
288	上海电力公司	华东电管局	南京东路181号	1999年	3	
289	博物院大楼	青岛工行	虎丘路20号	1999年	3	
290	颐中大楼	上海海欧照相机销售有限公司	南苏州路161~175号	1999年	3	
291	沪宁铁路局、安顺洋行	元芳弄	四川中路126弄（元芳弄）5~12号	1999年	3	
292	三菱洋行、美孚洋行	懿德大楼	广东路94~102号，四川中路109号	1999年	3	
293	青年协会大楼	虎丘公寓	虎丘路131号	1999年	3	
294	兰心大楼	渣打银行上海分行	圆明园路185号	1999年	3	
295	恒业里	恒业里	江西中路135弄1~13号	1999年	3	

续表

编号	原名	现名	地址	公布日期	批次	资料来源
296	四明大楼	上海建筑材料集团总公司	北京东路232～240号	1999年	3	上海市优秀历史建筑由上海市人民政府公布，参考网址：上海市规划和国土资源管理局网站（www.shgtj.gov.cn）参考资料：《上海市历史文化风貌区和保护建筑地图》
297	哈同大楼	慈安里大楼	南京东路98～114号	1999年	3	
298	东亚大楼	东亚银行	四川中路299号	1999年	3	
299	谦信大楼	中国人民解放军海军后勤部上海物资站	江西中路138号	1999年	3	
300	瑞康洋行买办住宅	上海市储能中学一分部	黄陂南路25号乙	1999年	3	
301	清心中学	上海市第八中学	陆家浜路550号	1999年	3	
302	龙门村	龙门村	尚文路133弄1～105号（迎勋北路）	1999年	3	
303	中法求新机器轮船制造厂	上海求新船厂厂部办公楼/红楼	南市机场路132号	1999年	3	
304	上海电话局南市总局	中华路电话局办公楼/机房	中华路734路	1999年	3	
305	邱氏住宅	民立中学四号楼	威海路412号	1999年	3	
306	联华公寓	联华公寓	北京西路1341～1383号、铜仁路304～330号、南阳路	1999年	3	
307	住宅	住宅	铜仁路280号	1999年	3	
308	皮裘公寓	皮裘公寓	铜仁路278号	1999年	3	
309	震兴里、荣康里、德庆里	震兴里、荣康里、德庆里	茂名北路200～290弄	1999年	3	
310	住宅	岳阳医院	青海路44号	1999年	3	
311	善钟里	住宅	常熟路113弄2～31号	1999年	3	

续表

编号	原名	现名	地址	公布日期	批次	资料来源
312	亚细亚火油公司住宅	巨鹰宾馆	巨鹿路889号	1999年	3	
313	住宅	住宅	巨鹿路868~892号	1999年	3	
314	住宅	住宅	巨鹿路852弄1~8号、10号	1999年	3	
315	住宅	作家协会	巨鹿路675~681号	1999年	3	
316	住宅	住宅	南京西路1522弄	1999年	3	上海市优秀历史建筑由上海市人民政府公布，参考网址：上海市规划和国土资源管理局网站（www.shgtj.gov.cn）参考资料：《上海市历史文化风貌区和保护建筑地图》
317	太阳公寓	太阳公寓	威海路651号、665弄	1999年	3	
318	四明星	四明村	延安中路913弄	1999年	3	
319	蒲园	蒲园	长乐路570弄	1999年	3	
320	杜美新村	长乐新村	长乐路764弄	1999年	3	
321	住宅	住宅	富民路210弄2~14号、长乐路752~762号	1999年	3	
322	大华公寓	大华公寓	南京西路864号、868号、870号、884号，奉贤路137号、147号、148弄1~4号	1999年	3	
323	住宅	华园物业公司办公楼	长乐路800号	1999年	3	
324	住宅	住宅	奉贤路68弄40~52号、80~92号	1999年	3	
325	中实新村	中实新村	愚园路581~589弄、579弄	1999年	3	
326	文元坊	住宅	愚园路608弄	1999年	3	

续表

编号	原名	现名	地址	公布日期	批次	资料来源
327	念吾新村、多福里、汾阳坊	念吾新村、多福里、汾阳坊	延安中路470弄、504弄、510弄	1999年	3	上海市优秀历史建筑由上海市人民政府公布，参考网址：上海市规划和国土资源管理局网站（www.shgtj.gov.cn）参考资料：《上海市历史文化风貌区和保护建筑地图》
328	法国会所	华山医院5号楼	乌鲁木齐中路12号5号楼	1999年	3	
329	住宅	少儿图书馆	南京西路962号	1999年	3	
330	住宅	延安中路部队招待所	延安中路810号	1999年	3	
331	爱司公寓	瑞金大楼	瑞金一路150号	1999年	3	
332	泰山公寓	泰山大楼	淮海中路622弄	1999年	3	
333	飞霞别墅	飞霞别墅	淮海中路584弄	1999年	3	
334	飞龙大楼	住宅	淮海中路538~544号、542弄	1999年	3	
335	法租界霞飞路巡捕房	卢湾区职业教育中心	淮海中路235号	1999年	3	
336	白尔登公寓	陕南大楼	陕西南路213号	1999年	3	
337	住宅	瑞金宾馆3号楼	瑞金二路188号	1999年	3	
338	住宅	瑞金宾馆4号楼	瑞金二路188号	1999年	3	
339	住宅	上海文史馆	思南路39~41号	1999年	3	
340	巴黎公寓	巴黎公寓	重庆南路165弄	1999年	3	
341	巴黎新村	巴黎新村	重庆南路169弄	1999年	3	
342	永丰村	住宅	重庆南路177号、179弄1~10号	1999年	3	
343	吕班公寓	重庆公寓	重庆南路185号	1999年	3	
344	诸圣堂	诸圣堂	复兴中路425号	1999年	3	
345	住宅	住宅	皋兰路1号	1999年	3	
346	住宅	上海文艺出版社等	绍兴路74号	1999年	3	
347	香山路住宅	住宅	香山路6号	1999年	3	

续表

编号	原名	现名	地址	公布日期	批次	资料来源
348	天主堂	南张安老院	七莘路九号桥	1999年	3	上海市优秀历史建筑由上海市人民政府公布，参考网址：上海市规划和国土资源管理局网站（www.shgtj.gov.cn）参考资料：《上海市历史文化风貌区和保护建筑地图》
349	露德圣母堂	露德圣母堂	浦东新区唐墓桥唐镇街40号	1999年	3	
350	住宅	住宅	钱仓路316号	1999年	3	
351	宜昌路救火会	消防三支队宜昌中队	宜昌路216号	1999年	3	
352	天利淡气制品厂	化工部上海化工研究院	云岭东路345号	1999年	3	
353	福新面粉厂	上海面粉公司	莫干山路120号	1999年	3	
354	上海啤酒有限公司上海啤酒厂	上海啤酒有限公司上海啤酒厂	宜昌路130号	1999年	3	
355	中华书局上海印刷厂	中华印刷有限公司	澳门路477号	1999年	3	
356	国立上海高级机械职业学校	上海理工大学图书馆	复兴中路1195号	1999年	3	
357	霞飞路住宅、比利时领馆	达芬奇集团	淮海中路1131号南楼	1999年	3	
358	万国储蓄会公寓、盖司康公寓	淮海公寓二号楼	淮海中路1204~1218号	1999年	3	
359	住宅	住宅	淮海中路1276~1292号	1999年	3	
360	住宅	住宅	华亭路71弄1~7号，延庆路135~149号	1999年	3	
361	住宅	住宅	华亭路72号、74号、76号、84号、86号，延庆路151~157号	1999年	3	
362	麦琪公寓	麦琪公寓	复兴西路24号	1999年	3	
363	上海新村	上海新村	淮海中路1487弄1~56号	1999年	3	

续表

编号	原名	现名	地址	公布日期	批次	资料来源
364	林肯公寓	曙光公寓	淮海中路1554~1568号	1999年	3	
365	来斯南村	来斯南村	五原路205弄2~6号	1999年	3	
366	住宅	上海永乐电影电视（集团）公司	永福路52号	1999年	3	
367	住宅	住宅	武康路40弄1号	1999年	3	
368	住宅	上海市房地产科学研究院	复兴西路193号3号楼	1999年	3	
369	住宅	湖南别墅	湖南路262号	1999年	3	上海市优秀历史建筑由上海市人民政府公布，参考网址：上海市规划和国土资源管理局网站（www.shgtj.gov.cn）参考资料：《上海市历史文化风貌区和保护建筑地图》
370	住宅	巴金住宅	武康路113号	1999年	3	
371	住宅	武康路117弄1号住宅	武康路117弄1号	1999年	3	
372	住宅	武康路117弄2号住宅	武康路117弄2号	1999年	3	
373	住宅	汽车工业总公司	武康路390号	1999年	3	
374	住宅	住宅	武康路393号	1999年	3	
375	住宅	住宅	淮海中路1818弄1~8号	1999年	3	
376	住宅	住宅	嘉善路131~143弄，169弄	1999年	3	
377	住宅	上海电影译制厂	永嘉路383号	1999年	3	
378	住宅	零三单位华东办事处	永嘉路389号	1999年	3	
379	住宅	瑞金宾馆太原分馆	太原路160号	1999年	3	
380	住宅	住宅	永嘉路495弄	1999年	3	
381	住宅	电话局职工住宅	建国西路398号	1999年	3	
382	住宅	住宅	岳阳路170弄1号楼	1999年	3	

续表

编号	原名	现名	地址	公布日期	批次	资料来源
383	住宅	住宅	永嘉路527弄1～5号	1999年	3	
384	住宅	住宅	永嘉路571号	1999年	3	
385	住宅	住宅	安亭路81弄2号、4号	1999年	3	
386	花园住宅	住宅、小旋枫酒店	安亭路130号、132号	1999年	3	
387	住宅	建国西路幼儿园	建国西路620号、622号	1999年	3	
388	住宅	市委机关幼儿园	余庆路190号	1999年	3	上海市优秀历史建筑由上海市人民政府公布，参考网址：上海市规划和国土资源管理局网站（www.shgtj.gov.cn）参考资料：《上海市历史文化风貌区和保护建筑地图》
389	大修道院	徐汇区人民检察院	南丹路以南（漕溪北路336号）	1999年	3	
390	江南弹药局	7315厂房（翻砂车间）	龙华路2577号	1999年	3	
391	住宅	住宅	隆昌路222～266号	1999年	3	
392	东区污水处理厂	东区污水处理厂	河间路1283号	1999年	3	
393	上海煤气公司	杨树浦煤气厂	杨树浦路2524号	1999年	3	
394	裕丰纺织株式会社	上海第17棉纺织总厂	杨树浦路2866号	1999年	3	
395	正广和汽水有限公司	上海梅林正广和集团有限公司	通北路400号	1999年	3	
396	怡和纱厂	上海第五毛纺厂	杨树浦路670号	1999年	3	
397	蜜丰绒线厂	上海第17毛纺厂（茂华毛纺厂）	波阳路400号	1999年	3	
398	上海总商会	电子元件研究所南楼	北苏州路470号	1999年	3	
399	上海基督教青年会	浦光大楼／浦光中学	四川中路595～607号	2005年	4	

续表

编号	原名	现名	地址	公布日期	批次	资料来源
400	英商自来水公司大楼	自来大楼	江西中路484号	2005年	4	
401	英商自来水公司办公楼	自力大楼／自来水公司管线管理所	江西中路464～466号	2005年	4	
402	源源长银行／东方企业公司	住宅	江西中路473号	2005年	4	
403	恒丰大楼	恒丰大楼／上海航道局办公用房	江西中路450～454号	2005年	4	
404	信托大楼／上海信托公司	沙美大楼	北京东路190号	2005年	4	上海市优秀历史建筑由上海市人民政府公布，参考网址：上海市规划和国土资源管理局网站（www.shgtj.gov.cn）参考资料：《上海市历史文化风貌区和保护建筑地图》
405	浙江兴业银行	上海市建工集团、上海市物资局、北京西路售票处等	北京东路230号	2005年	4	
406	中垦大楼／中国垦业银行	上海市电力公司（北部）、上海市建筑材料供应总公司、上海航空铸锻公司	北京东路239号、255号	2005年	4	
407	中一信托大楼／中一信托股份公司	中一大楼／上海市联运总公司	北京东路270号	2005年	4	
408	盐业大楼／盐业银行	上海长江电气集团等	北京东路280号	2005年	4	
409	上海洋行／上海商业储蓄银行	上海浦东发展银行总部	宁波路40号、50号，江西中路368号	2005年	4	
410	中央储蓄会／广东银行	光大银行	天津路2号，江西中路349号	2005年	4	
411	美丰银行	美丰大楼／上海强农集团	河南中路521～529号，宁波路180号	2005年	4	

续表

编号	原名	现名	地址	公布日期	批次	资料来源
412	恒利银行	永利大楼	河南中路495号、503号，天津路100号	2005年	4	
413	上海钱业公会	钱业大楼／长江计算机集团	宁波路276号	2005年	4	
414	南京饭店	南京饭店	山西南路182～200号，天津路191～211弄	2005年	4	
415	安利洋行	安利大楼／上海晶通化学品有限公司等	四川中路320号，九江路80号	2005年	4	上海市优秀历史建筑由上海市人民政府公布，参考网址：上海市规划和国土资源管理局网站（www.shgtj.gov.cn）参考资料：《上海市历史文化风貌区和保护建筑地图》
416	大清银行／中国人寿保险公司	上海骅骏商贸有限公司、市残疾人联合会	四川中路268～270号，汉口路50号	2005年	4	
417	百乐饭店／同仁医院／教会学校	曾为黄浦区人民政府大楼	九江路219号	2005年	4	
418	花园住宅	上海市公安机关服务中心	汉口路210号	2005年	4	
419	旗昌洋行	上海市生产服务合作联社等	福州路17号、19号	2005年	4	
420	中兴银行	申达大楼／上海市机电设计研究院	福州路89号	2005年	4	
421	雷米洋行／利名洋行	住宅	金陵东路8号	2005年	4	
422	约克大楼	金陵大楼	四川南路29号	2005年	4	
423	太古洋行	丰华大楼／上海工业发展基金会	中山东二路22号	2005年	4	
424	金城大戏院	黄浦剧场	北京东路780号	2005年	4	
425	三星大舞台／中国大戏院	中国剧场	牛庄路700～714号	2005年	4	

续表

编号	原名	现名	地址	公布日期	批次	资料来源
426	新光大戏院	新光电影院	宁波路586号	2005年	4	
427	中国大饭店	上海铁道宾馆	宁波路588号，贵州路160~170号	2005年	4	
428	扬子饭店	扬子饭店（曾用名：申江饭店）	汉口路740号	2005年	4	
429	中国纺织建设公司第五仓库	上海市纺织原料公司新闸桥仓库	南苏州路1295号	2005年	4	
430	洋行	上海东方音像有限公司	广东路306号	2005年	4	上海市优秀历史建筑由上海市人民政府公布，参考网址：上海市规划和国土资源管理局网站（www.shgtj.gov.cn）参考资料：《上海市历史文化风貌区和保护建筑地图》
431	江苏旅社	福州路379弄50号住宅	福州路379弄50号	2005年	4	
432	中国银行南市办事处	童涵春堂	人民路1号（小东门）	2005年	4	
433	仁记珠宝银楼	瑞源珠宝等	中华路5号	2005年	4	
434	联市联谊会	上海双工缝纫设备开发公司	中华路55号	2005年	4	
435	集贤村	集贤村	金坛路35弄1~30号、32~44号	2005年	4	
436	小南门警钟楼	小南门警钟楼	中华路581号	2005年	4	
437	沪南钱业公所	沪南钱业公所	人民路安仁街古城公园内（原址：北施家弄133号）	2005年	4	
438	中苏友好大厦	上海展览中心	延安中路1000号	2005年	4	
439	荣氏花园住宅	花园住宅/香港星空传媒集团公司上海代表处	陕西北路186号	2005年	4	
440	宋氏花园住宅	宋氏花园住宅	陕西北路369号	2005年	4	
441	花园住宅	上海市水务局	铜仁路257号	2005年	4	

续表

编号	原名	现名	地址	公布日期	批次	资料来源
442	大新烟草公司	上海电筒厂职工宿舍	北京西路1094弄2号	2005年	4	上海市优秀历史建筑由上海市人民政府公布，参考网址：上海市规划和国土资源管理局网站（www.shgtj.gov.cn）参考资料：《上海市历史文化风貌区和保护建筑地图》
443	花园住宅	上海电气进出口公司	北京西路1394弄2号	2005年	4	
444	纪氏花园住宅	静安区文化局	北京西路1510号	2005年	4	
445	觉园/南国大佛寺	居士林	常德路418号	2005年	4	
446	沁园村	沁园村	新闸路1124弄	2005年	4	
447	刘氏花园住宅，小校经阁（八角楼）	住宅	新闸路1321号	2005年	4	
448	宜德堂	杨氏花园住宅	昌化路136号	2005年	4	
449	张氏花园住宅	康定花园	康定路2号	2005年	4	
450	戈登路巡捕房	上海商业会计学校静安分校	江宁路511号	2005年	4	
451	花园住宅	上海市眼科医院	陕西北路805号	2005年	4	
452	康定路759弄花园住宅	静安区政协	康定路759弄	2005年	4	
453	司米托莫银行	上海对外经济研究中心/全球经济发展中心	胶州路510号	2005年	4	
454	龚氏花园住宅	宝钢老干部活动中心	胶州路522号	2005年	4	
455	上海市政委员会电力部住宅	上海古典建筑装饰工程一公司	胶州路561号	2005年	4	
456	上海市科学馆	上海市静安业余大学	胶州路601号	2005年	4	
457	刘氏花园住宅	市房地产协会	长乐路786号、784号	2005年	4	
458	中央储备银行	上海歌舞剧院	常熟路100弄10号	2005年	4	

续表

编号	原名	现名	地址	公布日期	批次	资料来源
459	新恩堂/上海公共礼拜堂/基督教新教堂	上海基督教三自爱国运动委员会	乌鲁木齐北路25号	2005年	4	上海市优秀历史建筑由上海市人民政府公布,参考网址:上海市规划和国土资源管理局网站(www.shgtj.gov.cn)参考资料:《上海市历史文化风貌区和保护建筑地图》
460	熊佛西楼	上海戏剧学院熊佛西楼	华山路630号	2005年	4	
461	潘氏花园住宅	上广交响乐团	武定西路1498弄	2005年	4	
462	花园住宅	辞书出版社	陕西北路457号	2005年	4	
463	中德医院	妇婴保健院	延安中路393号	2005年	4	
464	康绥公寓	康绥公寓	淮海中路468~494号	2005年	4	
465	国泰公寓	国泰公寓	淮海中路816弄、818~832号	2005年	4	
466	霞飞坊	淮海坊	淮海中路927弄	2005年	4	
467	法国总会俱乐部	卢湾区业余体育学校	南昌路57号	2005年	4	
468	上海别墅	上海别墅	南昌路110弄、112~122号	2005年	4	
469	花园住宅群	花园住宅群	南昌路124~134号、136弄1~16号、138~146号	2005年	4	
470	克美产科医院	卢湾区政府2号楼	重庆南路139号	2005年	4	
471	花园住宅	花园住宅	皋兰路11~17号	2005年	4	
472	希勒公寓	钟和公寓	茂名南路112号、124号	2005年	4	
473	梅兰坊	梅兰坊	黄陂南路596弄1~57号	2005年	4	
474	派克公寓	花园公寓	复兴中路455号	2005年	4	

续表

编号	原名	现名	地址	公布日期	批次	资料来源
475	花园住宅	花园住宅（其中471～473号曾为卢湾区第四聋哑学校）	复兴中路471～473号、477号	2005年	4	上海市优秀历史建筑由上海市人民政府公布，参考网址：上海市规划和国土资源管理局网站（www.shgtj.gov.cn）参考资料：《上海市历史文化风貌区和保护建筑地图》
476	花园住宅	花园住宅	复兴中路517号、531号、533～537号、541号	2005年	4	
477	辣斐坊	复兴坊	复兴中路553弄1～21号、543～551号、555～561号	2005年	4	
478	花园住宅	花园住宅	思南路50～70号	2005年	4	
479	万宜坊	万宜坊	重庆南路205弄5～94号	2005年	4	
480	广慈医院	瑞金医院8号楼	瑞金二路197号	2005年	4	
481	安和新村	安和新村	瑞金二路198弄	2005年	4	
482	金谷村	金谷村	绍兴路18弄	2005年	4	
483	爱麦虞限路9号宅	上海昆剧团	绍兴路9号	2005年	4	
484	明复图书馆	卢湾区图书馆	陕西南路235号	2005年	4	
485	花园住宅	花园住宅	淮海中路796号	2005年	4	
486	杜月笙公馆	东湖宾馆	东湖路70号	2005年	4	
487	花园住宅	青年报社	东湖路17号	2005年	4	
488	沪江别墅	沪江别墅	长乐路613弄	2005年	4	
489	花园住宅	上海市武警总队	淮海中路1209号	2005年	4	
490	愉园	愉园	淮海中路1350弄	2005年	4	
491	愉园	上海市武警总队家属楼	淮海中路1414号1号楼	2005年	4	
492	花园住宅	花园住宅	淮海中路1897号	2005年	4	

续表

编号	原名	现名	地址	公布日期	批次	资料来源
493	犹太俱乐部/花园住宅	上海音乐学院	汾阳路20号	2005年	4	上海市优秀历史建筑由上海市人民政府公布，参考网址：上海市规划和国土资源管理局网站（www.shgtj.gov.cn）参考资料：《上海市历史文化风貌区和保护建筑地图》
494	犹太医院及水塔	上海眼耳鼻喉科医院	汾阳路83号10号楼	2005年	4	
495	并立花园住宅	并立花园住宅	汾阳路152~154号、156~158号	2005年	4	
496	伊丽莎白公寓	复中公寓	复兴中路1327号	2005年	4	
497	黑石公寓	复兴公寓	复兴中路1331号	2005年	4	
498	花园住宅	上海轻工业研究所	宝庆路20号	2005年	4	
499	花园住宅	并立式住宅	太原路50弄1~2号、56弄1~4号、64弄1~4号	2005年	4	
500	花园住宅	上海音乐学院附小图书馆	东平路5号	2005年	4	
501	宋氏花园住宅	西式餐厅	东平路11号	2005年	4	
502	吴氏花园住宅	上海话剧艺术中心	安福路201号	2005年	4	
503	巨泼来斯公寓	安福路233号公寓	安福路233号	2005年	4	
504	花园住宅	上海话剧艺术中心	安福路284号	2005年	4	
505	花园住宅	商务部驻沪办事处	五原路251号，永福路1号	2005年	4	
506	花园住宅	中国福利会	五原路314号	2005年	4	
507	花园住宅	花园住宅	华山路831号	2005年	4	
508	花园住宅	丁香花园3号楼	华山路849号	2005年	4	
509	交通大学工程馆/新上院	上海交通大学	华山路1954号	2005年	4	

续表

编号	原名	现名	地址	公布日期	批次	资料来源
510	花园住宅	上海科技文献出版社	武康路2号	2005年	4	上海市优秀历史建筑由上海市人民政府公布，参考网址：上海市规划和国土资源管理局网站（www.shgtj.gov.cn）参考资料：《上海市历史文化风貌区和保护建筑地图》
511	美童公学宿舍楼及水塔	704所家属楼及水塔	衡山路10号	2005年	4	
512	丽波花园	丽波花园	衡山路300弄1~8号	2005年	4	
513	会斯乐公寓（乔治公寓）	集雅公寓	衡山路311~331号	2005年	4	
514	凯文公寓	凯文公寓（衡阳公寓）	衡山路525号	2005年	4	
515	贝当公寓	衡山公寓	衡山路700号	2005年	4	
516	中国唱片厂办公楼	小红楼/小红楼西餐厅	衡山路811号	2005年	4	
517	花园住宅	中科院原子核研究所	永嘉路630号	2005年	4	
518	巨福公寓（安康公寓）	安康公寓（乌鲁木齐公寓）	乌鲁木齐南路176号	2005年	4	
519	花园住宅	花园住宅	建国西路598号	2005年	4	
520	花园住宅	上海医学科学技术情报研究所	建国西路602号	2005年	4	
521	金司林公寓	安亭公寓	安亭路43号	2005年	4	
522	花园住宅	安亭别墅	安亭路46号1号楼	2005年	4	
523	荣氏花园住宅	徐汇区少年宫	高安路18弄20号	2005年	4	
524	励氏花园住宅	市建委老干部活动中心	高安路63号	2005年	4	
525	方建公寓（建成公寓）	建安公寓	高安路78弄1~3号	2005年	4	
526	花园住宅	花园住宅	康平路1号	2005年	4	

续表

编号	原名	现名	地址	公布日期	批次	资料来源
527	花园住宅	徐汇区老干部局	康平路205号	2005年	4	
528	花园住宅	花园住宅	吴兴路96号	2005年	4	
529	花园住宅	文艺医院	天平路40号	2005年	4	
530	花园住宅（法国领事馆）	中国科学院上海分院	岳阳路319号11号楼	2005年	4	
531	上海特别市市政府旧址	信息产业部电信科学技术第一研究所	平江路48号3号楼、7号楼	2005年	4	
532	徐家汇天文台	上海气象局	蒲西路166号	2005年	4	上海市优秀历史建筑由上海市人民政府公布，参考网址：上海市规划和国土资源管理局网站（www.shgtj.gov.cn）参考资料：《上海市历史文化风貌区和保护建筑地图》
533	龙华机场候机楼	中国民用航空华东管理局龙华航空站	龙华西路1号	2005年	4	
534	瑞康公寓	瑞康公寓	四川北路18号	2005年	4	
535	大桥公寓	大桥大楼	四川北路85号	2005年	4	
536	德邻公寓	信谊大药厂	四川北路71号1~6幢，崇明路82号	2005年	4	
537	披亚斯公寓	浦西公寓	蟠龙街26号、乍浦路199~215号、塘沽路411~429号	2005年	4	
538	小浦西公寓	小浦西公寓	塘沽路387~401号	2005年	4	
539	工部局西童女子学校	上海市安装工程有限公司	塘沽路390号	2005年	4	
540	景林庐	住宅	乍浦路260号，昆山路141~177号、254弄22~27号	2005年	4	

续表

编号	原名	现名	地址	公布日期	批次	资料来源
541	角田公寓	闵行大楼	闵行路171~181号、201~211号，峨眉路70~80号	2005年	4	上海市优秀历史建筑由上海市人民政府公布，参考网址：上海市规划和国土资源管理局网站（www.shgtj.gov.cn）参考资料：《上海市历史文化风貌区和保护建筑地图》
542	英华书馆	海军托儿所	武进路412号	2005年	4	
543	华童公学/汉壁礼男校/光华大夏大学附属中学	华东师范大学附属第一中学	中州路102号	2005年	4	
544	工部局宰牲场（宰牛场）	新亚集团产业（现闲置）	沙泾路10号、29号	2005年	4	
545	永丰坊，大德里，恒安坊	永丰坊，大德里，恒安坊	四川北路1515弄20~24号、34~105号、1519~1543号，1545弄1~33号、1~19号、1549~1551号	2005年	4	
546	广东大戏院/虹光大戏院	群众影剧院	四川北路1552号	2005年	4	
547	狄思威公寓	溧阳大楼	四川北路1914~1932号	2005年	4	
548	永安里	永安里	四川北路1953弄，多伦路152~192号	2005年	4	
549	花园住宅	钱币博物馆/卫生局	四川北路2023弄35号	2005年	4	
550	拉摩斯公寓	北川公寓	四川北路2079~2099号	2005年	4	
551	西童公学	复兴初级中学	四川北路2066号	2005年	4	
552	樱苑别墅	上海青岛啤酒华东（控股）有限公司	四川北路2365号	2005年	4	

续表

编号	原名	现名	地址	公布日期	批次	资料来源
553	白氏旧居	海军411医院	多伦路210号	2005年	4	
554	恒丰里，新恒丰里	恒丰里，新恒丰里	山阴路69弄、85弄	2005年	4	
555	日照里	东照里	山阴路133弄	2005年	4	
556	花园里	花园里	山阴路145弄	2005年	4	
557	亚细亚里	亚细亚里	黄渡路107弄、109号	2005年	4	
558	摩西会堂	摩西会堂	长阳路62号	2005年	4	
559	住宅	住宅	霍山路71～95号，舟山路21～81号	2005年	4	上海市优秀历史建筑由上海市人民政府公布，参考网址：上海市规划和国土资源管理局网站（www.shgtj.gov.cn）参考资料：《上海市历史文化风貌区和保护建筑地图》
560	住宅	住宅	霍山路119～121号、127～137号、125弄3～5号	2005年	4	
561	住宅	住宅	长阳路50弄15～31号	2005年	4	
562	住宅	住宅	杨树浦路197～213号	2005年	4	
563	住宅	住宅	临潼路25～89号、99弄	2005年	4	
564	花园住宅	新华印刷厂及部队住宅	榆林路43号、47号、59号、63号大宅	2005年	4	
565	住宅	纺三小区	许昌路227弄	2005年	4	
566	圣心教堂	杨浦老年医院9号楼	杭州路349号	2005年	4	
567	日本同兴纱厂工房及老板住宅	上海怡达实业公司及住宅	平凉路1777弄51号、101～141（单号）、100～154（双号）	2005年	4	

续表

编号	原名	现名	地址	公布日期	批次	资料来源
568	新式里弄	杨树浦路3061弄住宅	杨树浦路3061弄	2005年	4	
569	沪江大学历史建筑建筑群	上海理工大学	军工路516号	2005年	4	
570	同济大学历史建筑建筑群	同济大学	四平路1239号	2005年	4	
571	同济新村	同济新村	彰武路45弄	2005年	4	
572	复旦大学历史建筑建筑群	复旦大学	邯郸路220号	2005年	4	
573	上海建材工业学校毓秀楼	毓秀楼／同济大学沪东校区教学楼	武东路100号（同济大学沪东校区内）	2005年	4	上海市优秀历史建筑由上海市人民政府公布，参考网址：上海市规划和国土资源管理局网站（www.shgtj.gov.cn）参考资料：《上海市历史文化风貌区和保护建筑地图》
574	叶家花园（小白楼）	肺科医院（白楼）	政民路507号	2005年	4	
575	中国航空协会飞机楼	长海医院（飞机楼）	长海路174号（长海医院内）	2005年	4	
576	国立音乐专科学校主楼	公安部八二二厂	民京路918号	2005年	4	
577	华联新泰仓库	百联集团华联商厦新泰路仓库	新泰路57号	2005年	4	
578	中国实业银行	跳蚤市场	北苏州路1028号	2005年	4	
579	中国银行仓库	茂联丝绸商厦	北苏州路1040号	2005年	4	
580	会审公堂／国民政府高等法院	上海医疗器械九厂	浙江北路191号	2005年	4	
581	梁氏民宅	梁氏民宅	山西北路452弄61号	2005年	4	
582	里弄	里弄	武进路580弄	2005年	4	
583	福新面粉一厂厂房及仓库	华联集团电工照明器材有限公司仓库	光复路423~433号，长安路101号	2005年	4	

续表

编号	原名	现名	地址	公布日期	批次	资料来源
584	盛世花园	华园	万航渡路540号	2005年	4	
585	厂房及仓库	上海五金交电仓库	万航渡路1384弄	2005年	4	
586	开纳公寓	武定公寓	武定西路1375号	2005年	4	
587	中一村（中央一村）	中一村	江苏路46～78弄	2005年	4	
588	上海海关税务司花园住宅	住宅	江苏路162弄3号	2005年	4	
589	安定坊	安定坊	江苏路284弄3号、5号、7号、9号～12号、14号～19号、27号	2005年	4	上海市优秀历史建筑由上海市人民政府公布，参考网址：上海市规划和国土资源管理局网站（www.shgtj.gov.cn）参考资料：《上海市历史文化风貌区和保护建筑地图》
590	月村	上海市房地产协会	江苏路480弄	2005年	4	
591	忆定村	忆定村	江苏路495弄	2005年	4	
592	麦加利银行高级职员住宅	上海房地局职工医院／华山医院（分部）1号楼	江苏路796号	2005年	4	
593	渔光村	渔光村	镇宁路255～275弄	2005年	4	
594	严家花园	严家花园	愚园路699号	2005年	4	
595	花园住宅	花园住宅	愚园路749弄65号	2005年	4	
596	愚园新村	愚园新村	愚园路750弄	2005年	4	
597	杨氏花园	上海西夏葡萄酒业公司	愚园路838弄7号	2005年	4	
598	花园住宅	长宁区教育学院1号楼	愚园路864号	2005年	4	

续表

编号	原名	现名	地址	公布日期	批次	资料来源
599	英式花园住宅群	花园住宅群	愚园路865弄2～36号	2005年	4	
600	周氏花园住宅	长宁区工商联	愚园路1015号	2005年	4	
601	岐山村／东苑别业	岐山村	愚园路1032弄	2005年	4	
602	宏业花园	宏业花园	愚园路1086号、1088弄5～9号	2005年	4	
603	桃源坊	桃源坊	愚园路1292弄	2005年	4	
604	联安坊	长宁区政府5～8号楼	愚园路1352弄	2005年	4	上海市优秀历史建筑由上海市人民政府公布，参考网址：上海市规划和国土资源管理局网站（www.shgtj.gov.cn）参考资料：《上海市历史文化风貌区和保护建筑地图》
605	中央研究院理工实验馆	中国科学院上海冶金研究所	长宁路865号	2005年	4	
606	圣玛利亚女子中学	东华大学长宁路分校	长宁路1187号	2005年	4	
607	花园住宅	花园住宅	利西路24弄5号	2005年	4	
608	花园住宅	花园住宅	利西路30～32号	2005年	4	
609	福世花园	福世花园	安化路200弄7～19号	2005年	4	
610	郭氏花园住宅	住宅	延安西路949弄25～47号（除37号）	2005年	4	
611	大西别墅	住宅	延安西路1453弄	2005年	4	
612	汤山村	汤山村	武夷路466弄	2005年	4	
613	范园	范园	华山路1220弄	2005年	4	
614	外国弄堂	外国弄堂	番禺路55弄、75弄、95弄，平武路2号、8号、10号、14号、18号	2005年	4	

续表

编号	原名	现名	地址	公布日期	批次	资料来源
615	邬达克旧居	上海市旅游培训中心	番禺路129号	2005年	4	上海市优秀历史建筑由上海市人民政府公布,参考网址:上海市规划和国土资源管理局网站(www.shgtj.gov.cn)参考资料:《上海市历史文化风貌区和保护建筑地图》
616	又斯登公寓	登云公寓	淮海中路2068号	2005年	4	
617	复旦公学	复旦中学	华山路1626号	2005年	4	
618	外国弄堂	外国弄堂	新华路211~329弄	2005年	4	
619	虹桥疗养院	上海血液中心	伊犁路2号	2005年	4	
620	花园住宅	白宫俱乐部	虹桥路1390号	2005年	4	
621	宋氏花园住宅	花园住宅(家具厂)	虹桥路1430号	2005年	4	
622	陈氏花园住宅	申康宾馆	虹桥路1440号	2005年	4	
623	花园住宅	花园住宅	虹桥路1518号	2005年	4	
624	上海盲童学校	上海盲童学校	虹桥路1850号	2005年	4	
625	孔氏别墅	辉煌KTV	虹桥路2258号	2005年	4	
626	花园住宅	住宅	虹桥路2374号	2005年	4	
627	泰晤士报社别墅/美丰银行别墅	龙柏饭店	虹桥路2419号	2005年	4	
628	花园住宅/教堂	空军医院	哈密路1713号	2005年	4	
629	花园住宅	空管局退休干部活动中心	空港六路1号	2005年	4	
630	花园住宅群	市舞蹈学校	虹桥路1590号、1648号、1650号、1652号、1674号	2005年	4	
631	曹杨一村	曹杨一村	曹杨一村(枫桥路、梅岭北路、棠浦路、花溪路、兰溪路)	2005年	4	

续表

编号	原名	现名	地址	公布日期	批次	资料来源
632	澳门路660弄住宅	澳门小区	澳门路660弄1～15号、17～25号、27～37号、41～51号、229～239号、251～261号、267～277号、291～301号、307～317号、381～391号、397～407号	2005年	4	上海市优秀历史建筑由上海市人民政府公布，参考网址：上海市规划和国土资源管理局网站（www.shgtj.gov.cn）参考资料：《上海市历史文化风貌区和保护建筑地图》

6. 国家级非物质文化遗产名录（上海）

来源：国务院公布
参考网址：中央人民政府门户网站（www.gov.cn）

第一批名录（2006年5月20日公布）

民间音乐：江南丝竹
传统戏剧：昆曲、京剧、越剧、沪剧
曲艺：锣鼓书
民间美术：顾绣、嘉定竹刻
传统手工技艺：乌泥泾手工棉纺织技艺

第一批扩展项目名录（2008年6月7日公布）

民间文学：吴歌
传统舞蹈：舞草龙、奉贤滚灯
曲艺：苏州评弹
传统美术：上海剪纸、黄杨木雕、上海灯彩
传统技艺：木版水印技艺
传统医药：石氏伤科疗法
民俗：罗店划龙船习俗

第二批名录（2008年6月7日公布）

传统音乐：上海港码头号子、琵琶艺术（瀛洲古调派、浦东派）、泗泾十锦细锣鼓、道教音乐
传统戏剧：淮剧
曲艺：浦东说书、独脚戏
传统美术：上海面人赵、徐行草编
传统手工技艺：金银细工制作技艺、上海鲁庵印泥制作技艺、钱万隆酱油酿造技艺、功德林素食制作技艺
民俗：上海龙华庙会

第三批名录（2011年5月23日公布）

民间文学：谚语（沪谚）
传统戏剧：滑稽戏
传统美术：上海绒绣
传统技艺：中式服装制作技艺（龙凤旗袍手工制作技艺、亨生奉帮裁缝技艺、培罗蒙奉帮裁缝技艺）、周虎臣毛笔制作技艺、石库门里弄建筑营造技艺

第三批扩展项目名录（2011年5月23日公布）

传统舞蹈：浦东绕龙灯、马桥手狮舞
传统戏剧：海派木偶戏
传统美术：海派玉雕、紫檀雕刻
传统技艺：曹素功墨锭制作技艺、上海民族乐器制作技艺
传统医药：朱氏推拿疗法、六神丸制作技艺、陆氏针灸疗法
民俗：元宵节（豫园灯会）

7. 国家A级旅游景区名单（上海）

来源：全国旅游景区质量等级评定委员会评定
参考网址：国家旅游局网站（www.cnta.com）

AAAAA级景区

东方明珠广播电视塔（2007）、上海野生动物园（2007）、上海科技馆（2010）

AAAA级景区

上海博物馆（2001）、上海佘山国家森林公园（2001）、上海豫园（2001）、金茂大厦88层观光厅（2001）、上海城市规划展示馆（2002）、东平国家森林公园（2002）、上海动物园（2002）、上海太阳岛国际俱乐部（2002）、陈云故居暨青浦革命历史纪念馆（2002）、上海世纪公园（2002）、上海大观园（2002）、上海共青森林公园（2004）、朱家角古镇（2005）、上海古猗园（2006）、上海方塔园（2007）、上海市青少年校外活动营地－东方绿舟（2007）、枫泾古镇（2008）、锦江乐园（2008）、金山城市沙滩景区（2008）、碧海金沙景区

（2008）、上海海洋水族馆（2009）、上海鲜花港（2009）、上海月湖雕塑公园（2009）、上海嘉定州桥（2009）、上海都市菜园景区（2010）、上海长风公园·长风海洋世界景区（2010）、前卫生态村（2010）、上海马陆葡萄艺术村（2010）、上海海湾国家森林公园（2011）、中国航海博物馆（2011）、上海欢乐谷（2011）、上海环球金融中心观光厅（2011）、上海植物园（2011）、上海南翔景区（2011）、上海明珠湖·西沙湿地景区（2011）

AAA级景区

上海市浦东射击俱乐部（2002）、上海南汇大团桃园（2009）、上海南汇桃花村（2009）、上海大宁灵石公园（2009）、东方假日田园（2009）、廊下生态园（2009）、中国农民画村（2009）、书院人家（2009）、上海南汇渔乐湾生态园（2009）、上海滨海森林公园（2009）、黄兴公园（2009）、金家生态村（2009）、上海玉穗绿苑（2009）、嘉定华亭人家·毛桥村（2009）、上海中医药博物馆（2009）、上海地质科普馆（2009）、新场古镇（2009）、瀛东生态村（2009）、高家庄园乡村俱乐部（2009）、上海田子坊景区（2010）、上海M50创意园（2010）、上海安亭老街（2010）、上海鲁迅公园（2010）、上海和平公园（2010）、上海犹太难民纪念馆（2010）、上海庄行乡村旅游景区（2010）、上海南社纪念馆（2010）、上海福泉山遗址景区（2010）、上海人然合一现代农业生态园（2011）、上海老码头景区（2011）、上海召稼楼景区（2011）、上海玻璃博物馆（2011）、上海江南三民文化村景区（2011）、上海瑞华果园景区（2011）、上海金龟岛渔村景区（2011）、上海影视乐园（2011）、上海老外街景区（2012）

以上数据由上海市旅游局提供，括号内表示评定时间。

8. 全国爱国主义教育示范基地名单（上海）

来源：中共中央宣传部命名
参考网址：中国共产党新闻网（cpc.people.com.cn）

第一批（1997年）

中国共产党第一次全国代表大会会址纪念馆、上海龙华烈士陵园、宋庆龄陵园、上海博物馆

第二批（2001年）

"南京路上好八连"事迹展览馆、海军上海博览馆、陈云故居暨青浦革命历史纪念馆、鲁迅纪念馆

第三批（2005年）

江南造船博物馆

第四批（2009年）

中共"二大"会址纪念馆、团中央机关旧址纪念馆

钱学森图书馆*

9. 全国工（农）业旅游示范点名单（上海）

来源：国家旅游局命名
参考网址：国家旅游局网站（www.cnta.gov.cn）（截至2007年）

工业旅游示范点

上海宝钢集团（2004）、上海大众汽车有限公司（2005）、上海8号桥工业创意产业园区（2005）、上海地质博物馆（2006）、美特斯邦威集团工业园（2006）、上海烟草集团工业园（2006）、M50现代创业园区

注：钱学森图书馆的命名时间不详，所以放在第四批（2009年）之后。

（2006）、漕河泾新兴技术开发区（2007）、1933老场坊（2007）、上海车墩影视基地（2007）、神仙酒城（2007）、上海益力多乳品有限公司工业旅游区（2007）、上海乳品八厂工业旅游区（2007）、上海高博特生物保健品有限公司工业旅游区（2007）、空间188创意产业园（2007）

农业旅游示范点

　　浦东孙桥现代农业园区（2004年）、崇明前卫村（2004）、崇明东平国家森林公园（2004）、崇明瀛东村（2005）、奉贤申隆生态园（2005）、上海鲜花港（2006）、金山农村新天地——中华村（2006）、金山农民画村（2006）、上海奉贤玉穗绿苑（2006）、南汇桃花村（2006）、嘉定马陆葡萄园（2006）、嘉定华亭人家——毛桥村（2006）、都市菜园（2007）、五厍观光农业园（2007）、明珠湖观光园（2007）、洋溢村农家乐（2007）

　　括号内表示评定时间。

10. 全国科普教育基地（2010～2014年）名单（上海）

来源：中国科学技术协会认定

参考网址：中国科学技术协会网站（www.cast.org.cn）

认定时间：2010.3.3

科技、文化、教育场馆类

　　上海儿童博物馆
　　上海中医药博物馆
　　上海科技馆
　　上海城市规划展示馆
　　上海公安博物馆
　　上海地震科普馆

社会公共场所类

　　上海动物园
　　上海共青森林公园
　　上海长风海洋世界

科研院所类

　　上海航宇科普中心
　　上海工程技术大学科普教育基地
　　中国科学院上海天文台佘山工作站
　　中国极地研究所极地科普馆
　　上海浦东气象科普馆
　　上海市农业科学院科普教育基地

生产设施类

　　上海孙桥现代农业开发区
　　上海崇明县大新镇前卫村生态农业基地
　　上海航天设备制造总厂科普教育基地
　　上海天山污水处理厂

11. 中国历史文化名镇名单（上海）

来源：国家建设部、国家文物局共同命名

参考网址：国家文物局网站（www.sach.gov.cn）

第二批（2005年）*

　　金山区枫泾镇

第三批（2007年）

　　青浦区朱家角镇

第四批（2008年）

　　南汇区新场镇（现归入浦东新区）、嘉定区嘉定镇

第五批（2010年）

　　嘉定区南翔镇、浦东新区高桥镇、青浦区练塘镇、金山区张堰镇

12. 上海市历史文化风貌区

来源：上海市城市规划管理局（现上海市规划和国土资源管理局）划定

　　注：第一批中国历史文化名镇名单中没有列出上海市的历史文化名镇。

参考网址：上海市规划和国土资源管理局网站（www.shgtj.gov.cn）
参考资料：《上海市历史文化风貌区和保护建筑地图》

中心城区（2003年）

外滩历史文化风貌区、人民广场历史文化风貌区、老城厢历史文化风貌区、衡山路－复兴路历史文化风貌区、虹桥路历史文化风貌区、山阴路历史文化风貌区、江湾历史文化风貌区、龙华历史文化风貌区、提篮桥历史文化风貌区、南京西路历史文化风貌区、愚园路历史文化风貌区、新华路历史文化风貌区

郊区及浦东新区（2005年）

枫泾古镇历史文化风貌区、张堰镇历史文化风貌区、松江古城仓城历史文化风貌区、松江古城府城历史文化风貌区、泗泾古镇历史文化风貌区、朱家角古镇历史文化风貌区、青浦古镇历史文化风貌区、金泽古镇历史文化风貌区、练塘古镇历史文化风貌区、重固古镇历史文化风貌区、徐泾蟠龙古镇历史文化风貌区、白鹤古镇历史文化风貌区、嘉定古城州桥历史文化风貌区、嘉定古城西门历史文化风貌区、南翔古镇双塔历史文化风貌区、南翔古镇古猗园历史文化风貌区、娄塘古镇历史文化风貌区、罗店古镇历史文化风貌区、大团古镇历史文化风貌区、新场古镇历史文化风貌区、航头下沙老街历史文化风貌区、康桥横沔历史文化风貌区、六灶古镇历史文化风貌区、奉城古镇历史文化风貌区、青村古镇历史文化风貌区、庄行古镇历史文化风貌区、七宝古镇历史文化风貌区、浦江召楼老街历史文化风貌区、三星草棚村历史文化风貌区、堡镇古镇历史文化风貌区、川沙古镇历史文化风貌区、高桥古镇历史文化风貌区

13. 上海市非物质文化遗产名录

来源：上海市人民政府公布

参考网址：上海市门户网站（sh.gov.cn）

第一批名录（2007年6月5日公布）

民间音乐：江南丝竹、青浦田山歌、上海港码头号子、上海道教音乐、孙文明民间二胡曲及演奏技艺、泗泾十锦细锣鼓、瀛洲古调派琵琶演奏技艺、浦东派琵琶演奏技艺、月浦锣鼓

民间舞蹈：滚灯、手狮舞、卖盐茶

传统戏剧：昆曲、京剧、越剧、沪剧、淮剧、皮影戏、奉贤山歌剧、扁担戏

曲艺：锣鼓书、评弹、浦东说书、独脚戏、宣卷

民间文学：白杨村山歌、浦东地区哭嫁哭丧歌、陈行谣谚、沪上闻人名宅掌故与口碑、上海花样经

杂技与竞技：舞龙竞技、鸟哨、耍石担石锁、摇快船

民间美术：顾绣、竹刻、海派黄杨木雕、海派剪纸艺术、海派面塑艺术、何克明灯彩艺术、连环画、金山农民画艺术、灶花、奉贤乡土纸艺、罗店彩灯、吹塑纸版画、石雕

传统手工技艺：乌泥泾手工棉纺织技艺、朵云轩木版水印技艺、老凤祥金银细金制作技艺、杏花楼广式月饼制作技艺、培罗蒙奉帮裁缝缝纫技艺、亨生奉帮裁缝缝纫技艺、鼎丰乳腐酿造工艺、南翔小笼馒头制作工艺、功德林素食制作技艺、绿杨村川扬菜点制作工艺、凯司令蛋糕制作技艺、海派旗袍制作技艺、钱币生产的手工雕刻技艺、钩针编织技艺、鲁庵印泥制作技艺、鸿翔女装制作工艺、钱万隆酱油酿造工艺、王家沙本帮点心制作技艺、三林刺绣技艺、徐行草编工艺、罗泾十字挑花技艺、上海黄酒传统酿造技艺、枫泾丁蹄制作技艺、高桥松饼制作技艺、真如羊肉加工技艺、马陆篾竹编织技艺、龙凤旗袍制作技艺

传统医药：石氏伤科疗法

民俗：精武体育、上海龙华庙会、豫园灯会、罗店龙船、匾额习俗、舞草龙、阿婆茶、天气谚语及其应用

第一批扩展项目名录（2009年6月22日公布）

民间音乐：江南丝竹

传统戏剧：皮影戏

曲艺：宣卷

民间美术：海派剪纸艺术

传统手工技艺：印泥制作技艺（潜泉印泥制作技艺）

第二批名录（2008年6月7日公布）

民间音乐：华漕小锣鼓

民间舞蹈：花篮马灯舞、打莲湘

传统戏剧：滑稽戏、海派木偶戏

民间文学：崇明山歌

杂技与竞技：古本易筋十二势、练功十八法、海派杂技、海派魔术

民间美术：擦笔水彩年画技法、紫檀雕刻、海派玉雕、象牙篾丝编织、海派绒绣、棕榈叶编织、建筑微雕

传统手工技艺：石库门里弄营造技艺、五香豆制作技艺、梨膏糖制作技艺、郁金香酒酿造技艺、崇明老白酒传统酿造技法、三阳泰糕点制作技艺、涵大隆酱菜制作技艺、汉字印刷字体书写技艺、周虎臣毛笔制作技艺、曹素功墨锭制作技艺、土山湾手工工艺、海派绒线编结技艺、民族乐器制作技艺、京剧服饰制作技艺、中式服装盘扣制作技艺、土布染织技艺、药斑布印染技艺、手工织带技艺、法华牡丹嫁接技艺

传统医药：六神丸制作技艺、余天成堂传统中药文化、敛痔散制作技艺、陆氏针灸疗法、朱氏一指禅推拿疗法

民俗：石库门里弄居住习俗、生肖文化、小青龙舞龙会、羊肉烧酒食俗

第三批名录（2011年7月12日公布）

传统音乐：古琴艺术、上海玉佛禅寺传统梵呗艺术、崇明吹打乐

传统舞蹈：花篮灯舞、吕巷小白龙、调狮子

曲艺：上海说唱

民间文学：新浜山歌、杨瑟严的故事

传统体育、游艺与杂技：绵拳、益智图

传统美术：上海宣传画、烙画、上海细刻、海派紫砂艺术、印章艺术雕刻、三林瓷刻、奉城木雕

传统技艺：古陶瓷修复技艺、老正兴本帮菜肴传统烹饪技艺、上海老饭店本帮菜肴传统烹饪技艺、本帮菜肴传统烹饪技艺、小绍兴白斩鸡制作技艺、神仙酒传统酿造技艺、上海米糕制作技艺、国际饭店京帮点心制作技艺

传统医药：顾氏外科疗法、张氏风科疗法、竿山何氏中医文化

第三批扩展项目名录（2011年7月12日公布）

传统体育、游艺与杂技：鸟哨

传统美术：石雕、月份牌年画

传统技艺：羊肉加工技艺（江桥羊肉加工技艺）、土布染织技艺

传统医药：伤科疗法（魏氏伤科疗法、施氏伤科疗法、陆氏伤科疗法）、针灸疗法（杨氏针灸疗法）

民俗：端午节（熏中药、挂香袋习俗）

14. 上海市爱国主义教育基地名单

来源：上海市委宣传部、市教委、团市委命名

参考网址：上海市爱国主义教育基地网站（www.sh-aiguo.gov.cn）

中国共产党第一次全国代表大会会址纪念馆、上海龙华烈士陵园、宋庆龄陵园、上海博物馆、"南京路上好八连"事迹展览馆、海军上海博览馆、陈云故居暨青浦革命历史纪念馆、鲁迅纪念馆、团中央机关旧址纪念馆、上海淞沪抗战纪念馆、光启公园和徐光启墓、上海市历史博物馆、上海孙中山故居纪念馆、陈化成纪念馆、中国共产党代表团驻沪办事处（周公馆）、张

闻天故居、上海宋庆龄故居纪念馆、上海韬奋纪念馆、豫园点春堂、江南造船博物馆、李白烈士故居、上海交通大学校史博物馆、上海图书馆、中国科学院上海天文台佘山站、上海东方明珠广播电视塔、上海公安博物馆、宝山钢铁股份有限公司、上海大众汽车有限公司、上海市档案馆、外滩历史纪念馆、中国石化上海石油化工股份有限公司、上海科技馆、上海城市规划展示馆、上海市青少年校外活动营地——东方绿舟、上海大剧院、中国左翼作家联盟成立大会会址纪念馆、黄炎培故居、中共"二大"会址纪念馆、上海市青浦任屯血防陈列馆、上海书城、上海市陶行知纪念馆、福泉山遗址、高桥烈士陵园、顾正红纪念馆、国歌展示馆、沪西革命史陈列馆、黄浦剧场爱国主义教育基地、金山卫城日军登陆地点、上海市闵行区博物馆、上海市闵行区烈士陵园、上海市浦东新区南汇博物馆、青浦博物馆、三山会馆、上海蔡元培故居、上海纺织博物馆、上海解放纪念馆、上海毛泽东旧居、益民食品一厂历史展示馆、上海院士风采馆、中共上海地下组织斗争史陈列馆、中国劳动组合书记部旧址陈列馆、中国烟草博物馆、中华印刷展示馆、钱学森图书馆、上海世博会博物馆（上海世博会纪念展）、上海中国航海博物馆、上海邮政博物馆、上海电信博物馆、上海市银行博物馆、中国银行行史陈列馆（上海分馆）、上海航天局603试验站、上海土山湾博物馆、闸北革命史料陈列馆（中共三大后中央局机关历史纪念馆）、中共四大纪念馆、上海印刷博物馆、张充仁纪念馆、闵行区档案馆、上海长江河口科技馆、上海市少年儿童浏河活动营地、嘉定区革命烈士陵园、上海嘉定博物馆、上海南社纪念馆、松江城市规划展示馆、松江区烈士陵园、崇明县陈家镇瀛东村村史馆、崇明县烈士馆

15. 上海市科普教育基地名单（2012~2013年）

来源：上海市科学技术委员会命名
参考网址：上海市科学技术委员会网站（www.stcsm.gov.cn）

综合性科普场馆
 上海科技馆
 上海自然博物馆（上海科技馆分馆）

专题性科普场馆
 上海长江河口科技馆
 上海玻璃博物馆
 海军上海博览馆
 上海陶瓷科技艺术馆
 上海消防博物馆
 上海儿童博物馆
 上海纺织服饰博物馆
 上海崇明生态科技馆
 上海奶牛科普馆
 上海菇菌科普馆
 上海都市菜园
 上海邮政博物馆
 上海科学节能展示馆
 上海隧道科技馆
 上海城市规划展示馆
 上海电信博物馆
 上海青少年科技探索馆
 江南造船博物馆
 上海民防科普教育馆
 上海科技发展展示馆
 上海汽车博物馆
 上海农业科普馆金山馆
 上海航空科普馆
 上海健康生活体验馆
 上海市银行博物馆
 上海电信信息生活体验馆
 上海磁浮交通科技馆
 上海中医药博物馆
 上海集成电路科技馆
 上海东方地质科普馆

上海风电科普馆
上海动漫博物馆
上海中国航海博物馆
上海海洋水族馆
苏州河梦清园环保主题公园
上海长风海洋世界科普馆
上海纺织博物馆
中国兵器博览馆
上海农业科普馆松江馆
上海地震科普馆
上海天文博物馆
上海昆虫博物馆
上海公安博物馆
中国武术博物馆
上海自来水科技馆
上海院士风采馆
上海排水科技馆
上海市禁毒科普教育馆
上海铁路博物馆
上海眼镜博物馆

基础性科普教育基地
上海根雕艺术与环境保护科普馆
上海吴淞炮台湾湿地森林公园
上海东方泵业科普教育基地
上海东方假日田园
上海宝山区青少年科学技术指导站
上海宝山区气象馆
上海闻道园
上海青少年动漫科普馆
中国工业设计博物馆
上海宝山国际民间艺术博览馆
顾村公园
生活垃圾处理科普教育基地
上海多媒体产业园
上海长宁中心医院科普教育基地
上海职业培训指导中心
沪杏科技图书馆
上海高性能宽带信息网络科普基地
上海动物园
上海天山水质净化科普教育基地

上海神州数码科技园
上海长宁区少年科技指导站
上海市血液中心科普教育基地
上海少儿知识传播教育基地
上海微系统与信息技术科普教育基地
东华大学
上海无机材料科普教育基地
上海爱尔眼科医院科普基地
上海水晶石多媒体科普体验馆
朗诗绿色人居馆
上海百路达药业银杏科技园
上海前卫青少年科普教育基地
上海崇明东滩鸟类国家级自然保护区
上海崇明特色蔬菜科普教育基地
上海崇明西沙湿地公园
上海崇明高家庄园多样性植物展示馆
上海崇明瀛东村科普教育基地
上海崇明东平森林公园生态科普教育基地
上海崇明县青少年活动中心
上海崇明前卫生态科普教育基地
上海明珠湖科普教育基地
瑞华果园
崇明县规划展示馆
中新泰生循环农业科普基地
上海奉贤农业信息化科普教育基地
上海奉贤农技中心科技园区
上海百枣园
上海申隆生态园科普教育基地
上海奉贤排水科普教育基地
上海神力科技科普教育基地
上海玉穗葡萄科普基地
上海奉贤燃气科普教育基地
上海健生教育活动中心
上海都市绿色工程科普展示厅
上海酒文化科普馆
上海申亚特色果蔬科普园
上海海湾国家森林公园
上海旅游科普馆
上海农垦博物馆
汉光陶瓷科普教育基地

上海岳阳医院科普教育基地
上海曲阳水质净化科普教育基地
上海虹口区青少年活动中心
上海南湖汽车知识科普基地
上海花园坊节能环保科普基地
上海高新技术成果转化展示厅
上海市档案馆外滩新馆
708所舰船模型科普教育基地
上海黄浦区青少年活动中心
上海创意产业科普教育基地
上海马陆葡萄公园
上海嘉定区青少年活动中心
上海益力多乳品科普教育基地
上海市嘉定区气象馆
上海神光高功率激光装置科普基地
上海市民健康科普园
上海万金观赏鱼科普教育基地
上海古猗园科普教育基地
上海武科举博物馆
上海嘉定现代农业园科普教育基地
太太乐食品科普教育基地
上海电线电缆博物馆
上海石油化工科技馆
中国农民画村
上海市禁毒科普教育馆金山分馆
金枫酒事馆
廊下生态园
金山区规划展示馆
上海静安健康体质指导中心
中国福利会少年宫
上海市静安区青少年活动中心
上海计算技术科普教育基地
上海人口视听国际交流中心
华师大物理学科普教育基地
上海闵行体育公园
上海市农业科学院科普教育基地
上海闵行污水处理中水回用科普教育基地
上海浦江镇青少年教育培训中心
上海正义园艺科普教育基地
上海生态示范楼
上海闵行苗圃科普教育基地
上海城市园艺场
上海黄浦江水文化博物园
上海太阳能科普教育基地
上海闵行区博物馆
上房植物造景科普教育基地
上海先进制造技术展示厅
上海市闵行区青少年活动中心
星期8小镇——儿童科学生活体验馆
上海城市园艺用品科普教育基地
上海交大生物转基因科普教育基地
上海烘培科普教育基地
智能安全科普教育基地
闵行稻米文化体验馆
闵行区防震减灾科普馆
上海鲜花港
上海浦东美商生活垃圾综合处理教育基地
上海市城市建设设计科普教育基地
上海LED半导体照明科普馆
上海大自然野生昆虫馆
极地科普馆
上海潍坊社区科普中心
上海环保科普教育基地
上海第二工业大学实验实训中心
上海计量科普教育基地
上海光明酸奶科技展示馆
上海超级计算中心计算机科技馆
上海信谊药品与健康科普基地
上海孙桥现代农业科普教育基地
上海浦东展览馆
上海RFID应用展示中心
上海浦东气象科普馆
上海野生动物园
上海种业集团科普教育基地
上海海洋气象科普馆
上海多利设施农业科普园
上海猪文化科普馆
上海沪郊蜂业科普教育基地
上海清美豆制品科普教育基地
上海张江镇环东中心村科普教育基地

上海东明社区科普文化基地
上海滨江森林公园
上海浦东观赏鱼文化科普园
上海游龙石文化科普教育基地
上海益大本草园科普教育基地
上海浦东航运展示馆
月亮船
上海游艇游船馆
上海天地软件园科普教育基地
上海市普陀区青少年中心
上海鲁汇青少年实践基地
上海化工化学科普教育基地
上海红星美凯龙公元 2050-2500 体验馆
上海商标火花展示馆
上海长风公园科普教育基地
中华印刷展示馆
上海市青少年校外活动营地（东方绿舟）
上海赵屯草莓科普教育基地
上海铸造科普教育陈列馆
上海康宇玻璃科技艺术馆
上海国家安全教育馆
上海青浦区博物馆
上海青浦循环农业科普教育基地
上海青浦区科技成果展厅
上海人然合一生态园
青浦区水资源与水环境科普基地
枇杷教育基地
上海四季百果园
元祖启蒙乐园
上海五厍现代农业园区科普教育基地
上海市松江区青少年活动中心
上海松江区气象馆
上海明治巧克力科普馆
上海松江区科技馆
上海松江区博物馆
上海工程技术大学科普教育基地
上海新桥花卉苗木科普教育基地
上海元亨汉医药博物馆
上海生态建材科普馆
上海松江鲈科技文化馆
上海辰山植物园

上海仓桥水晶梨基地
华东理工微生物工程科普教育基地
徐光启纪念馆
董浩云航运馆
上海植物园
上海第六人民医院科普教育基地
上海市科技艺术教育中心
上海图书馆
黄道婆纪念馆
上海市社会保障卡服务中心科普教育基地
"今日漕河泾"展示厅
上海市气象局科普教育基地
上海市徐汇区青少年活动中心
上师大生物与环境知识科普教育基地
创新材料展览馆
康健低碳科普园
上海轨道交通科普教育基地
同济大学
上海共青植物生态科普教育基地
上海印刷博物馆
中国电线电缆历史陈列馆
复旦大学生物学科普基地
上海颐高数字生活体验馆
航海医学科普教育基地
中国烟草博物馆
上海海洋大学博物馆
上海市杨浦区青少年科技站
上海理工虚拟制造技术科普教育基地
上海安徒生童话科普教育基地
上海海洋生物科普馆
国歌展示馆
上海辽西古生物化石科普馆
竹园第一污水输送科普教育基地
上海市闸北区中小学科技指导站
上海大学机器人科普教育基地
上海市中医医院科普教育基地
上海电气中央研究院科普展示厅
上海印务中心沪太科普教育基地
上海市北医院健康科普教育基地
上海地面沉降监测展示馆

上海幻维影视动画科普教育基地
上海国产基础软件科普教育基地
中国乳业博物馆

16. 上海市博物馆、展览馆、陈列馆名单

选自《上海旅游年鉴（2007）》

上海博物馆
上海儿童博物馆
上海市历史博物馆
上海自然博物馆
上海城市规划展示馆
上海科技馆
上海印刷博物馆
上海工艺美术博物馆
上海银行博物馆
中国烟草博物馆
上海公安博物馆
中国民族乐器博物馆
海军上海博览馆
上海中医学院医史博物馆
复旦大学博物馆
上海交通大学校史博物馆
上海音乐学院东方乐器博物馆
上海美术馆
闵行区博物馆
松江区博物馆
嘉定区博物馆
崇明县博物馆
金山区博物馆
青浦区博物馆
中国围棋发展史陈列室
江南造船（集团）有限公司（原江南造船厂）
上海监狱陈列馆
上海历史收藏馆
上海通志馆
上海自来水展示馆
壶之宝馆
陈宝定算具陈列室
上海四海壶具博物馆
上海铁路博物馆
上海钱币厂
上海汽车博物馆
中国乳业博物馆
上海中医药博物馆
上海隧道科技馆
上海航宇科普中心

17. 上海市星级公园名单

来源：上海市绿化和市容管理局评定
参考网址：上海市绿化和市容管理局网站（lhsr.sh.gov.cn）

五星级公园

广场公园（2004）、世纪公园（2002）、豫园（2002）、上海古猗园（2004）、上海动物园（2002）、静安公园（2002）、共青森林公园（2002）、上海大观园（2002）、广场公园（卢湾段）（2005）、莘庄公园（2005）、闵行体育公园（2005）、方塔园（2005）、徐家汇公园（2007）、古华园（2008）、滨江森林公园（2010）

四星级公园

古城公园（2004）、新虹桥中心花园（2004）、华山绿地（2004）、凯桥绿地（2004）、陆家嘴中心绿地（2002）、秋霞圃（2004）、醉白池公园（2002）、鲁迅公园（2002）、中山公园（2002）、长风公园（2002）、复兴公园（2002）、桂林公园（2002）、人民公园（2002）、长寿公园（2005）、漕溪公园（2005）、川北公园（2005）、曲水园（2008）、思贤公园（2008）、杨浦公园（2010）、闸北公园（2010）、罗溪公园（2011）、川沙公园（2011）、曲阳公园（2011）、滨海公园（2011）

三星级公园

淮海公园（2004）、襄阳公园（2010）、

甘泉公园（2004）、海棠公园（2002）、永清公园（2002）、红园（2004）、古藤园（2002）、塘桥公园（2004）、金桥公园（2002）、民星公园（2002）、友谊公园（2005）、闵行公园（2005）、上南公园（2005）、泗塘公园（2005）、延虹绿地（2005）、汇龙潭公园（2007）、水霞公园（2007）、丽园公园（2007）、金山公园（2007）、梦清园（2007）、普陀公园（2007）、清涧公园（2007）、江浦公园（2007）、大宁灵石公园（2007）、不夜城公园（2007）、东安公园（2007）、荟萃园（2007）、虹桥公园（2008）、临江公园（2008）、临沂公园（2008）、内江公园（2008）、蓬莱公园（2008）、沪太公园（2008）、延春公园（2008）、高桥公园（2008）、三泉公园（2008）、吴泾公园（2008）、月浦公园（2010）、松鹤公园（2011）、康健园（2011）、彭浦公园（2011）、瀛洲公园（2011）

二星级公园

古钟园（2004）、南园（2005）、闵行水生园（2007）、四平科技公园（2007）、九子公园（2008）、张堰公园（2008）、绍兴公园（2008）、光启公园（2008）、蔓趣公园（2008）、黎安公园（2010）、梅川公园（2010）、莘城中央公园（2011）、管弄公园（2011）

括号内为截至2011年最近一次星级评定时间

18. 上海特色商业街名单

来源：上海市商务委员会命名
参考网址：上海市商务委员会网站（www.scofcom.gov.cn）

2007 年

北京东路生产资料街、福州路文化用品街、豫园老街、上海老街、新天地、绍兴路文化街、铜仁路咖吧街、陕西北路服饰街、滨江大道休闲餐饮街、衡山路休闲街、宜山路建材街、天钥桥路休闲餐饮街、青云路眼镜街、多伦路文化名人街、七宝古镇、虹梅休闲街、十尚坊休闲餐饮街、北翼路服饰街、奉浦餐饮娱乐休闲街、人民南路服饰街

2008 年

茂名南路定制服装街、吴江路休闲街、梅川路商业休闲街、上海湾时尚休闲街、吴中路汽车销售街、朱家角镇北大街、安亭老街

2009 年

上海金桥国际茶城、博览汇餐饮休闲广场、云南路老字号美食街、豫园时尚街、雁荡路休闲文化街、上海城风味坊中西美食步行街、仙霞路美食特色街、金储休闲广场、曹安路专业市场特色街、南翔老街、石化北随塘河路餐饮特色街、松江松东路饮食文化街、中山二路服装服饰街

2010 年

张家浜休闲街、陆家嘴96广场、亚太盛汇广场——"老上海裁缝街"、老码头——滨江特色餐饮酒吧街区、汶水路动漫街、州桥老街特色商业街区、华亭老街、昌里路服装服饰街、阳曲路餐饮商业特色街、新源路餐饮商业特色街

19. 上海自然保护区名单

国家级自然保护区
来源：国务院办公厅公布
参考网址：中央人民政府门户网站（www.gov.cn）

九段沙湿地国家级自然保护区（2005）
崇明东滩鸟类国家级自然保护区（2005）
括号内表示批准建立国家级自然保护区时间

上海市级自然保护区
来源：上海市人民政府公布

参考网址：上海市绿化和市容管理局网站（lhsr.sh.gov.cn）

金山三岛自然保护区（1992）
长江口中华鲟自然保护区（2002）
括号内表示建立规划上海市级自然保护区时间

20.上海市旅游景区景点名单（一）

来源：国家旅游局
参考资料：《中国旅游景区景点大辞典》

黄浦区

城隍庙
沉香阁
董家渡天主堂
大境阁
杜莎夫人蜡像馆
大世界游乐中心
福佑路清真寺
国际饭店
黄浦公园
黄浦江游览区
海上白云观
沐恩堂
南京路步行街
人民广场
人民公园
上海博物馆
上海城市规划展示馆
上海大剧院
上海老街
上海美术馆
上海档案馆外滩新馆
上海隧道科技馆
上海文庙
上海外滩观光隧道
三山会馆
天主教若瑟堂
外白渡桥
五卅惨案烈士流血处
外滩
小桃园清真寺
豫园
豫园旅游商城
中福古玩城
《中国青年》编辑部旧址

卢湾区（现归入黄浦区）

伯多禄教堂
8号桥
大韩民国临时政府旧址
东台路古玩街
复兴公园
法藏讲寺
淮海路商业街
江南造船博物馆
上海孙中山故居
石库门博物馆
韬奋纪念馆
新天地
中国共产党代表团驻沪办事处纪念馆
中国共产党第一次全国代表大会会址纪念馆
中国社会主义青年团中央机关旧址纪念馆

徐汇区

董浩云航运博物馆
国际礼拜堂
桂林公园
黄道婆纪念馆
衡山路休闲街
交通大学校史博物馆
龙华烈士陵园
龙华旅游城
龙华寺
龙华塔
上海公安博物馆
上海工艺美术博物馆
上海航天科技展示馆

上海宋庆龄故居纪念馆
上海植物园
徐光启墓
徐家汇公园
徐家汇商业中心
徐家汇天主堂
襄阳公园
中国科学院上海昆虫博物馆

长宁区
长宁区革命文物陈列馆
杜宝君雨花石藏馆
壶之宝馆
刘海粟美术馆
上海城市雕塑艺术中心
上海动物园
上海中山公园
宋庆龄陵园

静安区
蔡元培故居
静安古寺
静安公园
基督教怀恩堂
基督教新恩堂
刘长胜故居
马勒别墅
毛泽东旧居陈列馆
上海佛教居士林
上海市少年宫
小德勒撒天主堂
西摩路教会堂
圆明讲堂
中共二大会址纪念馆
中国劳动组合书记部旧址

普陀区
长风公园
春明艺术产业园
沪西工人文化宫
上海长风海洋世界

上海工人三次武装起义大型雕塑
淞沪抗战十九路军军部遗址
上海造币博物馆
沈寿昌墓址纪念碑
苏州河展示馆
谢晋元将军铜像
玉佛禅寺
真如寺

闸北区
宝华寺
大宁灵石公园
上海马戏城
上海市禁毒教育馆
上海铁路博物馆
宋教仁墓
闸北革命史料陈列馆
闸北公园

虹口区
多伦路文化名人街
鸿德堂
和平公园
景灵堂
李白烈士故居
鲁迅故居
鲁迅公园
鲁迅纪念馆
鲁迅墓
四川北路商业街
上海监狱陈列馆
上海邮政博物馆
圣心堂
沈尹默纪念馆
下海庙
犹太难民纪念碑
犹太难民在上海纪念馆
中共四大史料展
中国左翼作家联盟成立大会会址纪念馆
朱屺瞻艺术馆

杨浦区

复旦大学博物馆
法善庵
海上海创意产业园
黄兴公园
江湾湿地
江湾体育场
上海共青国家森林公园
上海江湾城滑板公园
上海水产大学鲸馆
上海院士风采馆
上海自来水展示馆
迎接上海解放纪念群雕
杨浦公园
杨浦区城市规划展示馆
杨树浦发电厂
杨树浦水厂
中国烟草博物馆
中国印刷博物馆上海展馆

闵行区

古藤园
闵行区博物馆
闵行体育公园
七宝教寺
七宝老街
热带风暴
上海黄浦江水文化博物园
上海锦江乐园
莘庄公园
银七星室内滑雪场

宝山区

宝山工业旅游区
宝山净寺
宝山烈士陵园
陈化成纪念馆
海军上海博物馆
罗店红十字纪念碑
罗店新镇
临江公园
"南京路上好八连"事迹展览馆
侵华日军罗泾大烧杀遇难同胞纪念碑
上海淞沪抗战纪念馆
上海战役月浦攻坚战纪念碑
陶行知纪念馆
吴淞古炮台
徐克强烈士塑像
"一·二八"无名英雄纪念碑

嘉定区

百佛园
法华塔
古猗园
汇龙潭公园
嘉定孔庙
秋霞圃
上海大众工业旅游区
上海国际汽车城汽车博览馆
上海国际赛车场

浦东新区

东方艺术中心
黄炎培故居
极地科普馆
金茂大厦88层观光厅
浦东凌空农艺大观园
钦赐仰殿
上海八音盒珍品陈列馆
上海磁浮列车
上海超级计算中心
上海东方明珠广播电视塔
上海地质科普馆
上海大自然野生昆虫馆
上海海洋水族馆
上海科技馆
上海历史发展陈列馆
上海孙桥现代农业开发区
上海银行博物馆
上海中医药博物馆
世纪公园
吴昌硕纪念馆

张闻天故居

南汇区（现归入浦东新区）
东海大桥
滨海旅游度假区
滴水湖
南汇博物馆
南汇古钟园
南汇嘴观海公园
上海滨海森林公园
上海风电科普馆
上海海港卡丁车运动场
上海南汇桃花村
上海浦东射击俱乐部
上海鲜花港展示园
上海野生动物园
新场镇
洋山深水港

金山区
城市沙滩
枫泾古镇
芳心园农庄
金山农民画院
上海骏马园
施普都市桃园
施泉葡萄园
山阳田园
文蕾果园
万寿寺

松江区
上海方塔园
上海青青旅游世界
上海松江现代农业园五厍示范区
上海佘山国家森林公园
上海天马山赛车场
上海影视乐园
上海月圆园雕塑艺术园
上海醉白池
松江博物馆
松江大学城
松江清真寺
松江唐经幢
松江西林禅寺
佘山圣母大殿
佘山天文台
天马山公园

青浦区
报国寺
陈云故居
东方绿舟
淀山湖风景区
福泉山古文化遗址
金泽桥乡
课植园
青龙寺
青龙塔
青浦博物馆
曲水园
上海大观园
上海大千生态庄园
崧泽古文化遗址
太阳岛旅游度假区
颐浩寺
朱家角古镇

奉贤区
包畹蓉中国京剧服饰艺术馆
奉贤海湾旅游区
古华公园
华亭东石塘
青村世外桃源
上海奉贤现代农业园区
上海海湾国家森林公园
上海农垦博物馆
上海申降生态园
万佛阁
玉穗坊

崇明县
  崇明国家地质公园
  东滩鸟类国家级自然保护区
  崇明县博物馆
  东平国家森林公园
  根宝足球基地
  金鳌山公园
  橘洲穹庐
  明珠湖公园
  前卫村农家乐
  寿安寺
  瀛东村"渔家乐"

21. 上海市旅游景区景点名单（二）

选自《上海旅游年鉴（2007）》
  锦江乐园
  上海东方明珠广播电视塔
  上海野生动物园
  上海东亚体育文化中心
  上海博物馆
  龙华烈士陵园
  上海宋庆龄故居
  上海古猗园
  上海豫园管理处
  上海动物园
  南京路步行街
  上海共青森林公园
  佘山国家森林公园
  上海大观园
  奉贤海湾旅游区
  上海植物园
  孙桥农业科技园
  中共"一大"会址纪念馆
  金茂大厦88层观光厅
  朱家角古镇
  上海长风海洋世界
  大韩民国临时政府旧址
  上海文庙管理处
  上海影视乐园
  上海城市规划展示馆

  崇明东平国家森林公园
  世纪公园
  浦东射击俱乐部
  上海科技馆
  龙华旅游城
  玉佛禅寺
  太阳岛国家俱乐部
  长风公园
  上海美术馆
  宋庆龄陵园
  上海鲁迅纪念馆
  外滩观光隧道
  上海大自然野生昆虫馆
  东方绿舟
  上海海洋水族馆
  上海磁悬浮交通
  银七星滑雪场
  浦江游览有限公司
  枫泾古镇
  时空之旅
  上海鲜花港
  上海南汇桃花村
  上海国际赛车场
  大千生态庄园
  上海中福古玩城
  陈云故居

选自《上海旅游年鉴（2008）》
  外滩
  南京路步行街
  人民广场
  老城厢游览区
  豫园
  上海博物馆
  上海城市规划展示馆
  上海大剧院
  上海美术馆
  上海文庙
  五卅运动爱国群众运动流血处
  豫园旅游商城
  三山会馆

古城公园
中共"一大"会址纪念馆
中共代表团驻沪办事处纪念馆（周公馆）
上海孙中山故居纪念馆
韬奋纪念馆
团中央机关旧址纪念馆
新天地
"8号桥"工业创意园区
上海琉璃工房琉璃艺术博物馆
石库门博物馆
上海工人第三次武装起义发布命令地点
淮海中路商业街
泰康路艺术街
长乐路手工艺品街
东台路古玩街
复兴公园
法藏讲坛
大韩民国临时政府旧址
上海宋庆龄故居
龙华烈士陵园
徐光启墓·徐光启纪念馆
黄道婆墓·黄道婆纪念馆
徐家汇天主教堂
上海植物园
徐家汇商圈
衡山路——复兴路历史文化风貌区
龙华历史文化风貌区
百代小红楼
桂林公园
襄阳公园
徐家汇公园
宋庆龄陵园
上海动物园
中山公园
虹桥路历史文化风貌区
愚园路历史文化风貌区
新华路历史文化风貌区
上海城市雕塑艺术中心
刘海粟美术馆
"百履堂"古鞋博物馆
壶之宝馆

杜宝君雨花石收藏馆
中共上海地下组织斗争史陈列馆（刘长胜故居）
长宁区革命文物陈列馆
彭湃烈士在沪革命活动地点
龙之梦购物中心
多媒体体验中心
玫瑰坊
路易·艾黎故居
王伯群故居
蔡元培故居
中共"二大"会址纪念馆（平民女校）
中国劳动组合书记部旧址陈列馆
马勒住宅
嘉道理爵士住宅
静安寺
静安公园
静安寺广场
上海展览中心
南京西路历史文化风貌区
西摩会堂
小德勒撒天主堂
基督教怀恩堂
基督教新恩堂
上海佛教居士林
圆明讲堂
上海百乐门夜总会（红都剧场）
玉佛禅寺
真如寺
梅川路欧亚休闲街
上海总工会第四办事处旧址
上海工人第三次武装起义大型雕塑
刘华纪念塑像
沪西革命历史陈列馆
谢晋元将军铜像
M50现代创意园区
梦清园·苏州河展示馆
上海江南丝绸馆
长风公园
地下少先队群雕
李子园大队毛泽东按语纪念馆

曹杨新村村史陈列馆
闸北区革命史料陈列馆（中共"三大"后中共局机关历史纪念馆）
宋教仁墓
吴昌硕故居
上海市禁毒博物馆
上海铁路博物馆
上海乳业博物馆
上海眼镜博物馆
"八百壮士"四行仓库抗日纪念地
大宁灵石公园
闸北体育场
上海马戏城
宝华寺
上海长途汽车客运总站
上海火车站不夜城商城
大宁国际商业广场
上海鲁迅纪念馆
中国左翼作家联盟成立大会会址纪念馆
中国共产党第四次全国代表大会史料陈列馆
多伦路文化街
李白烈士故居
上海邮政博物馆
朱屺瞻艺术馆
上海烟草集团工业园
犹太难民在上海纪念馆（摩西会堂旧址）
空间188创意产业园
江湾历史文化风貌区
提篮桥历史文化风貌区
山阴路历史文化风貌区
"1933老场坊"
曲阳赛车俱乐部
太阳花地球村
下海庙
上海精武体育总会
沈尹默故居
上海共青国家森林公园
江湾体育场
迎接上海解放纪念群雕
杨浦区城市规划展示馆

上海自来水展示馆
复旦大学博物馆
中国印刷博物馆上海展馆
上海院士风采馆
上海水产大学鲸馆
杨树浦水厂
上海江湾城滑板公园
创智天地
上海万达商业广场
锦江乐园
"热带风暴"水上乐园
黄浦江水文化博物馆
上海旗忠网球中心
上海漕河泾新兴技术开发区
闵行区七宝古镇历史文化风貌区
闵行区浦江镇召楼古镇历史文化风貌区
银七星室内滑雪场
闵行区烈士陵园
张充仁纪念馆
闵行体育公园
上海宝山钢铁（集团）股份有限公司
宝山区罗店古镇历史文化风貌区
陶行知纪念馆（山海工学团）
上海解放纪念馆
宝山烈士陵园
上海淞沪抗战纪念馆
姚子青营抗日牺牲处
陈化成纪念馆
上海战役月浦攻坚战纪念碑
吴淞炮台遗址
吴淞炮台湾湿地森林公园
罗店红十字纪念碑
"一·二八"无名英雄纪念碑
侵华日军罗泾大烧杀遇难同胞纪念碑
"南京路上好八连"事迹展馆
海军上海博览馆
宝山净寺
东方假日田园
上海大众汽车有限公司
上海汽车博物馆
上海益力多乳品有限公司工业旅游区

嘉定区南翔古镇古猗园历史文化风貌区
嘉定区古镇双塔历史文化风貌区
嘉定区嘉定古城西门历史文化风貌区
嘉定区嘉定古城州桥历史文化风貌区
嘉定区娄塘古镇历史文化风貌区
嘉定孔庙
上海中国科举博物馆
嘉定华亭人家——毛桥村
上海嘉定马陆葡萄园
黄淳耀·黄渊耀墓
上海国际赛车场
秋霞圃
汇龙潭公园
法华塔
南翔寺砖塔
百佛园
上海高尔夫俱乐部
古树园
上海东方明珠广播电视塔
金茂大厦88层观光厅
上海科技馆
上海地质博物馆
上海世纪公园
上海浦东射击俱乐部
张闻天故居
黄炎培故居
吴昌硕纪念馆
上海乳品八厂工业旅游区
浦东凌空农艺大观园
上海地质科技馆
上海大自然野生昆虫和宠物乐园
外滩观光隧道
徐行草编创意园
上海超级计算中心
上海银行博物馆
上海中医药博物馆
上海历史发展陈列馆
上海海洋水族馆
上海八音盒珍品陈列馆
东方艺术中心
磁浮列车

孙桥现代农业开发区
浦东新区川沙古镇历史文化风貌区
浦东新区高桥古镇历史文化风貌区
上海国际会议中心
陆家嘴中心绿地
滨江大道
金山区枫泾古镇历史文化风貌区
金山区张堰古镇历史文化风貌区
城市沙滩
金山农民画村
金山农村新天地——中华村
漕泾休闲水庄
施泉葡萄园
芳心园农庄
上海骏马园
山阳田园
文蕾果园
万寿寺
上海佘山国家森林公园
上海方塔园
松江区松江古城仓城历史文化风貌区
松江区松江古城府城历史文化风貌区
松江区泗泾古镇历史文化风貌区
上海车墩影视基地
上海高博特生物保健品有限公司工业旅游区
松江五厍观光农业园
醉白池公园
东佘山
西佘山
天马山
横山
月圆园艺术园
上海佘山国际高尔夫俱乐部
上海天马山赛车场
"泰晤士"小镇
松江唐陀罗尼经幢
西林禅寺塔
李塔
夏氏父子（夏氏彝、夏完淳）墓
松江清真寺

上海青青旅游世界
松江大学城
陈云故居暨青浦区革命历史纪念馆
上海朱家角古镇历史文化风貌区
上海太阳岛旅游度假区
上海大观园
青浦福寿园新四军广场
青浦区青浦古镇历史文化风貌区
青浦区金泽古镇历史文化风貌区
青浦区练塘古镇历史文化风貌区
青浦区重固古镇历史文化风貌区
青浦区徐泾蟠龙古镇历史文化风貌区
青浦区白鹤古镇历史文化风貌区
东方绿舟
曲水园
福泉山古文化遗址
吉云禅寺塔（青龙寺）
崧泽古文化遗址
报国寺（关王庙）
梅园
青浦区博物馆
大千庄园
上海四季百果园
上海野生动物园
南汇桃花村
上海鲜花港
洋溢村农家乐
南汇区大团古镇历史文化风貌区
南汇新场古镇历史文化风貌区
南汇区航头下沙老街历史文化风貌区
南汇区康桥横沔历史文化风貌区
南汇区六灶古镇历史文化风貌区
上海风力发电科普馆
南汇嘴观海公园
上海滨海高尔夫俱乐部
海港赛车俱乐部
美特斯邦威集团工业园
滴水湖出海水闸
古钟园
南汇滨海桃源
上海滨海森林公园

碧海金沙
奉贤申隆生态园
上海奉贤玉穗绿苑
都市菜园
奉贤区奉城古镇历史文化风貌区
奉贤区青村古镇历史文化风貌区
奉贤区庄行古镇历史文化风貌区
现代农业园区
华亭东石塘
古华园
上海百枣园
上海海湾国家森林公园
海湾旅游区
上海神仙酒城
万佛阁
二严寺
崇明东平国家森林公园
崇明学宫（崇明博物馆）
崇明东滩鸟类湿地保护区
金鳌山公园
瀛洲公园
崇明明珠湖观光园
崇明前卫生态村
崇明瀛东村
世界河口沙洲水文化展示馆
西沙湿地生态修复实验基地
西来农庄
上海根宝足球基地
寿安寺
南门观光大堤
橘洲穹庐

22. 上海红色旅游景点名单

来源：上海市旅游事业管理委员会

参考网址：上海市旅游局网站（www.lyw.sh.gov.cn）

参考资料：《2005～2010年上海市红色旅游发展规划纲要》四大系列"红色旅游"景点

红色纪念馆

中共"一大"会址纪念馆*、中共"二大"会址纪念馆*、中共"四大"会址纪念馆*、团中央机关旧址纪念馆*、中共代表团驻沪办事处纪念馆（周公馆）*、中国劳动组合书记部旧址陈列馆*、长宁革命文物陈列馆*、中国左翼作家联盟成立大会会址纪念馆*、"红色的闸北"革命陈列室*、中共上海地下组织斗争史陈列馆（刘长胜故居）*

名人故居

毛泽东旧居*、陈云故居暨青浦革命历史纪念馆*、张闻天故居*、宋庆龄故居*、李白烈士故居*、韬奋纪念馆*、鲁迅纪念馆*

烈士陵园

龙华烈士陵园*、宋庆龄陵园*、高桥烈士陵园、川沙烈士陵园、闵行烈士陵园、宝山烈士陵园、嘉定区革命烈士陵园、松江区烈士陵园、青浦东乡革命烈士陵园、青浦西乡革命烈士陵园、南汇区烈士陵园、奉贤区烈士陵园、崇明县烈士陵园、漕泾烈士陵园

革命遗址遗迹

五卅惨案烈士流血处、三山会馆*、地下少先队群雕、迎接上海解放纪念群雕、中共江苏省委机关旧址、上海战役月浦攻坚战纪念碑、中共奉贤县委旧址、崇明县解放登陆纪念碑、《中国青年》编辑部

23. 上海农业旅游推荐单位名单

来源：上海市农业委员会、上海市旅游局共同审核确定

参考网站：上海市农业委员会网站（e-nw.shac.gov.cn）

2009年

韩湘水博园、马陆葡萄公园、华亭人家、沥江农家园、卫斯嘉闻道园、东方假日田园、孙桥现代农业园区、临空绿洲、书院人家、南汇桃花村、大团桃园、渔乐湾生态园、上海鲜花港、申隆生态园、青村世外桃源、都市菜园、玉穗绿苑、申亚乡村度假农园、花果山百枣园、庄行金色田园（上海菜花节基地）、五厍农业休闲观光园、西部渔村、青青旅游世界、金泖渔村、廊下生态园、中国农民画村、吕巷三园农家乐、凯博休闲农庄、金家农家乐、四季百果园、人然合一现代农业生态园、明珠湖、前卫生态村、瀛东生态村、西来农庄、高家庄园、东平国家森林公园、西沙湿地

2010年

上海西郊国际农产品交易中心、上海西郊国际农产品展示直销中心

24. 参考文献

1. 上海测绘院．上海市行政区划与地名图集．上海：中华地图学社，2013

2. 孙刚．中国旅游景区景点大辞典．北京：中国旅游出版社，2007

3. 吴成平．上海名人辞典：1840～1998．上海：上海辞书出版社，2001

4. 上海测绘院．上海市历史文化风貌区和保护建筑地图．上海：中华地图学出版社，2008

5.《上海旅游年鉴》编委会．上海旅游年鉴（2007）．上海：上海辞书出版社，2007

6.《上海旅游年鉴》编委会．上海旅游年鉴（2008）．上海：上海辞书出版社，2008

7.《上海旅游年鉴》编委会．上海旅游年鉴（2009）．上海：上海辞书出版社，2009

8. 薛理勇．外滩的历史和建筑．上海：

注：带"*"的为上海市红色旅游工作协调小组命名的首批上海红色旅游基地。

上海社会科学院出版社，2002

9. 方明光．海上旧梦影．上海：上海人民出版社，2003

10. 高福进．"洋娱乐"的流入——近代上海的文化娱乐业．上海：上海人民出版社，2003

11. 宋路霞．上海老洋房．上海：上海科学技术文献出版社，2004

12. 许洪新．从霞飞路到淮海路．上海：上海社会科学院出版社，2003

13. 伍江．上海百年建筑史（1840～1949）．上海：同济大学出版社，1997

14. 杨嘉祐．上海：老房子的故事．上海：上海人民出版社，1999

15. 薛理勇．旧上海租界史话．上海：上海社会科学院出版社，2002

16. 薛顺生，娄承浩．老上海工业旧址遗迹．上海：同济大学出版社，2004

17. 娄承浩，薛顺生．老上海经典建筑．上海：同济大学出版社，2002

18. 薛顺生，娄承浩．老上海花园洋房．上海：同济大学出版社，2002

19. 娄承浩，薛顺生．老上海营造业及建筑师．上海：同济大学出版社，2004

20. 娄承浩，薛顺生．消逝的上海老建筑．上海：同济大学出版社，2002

21. 张路亚．千万别来上海．上海：上海远东出版社，2003

22. 上海市地理学会．上海地理手册．上海：上海教育出版社，1992

23. 忻平．从上海发现历史——现代化进程中的上海人及其社会生活（1927～1937）．上海：上海人民出版社，1996

24. 叶又红．海上旧闻(第二辑)．上海：文汇出版社，2000

25. 黄国新，沈福煦．名人·名宅·轶事——上海近代建筑一瞥．上海：同济大学出版社，2003

26. 吴亮．老上海已逝的时光．南京：江苏美术出版社，1998

27. 于光远．上海掌故词典．上海：上海辞书出版社，1999

28. 杨尧深．老话上海法租界．上海：上海人民出版社，1994

29. 宋路霞．上海的豪门旧梦．北京：中国友谊出版社，2002

30. 于其多，陈雨人．海上旧闻——《星期五档案》选粹．上海：上海辞书出版社，2003

31. 吴红婧．老上海摩登女性．上海：中国福利会出版社，2004

32. 熊月之，马学强，晏可佳．上海的外国人（1842～1949）．上海：上海古籍出版社，2003

33. 娄承浩，薛顺生，张长根．老上海名宅赏析．上海：同济大学出版社，2003

25. 参考网站

1. 中华人民共和国国家文物局网站（www.sach.gov.cn）

2. 中华人民共和国中央人民政府网站（www.gov.cn）

3. 中华人民共和国国家旅游局网站（www.cnta.gov.cn）

4. 中国共产党新闻网（cpc.people.com.cn）

5. 中国科学技术协会网站（www.cast.org.cn）

6. 中央政府门户网站（www.gov.cn）

7. 上海市地方志办公室网站（www.shtong.gov.cn）

8. 上海市规划和国土资源管理局网站（www.shgtj.gov.cn）

9. 上海市门户网站（sh.gov.cn）

10. 上海市爱国主义教育基地网（www.sh-aiguo.gov.cn）

11. 上海市科普教育基地网站（kpgl.stcsm.gov.cn）

12. 上海市绿化和市容管理局网站（lhsr.sh.gov.cn）

13. 上海市商务委员会网站（www.scofcom.gov.cn）

14. 上海市旅游局官方网站（www.lyw.

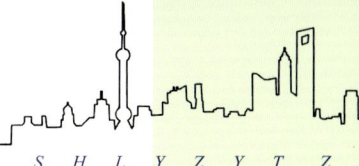

sh.gov.cn）

15. 上海市农业委员会网站（e-nw.shac.gov.cn）
16. 上海工业旅游网站（www.itripsh.gov.cn）
17. 上海市政府网站（www.shanghai.gov.cn）
18. 上海市环保局网站（www.sepb.gov.cn）
19. 上海档案信息网（www.archives.sh.cn）
20. 上海市经济和信息化委员会网站（www.shec.gov.cn）
21. 宝葫芦网－中国历史建筑保护网（www.aibaohu.com）
22. 虹口区门户网站（hkq.sh.gov.cn）
23. 崇明县人民政府网站（www.cmx.gov.cn）
24. 崇明旅游网（www.cmtravel.com.cn）
25. 崇明统计信息网（cmtj.shcm.gov.cn）
26. 浦东新区人民政府网站（www.pudong.gov.cn）
27. 上海浦东旅游会展网（www.mice.pudong.gov.cn）
28. 闸北区人民政府网站（www.shzb.gov.cn）
29. 闸北旅游网（tour.shzb.gov.cn）
30. 卢湾区门户网站（www.luwan.sh.cn）
31. 卢湾区商务委员会（sww.luwan.sh.cn）
32. 嘉定区人民政府网站（www.jiading.gov.cn）
33. 嘉定统计信息网（tjj.jiading.gov.cn）
34. 嘉定旅游网（www.jiadingtour.com.cn）
35. 奉贤区门户网站（fxq.sh.gov.cn）
36. 上海奉贤旅游网（www.fengxiantourism.com）
37. 奉贤统计信息网（tj.fengxian.gov.cn）
38. 徐汇区人民政府门户网（www.xuhui.gov.cn）
39. 徐汇区旅游局网站（lyj.xuhui.gov.cn）
40. 徐汇统计网（tjj.xh.sh.cn）
41. 上海静安门户网站（www.jingan.gov.cn）
42. 静安区旅游局网站（tourism.jingan.gov.cn）
43. 静安区档案信息网（daj.jingan.gov.cn）
44. 松江区人民政府网站（www.songjiang.gov.cn）
45. 松江旅游网（www.songjiangtravel.com）
46. 松江统计信息网（tjj.songjiang.gov.cn）
47. 松江区商务和旅游委员会网站（slw.songjiang.gov.cn）
48. 上海长宁门户网站（www.changning.sh.cn）
49. 长宁区发展和改革委员会网站（fgw.changning.sh.cn）
50. 长宁档案信息网（archives.changning.sh.cn）
51. 杨浦区人民政府网站（www.shyp.gov.cn）
52. 杨浦区旅游网站（www.ypta.gov.cn）
53. 杨浦区商务委员会网站（www.shypec.gov.cn）
54. 闵行区人民政府网站（www.shmh.gov.cn）
55. 闵行统计信息网（tj.shmh.gov.cn）
56. 青浦区人民政府网站（www.shqp.gov.cn）
57. 青浦区旅游局网站（travel.shqp.gov.cn）
58. 青浦统计信息网（stat.shqp.gov.cn）
59. 普陀区人民政府网站（www.ptq.sh.gov.cn）
60. 普陀区商务委员会网站（ptjw.shpt.gov.cn）
61. 黄浦区人民政府网站（www.shhp.gov.cn）
62. 黄浦区档案局网站（hpdaj.shhp.gov.cn）
63. 宝山区人民政府网站（www.shbsq.gov.cn）
64. 上海宝山统计网（bstj.baoshan.sh.cn）
65. 宝山区旅游局网站（bsly.baoshan.sh.cn）
66. 金山区人民政府网站（jsq.sh.gov.cn）
67. 金山旅游网（www.jsly.gov.cn）
68. 金山统计信息网（tongji.jinshan.gov.cn）

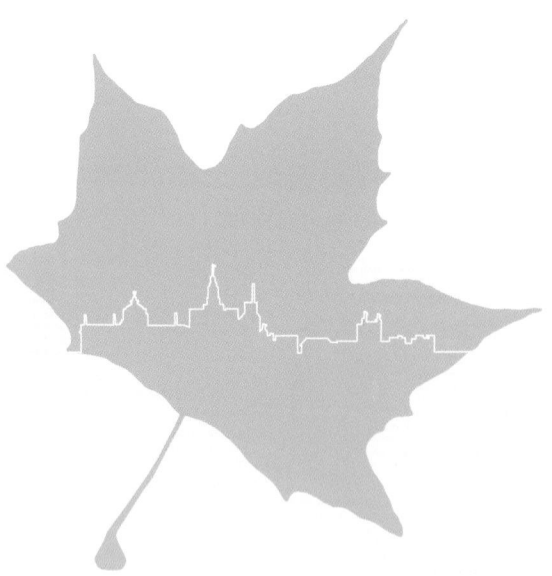

　　上海旅游资源调查工作和《上海旅游资源图志》编撰工作是一个综合性的项目，工作量大、历时长，前期的调研工作任务重，资料的收集整理工作和照片的拍摄工作难度都非常大，直接参与此项目的工作人员达50余人，协助人员近百人，因此，本项目的协调工作要求也很高。在开展上海旅游资源调查工作的过程中，自始至终都得到了上海师范大学党政领导和相关行政部门的大力支持和关心，上海市教育委员会的高水平特色项目"上海旅游资源与文化发展创新基地"和上海地方本科院校"十二五"内涵建设项目也给予了资金的支持。上海师范大学旅游学院的教师和研究生积极投入本调查工作中，大家齐心协力、克服种种困难，终于顺利地完成了任务。在此，向上海市教育委员会副主任袁雯、科技处处长王兴放，上海纽约大学校长俞立中，上海师范大学党委书记陆建非、校长张民选、党委副书记杨卫武、副校长刘晓敏、副校长康年，上海师范大学内涵建设办公室、科技处、社科处和财务处的领导，老领导阮兴树、黄刚、张国凤等，以及所有参与这项工作的上海师范大学师生表示衷心的感谢。

　　本次调查工作得到了上海市旅游局原局长道书明、现任局长杨劲松、副局长沈山州、副局长程梅红的大力支持，计划财务处杨帆处长、陈亮同志，以及国内处苏光建、张枝俏两位处长更是对旅游资源调查工作做了大量的指导工作，他们在项目组收集资料等方面做了大量的协调工作，使得项目组成员能够顺利地完成上海旅游资源的调查工作。上海市旅游局还承担了部分出版资金，各区（县）的旅游局也给予了帮助与支持。

　　《上海旅游资源图志》的编辑出版工作任务繁重，时间跨度较大。在此过程中，上海市科学技术协会党组书记、副主席杨建荣，上海市科学技术协会副主席王智勇对本图志的出版工作给予了关心、指导和帮助。上海科学普及出版社社长徐伟、总支书记田育松、常务副总编张建德和原总编胡名正对本图志的出版给予了高度重视和大力支持，特别选派了优秀的图书编辑、美术编辑和技术编辑来负责本图志的编辑出版工作。责任编辑史炎均和林晓峰、美术编辑赵斌、技术编辑葛乃文、助理编辑钦盈，还有吕逸伦等技术人员为本图志的审读编辑、装帧设计、版面制作及印刷出版工作付出了大量的心血。

　　作为社会公益项目，本图志的出版工作离不开各界人士的大力支持。上海测绘院第四分院为本图志精心绘制了各个区（县）的旅游资源单体分布图。

　　在编撰本图志和收集资料的过程中，项目组成员参考了大量已经出版的各类文献资料。还有不少单位和个人慷慨地提供了旅游资源单体的照片，他们是：宝山区旅游局、崇明县旅游局、黄浦区旅游局、浦东新区旅游局、静安区旅游局、长宁区旅游局、徐汇区旅

后记

游局、闸北区旅游局、普陀区旅游局、杨浦区旅游局、虹口区旅游局、嘉定区旅游局、青浦区旅游局、松江区旅游局、金山区旅游局、奉贤区旅游局、《旅游时报》、匈牙利驻上海总领事馆、尔冬强艺术中心、上海东方明珠广播电视塔有限公司、上海工业旅游促进中心、上海城市规划展示馆、上海海洋水族馆、东方IC图片公司，以及高峻、付晶、周琦、蔡康、陈刚毅、方国政、冯明、胡昌龙、李放明、沈竹青、邵倩、唐锋、滕根泉、吴小波、袁晓、杨专、张海峰、张峻松、朱志荣、朱孝生、朱良城、赵斌等。由于种种原因，有个别摄影作者无法一一注明。如此众多的单位和个人所拍摄并提供的大量精美的照片，为本图志的编辑出版锦上添花。

　　本图志由上海师范大学范能船教授和上海科技文献出版社冯秋明编审审阅全稿。高峻、梁保尔、付晶、周琦、姚小梅和陈华英等负责对文字进行编撰和统稿。

　　在此，对所有支持和关心上海旅游资源调查的各级领导和社会各界人士，对所有参与上海旅游资源调查和《上海旅游资源图志》编写的创作人员，以及为本图志出版提供相关资料的机构和人士致以最诚挚的感谢！

　　由于本图志编撰工作量大，且时间有限，书稿还存在一些不足之处，在此恳请各位读者提出宝贵意见。

高峻
上海师范大学教授
2013年12月28日

图书在版编目（CIP）数据

上海旅游资源图志：全3册 /《上海旅游资源图志》编写组编著．—上海：上海科学普及出版社，2014.4
ISBN 978-7-5427-5077-8

Ⅰ.①上… Ⅱ.①上… Ⅲ.①旅游资源—上海市—图集
Ⅳ.① F592.751-64

中国版本图书馆 CIP 数据核字（2012）第223949号

责任编辑　史炎均　林晓峰
助理编辑　钦　盈
美术编辑　赵　斌
技术编辑　葛乃文

上海旅游资源图志
《上海旅游资源图志》编写组　编著
上海科学普及出版社出版发行
（上海中山北路832号　邮政编码200070）
http://www.pspsh.com

各地新华书店经销　上海丽佳制版印刷有限公司印刷
开本 889×1194　1/16　印张65　字数1290 000
2014年4月第1版　2014年4月第1次印刷

ISBN 978-7-5427-5077-8　定价：800.00元（全三册）

本书如有缺页、错装或坏损等严重质量问题
请向出版社联系调换